資源エネルギー政策を
めぐる日豪関係

並河良一著

日本経済評論社

資源エネルギー政策を
めぐる日豪関係

並河良一 著

日本経済評論社

はじめに

　本書は、オーストラリアの資源をめぐる日豪関係を通して、東アジア・大洋州地域における資源エネルギー需給に影響を与える4つの事象を分析評価し、日本、オーストラリアの採るべき対応を提示している。
　1．中国の経済成長
　2．東南アジアの経済成長
　3．地球温暖化対策
　4．原子力発電事故
　これら4つの事象は、オーストラリアの資源の需給に、それぞれ異なる影響を及ぼす。中国および東南アジアの経済成長は、オーストラリア資源の需給をタイト化させることになる。地球温暖化対策が進めば、オーストラリアの資源に対する需要は減退し、需給は緩和していくことになる。原子力発電事故は、化石資源へのシフトを招き、オーストラリアの資源（ウランを除く）の需給をタイト化させる方向に働く。本書は、各事象の影響の大きさを評価するだけでなく、各事象の相互作用についても検討を加えている。

　オーストラリアの資源エネルギーをめぐる日豪関係は、長年、Win-Win関係で、「日豪関係は問題がないことが問題である」と言われるほど良好で、安定したものであった。日本は大量の資源エネルギーをオーストラリアに依存しており、その輸入量に占める割合は、天然ガス（LNG）18％、石炭58％（原料炭を含む）、鉄鉱石59％などとなっている。日本が石油依存率・中東依存率の低減を図るうえで、政治的・経済的に安定しているオーストラリアは格好の貿易相手国であった。他方、オーストラリアも、欧米の主要国から地理的に隔離される中で、大量の資源エネルギーを長期安定的に輸入する日本にその経済を依存してきた。しかし、近年、オーストラリアの資源エネルギー需給に大き

な変化を及ぼす要因が顕在化しており、日豪関係にも影響を及ぼしつつある。

　第1は、中国・東南アジアの経済成長である。中国・東南アジアの資源エネルギー輸入需要は旺盛である。とくに中国は世界中の資源エネルギーの確保に動いており、近年の資源価格高騰の一因と言われている。日本経済の停滞（＝資源エネルギー需要の停滞）が長引く中で、オーストラリアは、これらの発展する市場に接近してきた。中国経済がこのまま発展し続けると、資源需給が急速にタイト化し、日本が資源を安定的に入手できない事態も考えられる。また、中国経済の失速により、オーストラリア資源の需給に大きな混乱をもたらす可能性もある。第2は、地球温暖化対策の潮流である。地球温暖化は急速に進行しつつあり、中国や米国も参加する、強制力を伴うCO_2規制の枠組みの構築が急務となっており、遠からず国際的な合意が形成されるであろう。そのような枠組みの下では、世界中で、資源エネルギー消費の削減、化石燃料の中では石炭需要の減退、CO_2負荷の小さい天然ガスへのシフトなどの対応がなされる。第3は、日本の原子力発電所の事故である。多くの国が原子力発電計画を縮小すれば、原子力発電量の減少を埋めるために、当面は天然ガス、石炭などの化石エネルギーへの回帰が起こることになる。これらにより、オーストラリアの資源エネルギーの需給は変化し、日本の資源エネルギー確保政策にも影響を及ぼす。

　これまで、これらの要因は定性的に論じられてきたため、各要因の影響の大きさについて比較されることはなかった。また、各要因が相互作用を起こし、その効果を打ち消しあうという議論、その効果が相乗するという議論もなされてこなかった。本書は、このような各要因の定量的な評価を行うだけでなく、各要素の相互作用も検討している。また、日本、オーストラリア両国の採るべき政策、日本企業が採るべき対応についても言及している。その前提として、オーストラリアにおける資源エネルギー産業の位置づけ、オーストラリアの資源政策、エネルギー政策の動向、資源をめぐる日本・オーストラリアの関係を整理して詳述している。

　本書の全体を通して意識していることは、2つある。第1に、経済メカニズ

ムがどのように、どの程度働くか、そして、それはどういう意味があるのかということである。需給のタイト化による資源エネルギー価格の上昇は、需要の減退を引き起こし、産業活動に支障のないレベルでバランスする。また、資源エネルギー価格の高騰は、採算がとれずに塩漬けであった多くのプロジェクトの開発を促す。その結果、新しい均衡価格と量が形成されることになる。では、経済メカニズムに任せておけば、問題はないのであろうか。著者は、均衡が崩れた後新しい均衡が形成されるまでの期間に何が起こるかが重要であると考えている。均衡が形成されるまでの間には、石油ショックで経験したような経済的混乱が生じるのではないかと懸念している。

第2に、中国のバブル経済崩壊の可能性である。そもそも、中国の成長がこのまま続くかという問題である。中国のバブル崩壊は、中国を市場・生産基地とする日本・欧米・東南アジアの経済成長を阻害し、世界全体の資源エネルギー需要の減少をもたらすことになる。問題は、最終的な結果ではなく、そこに至るプロセスにおいて社会的・経済的な大混乱をもたらすであろうことである。

本書は、今現在起きている事象を対象としているが、著者が、長年にわたり、論文、総説類を発表する中で蓄えてきた知見を動員した成果である。今起きている事象を対象とするため、その記述は、時とともに陳腐化していく恐れがある。しかし、本書は、資源エネルギーに関する著者の基本的な考え方を、現代的な課題に応用しているのであり、そのような恐れはないと考えている。本書はオーストラリアに焦点を当てるが、その内容は他の資源エネルギー産出国にも応用できると考えている。

なお、本書は、オーストラリアの主要資源のうち、天然ガス、石炭、石油という化石エネルギーに焦点をあてるが、鉄鉱石、アルミニウムなどの金属資源、ウラニウムについても、論理を補強するために言及する。

本書は、大学や研究機関の研究者、学生院生だけでなく、電力、ガス、鉱業、鉄鋼、非鉄金属、石油、化学、ゼネコン、プラントエンジニアリング、資源探査、海運、商社などに勤務するビジネスマンや銀行、証券会社の調査部門のエ

コノミストにも有益であると考えている。また本書は現時点でのデータ、資料、情報を体系的、網羅的に示しているので資料的な価値も高いと考えている。

2012年12月3日

並河 良一

目　次

はじめに　i

略記号など　ix

第1章　オーストラリアの資源エネルギー … 1

第1節　オーストラリア経済の中の資源エネルギー　1

1　国家経済における位置づけ　1
2　州経済における位置づけ　9
3　資源エネルギーの位置づけ　14

第2節　オーストラリアの資源エネルギー政策　16

1　資源政策とエネルギー政策　16
2　組織　17
3　連邦・州の分担、政府と民間の分担　25
4　連邦政府の政策　26
5　州政府の政策　42
6　資源政策の特徴　50

第3節　オーストラリアの資源エネルギーの動向　56

1　生産動向　56
2　輸出動向　62
3　投資動向　71
4　埋蔵量　73
5　産業組織　76

　　　　　6　巨大プロジェクト　83
　　　　　7　オーストラリアの資源動向と日本　87

第2章　資源エネルギーをめぐる日豪関係 …………………… 91

　　第1節　日豪関係の概要　91
　　　　　1　経済関係と資源エネルギーの位置づけ　91
　　　　　2　オーストラリアから見た日本　95
　　　　　3　日本から見たオーストラリア　101
　　　　　4　日本とオーストラリアの関係の特徴　105

第3章　資源エネルギーをめぐる日豪関係に影響を与える要因 …………………………………………………………… 107

　　第1節　中国の経済成長　107
　　　　　1　中国の経済成長と資源エネルギー需給　107
　　　　　2　中国の資源需要の増加　110
　　　　　3　国際市場へのインパクト　116
　　　　　4　オーストラリア資源への投資　126
　　　　　5　将来の中国経済と資源ブーム　130
　　　　　6　中国の経済成長とオーストラリアの資源　133

　　第2節　東南アジアの経済成長　136
　　　　　1　東南アジアの経済成長　136
　　　　　2　資源の供給量と資源産業の位置づけ　138
　　　　　3　資源消費量　142
　　　　　4　国際市場への影響　146
　　　　　5　資源権益をめぐるASEAN-5とオーストラリアの関係　150

　　　　6　ASEANの経済成長とオーストラリアの資源　155

　第3節　地球温暖化の潮流　158

　　　　1　地球温暖化とエネルギー使用　158
　　　　2　気候変動枠組条約とエネルギー使用　160
　　　　3　地球温暖化の将来　167
　　　　4　資源需要の変化　170
　　　　5　オーストラリア資源への影響　176
　　　　6　地球温暖化とオーストラリアの資源　178

　第4節　原子力事故の影響　180

　　　　1　日本のエネルギー供給に与える影響　181
　　　　2　海外の原子力政策への影響　185
　　　　3　ウラン需給への影響　191
　　　　4　原子力事故とオーストラリアの資源　194

第4章　資源エネルギーをめぐる日豪関係の評価と政策 …… 197

　第1節　オーストラリア資源の需給　197

　　　　1　資源の需給に影響する個別要因　197
　　　　2　資源の需給推計　198
　　　　3　中国の経済成長と地球温暖化の資源需給への影響　216

　第2節　資源エネルギーの需給と価格　221

　　　　1　資源の国際価格　221
　　　　2　オーストラリア資源の需給と価格　235

　第3節　資源エネルギーの安定確保　237

　　　　1　資源エネルギーの確保　237
　　　　2　開発輸入　239

3　長期契約、Take-or-Pay 契約　252
            4　国際市場の形成　256
            5　オーストラリアの資源の安定確保　260

第 5 章　資源エネルギーをめぐる日豪関係 ……………………… 265

    第 1 節　資源エネルギーをめぐる日豪関係と今後の政策展望　265
            1　オーストラリア資源をめぐる動向　265
            2　政策展望　267

略記号など

　略称、略記号等については、各箇所で説明するようにしているが、とくに断りのない場合には下記のとおりとする。

・オーストラリアの州（準州）政府の名称の略号
　　　　NSW：ニューサウス・ウェールズ（New South Wales）
　　　　VIC：ビクトリア州（Victoria）
　　　　QLD：クィーンズランド州（Queensland）
　　　　SA：南オーストラリア州（South Australia）
　　　　WA：西オーストラリア州（Western Australia）
　　　　TAS：タスマニア州（Tasmania）
　　　　NT：北部準州（Northern Territory）
　　　　ACT：首都特別区（Australian Capital Territory）
・通貨単位
　　　　Ａ＄：オーストラリア・ドル、ＵＳ＄：アメリカ・ドル、
　　　　Rp：インドネシア・ルピア、RM：マレーシア・リンギット、
・為替レートは以下のとおりとする。
　　　　１Ａ＄＝80円、１ＵＳ＄＝0.98Ａ＄、120Rp＝１円、１RM＝26円
・オーストラリアの予算年度は、７月に始まり次の年の６月に終了する。政府の文書や統計書では、たとえば、2011年７月に始まり2012年６月に終了する年度は「2011〜12年度」と表記するのが一般的である。本書でもこれにならった。
・乗数をあらわす接頭辞。
　　　　M（Mega）：10^6、G（Giga）：10^9、T（Tera）：10^{12}、P（Peta）：10^{15}
・国名の略称

CIS：独立国家共同体、IDN：インドネシア、JAM：ジャマイカ、MYS：マレーシア、NCL：ニューカレドニア、NLD：オランダ、NZ：ニュージーランド、PHL：フィリピン、SPR：シンガポール、UAE：アラブ首長国連邦、UKR：ウクライナ、TKM：トルクメニスタン

・重さ、容量、エネルギー量の単位

〈重さ〉

kt：kilo ton（千トン）

mt：million ton（百万トン）

〈容量〉

bbl：barrel（バレル）

bm^3：billion cubic meter（10億立方メートル）

ml：million litre（百万リットル）

m-kl：million kilo litre（百万キロリットル）

〈エネルギー量〉

J：joule（ジュール）

mt oil：million ton oil equivalent（石油換算100万トン）

〈その他〉

tU：ton Uranium（ウラン・トン）

第1章　オーストラリアの資源エネルギー

第1節　オーストラリア経済の中の資源エネルギー

1　国家経済における位置づけ

　オーストラリアにおいて、資源エネルギー産業[1]は国家経済を支える重要産業とされている。その重要性がオーストラリア政府の資源エネルギー政策、資源企業の企業行動に反映しており、資源をもたない日本との関係を律することとなっている。ここでは、オーストラリア経済における資源エネルギーの位置づけを概観する。

(1)　国内需給

　オーストラリア国内における、2009～10年度の資源エネルギーの需給動向を図表1-1に示す。

　オーストラリアのエネルギー供給量は、1万9,296［PJ］である[2)3)]。その規模は、日本のエネルギー供給量（2009年度）：2万893［PJ］[(1)4)]とほぼ同じである。そのうち1万7,243［PJ］が国内で生産されたエネルギー、つまり、資源産業により採鉱された資源をエネルギー換算した数値である。エネルギー供給量には、輸入エネルギー2,014［PJ］を含んでいる。オーストラリアは資源輸出国であるが、石油の産出量が小さいため、原油（1,056［PJ］）と石油製品（ガソリン：132［PJ］、軽油：335［PJ］など）をインドネシア、マレーシア、ベトナム、UAEから輸入しているからである。

図表 1 - 1　オーストラリアの資源エネルギー需給（2009～10年度）

(単位：PJ)

供　給		需　要	
輸入	2,014	輸出	13,702
ガソリン	132	石炭	8,327
軽油	335	天然ガス	972
他石油製品	236	ウラン	3,551
原油など	1,311	その他	68
家庭	39	国内需要	5,595
鉱工業	17,243	家庭	1,015
		鉱工業	2,947
		変換ロス他	1,633
計	19,296	計	19,296

(出典)　Australian Bureau of Statistic, 2009-10 Energy Account (4604.0), p. 6 から著者作成。
(注記)　PJ: Peta Joule (10^{15}Joule)。

　エネルギー輸出量は 1 万3,702［PJ］であり、そのうち61％が石炭、26％がウラン、7 ％が天然ガス、5 ％が原油となっている。原油は輸出品目であるが、同時に輸入品目でもある。エネルギー供給量（ 1 万9,296［PJ］）からエネルギー輸出量を差し引いた5,595［PJ］が国内エネルギー需要量である。発電ロスなどのエネルギー転換ロス（1,633［PJ］）を差し引いた3,962［PJ］が最終エネルギー消費量である。その規模は、日本の最終エネルギー消費（ 1 万4,394［PJ］）の27.5％である。オーストラリアの人口が2,259万人と日本の約17.5％であることを考えると、エネルギー多消費社会であることがわかる。
　オーストラリアは資源エネルギーの大生産国であり大輸出国であるが、同時に、大消費国でもある。また、国内の最終エネルギー需要（3,962［PJ］）の半分以上（2,014［PJ］）を輸入に頼っており、大輸入国でもある。後述（第 2 節 4 ）のとおり、オーストラリアがクリーンエネルギー政策に熱心であるのは、このようなエネルギー需給構造を反映している。エネルギー消費を減らすことは、資源エネルギーの純輸出量が増え、外貨の獲得・貿易黒字の増加にもつながるのである。

第1章　オーストラリアの資源エネルギー

第1節　オーストラリア経済の中の資源エネルギー

1　国家経済における位置づけ

　オーストラリアにおいて、資源エネルギー産業[1]は国家経済を支える重要産業とされている。その重要性がオーストラリア政府の資源エネルギー政策、資源企業の企業行動に反映しており、資源をもたない日本との関係を律することとなっている。ここでは、オーストラリア経済における資源エネルギーの位置づけを概観する。

(1)　国内需給

　オーストラリア国内における、2009～10年度の資源エネルギーの需給動向を図表1-1に示す。

　オーストラリアのエネルギー供給量は、1万9,296［PJ］である[2)3)]。その規模は、日本のエネルギー供給量（2009年度）：2万893［PJ］[(1)4)]とほぼ同じである。そのうち1万7,243［PJ］が国内で生産されたエネルギー、つまり、資源産業により採鉱された資源をエネルギー換算した数値である。エネルギー供給量には、輸入エネルギー2,014［PJ］を含んでいる。オーストラリアは資源輸出国であるが、石油の産出量が小さいため、原油（1,056［PJ］）と石油製品（ガソリン：132［PJ］、軽油：335［PJ］など）をインドネシア、マレーシア、ベトナム、UAEから輸入しているからである。

図表1-1　オーストラリアの資源エネルギー需給（2009～10年度）

（単位：PJ）

供　給		需　要	
輸入	2,014	輸出	13,702
ガソリン	132	石炭	8,327
軽油	335	天然ガス	972
他石油製品	236	ウラン	3,551
原油など	1,311	その他	68
家庭	39	国内需要	5,595
鉱工業	17,243	家庭	1,015
		鉱工業	2,947
		変換ロス他	1,633
計	19,296	計	19,296

（出典）　Australian Bureau of Statistic, 2009-10 Energy Account（4604.0）, p. 6 から著者作成。
（注記）　PJ: Peta Joule（10^{15}Joule）。

　エネルギー輸出量は1万3,702［PJ］であり、そのうち61％が石炭、26％がウラン、7％が天然ガス、5％が原油となっている。原油は輸出品目であるが、同時に輸入品目でもある。エネルギー供給量（1万9,296［PJ］）からエネルギー輸出量を差し引いた5,595［PJ］が国内エネルギー需要量である。発電ロスなどのエネルギー転換ロス（1,633［PJ］）を差し引いた3,962［PJ］が最終エネルギー消費量である。その規模は、日本の最終エネルギー消費（1万4,394［PJ］）の27.5％である。オーストラリアの人口が2,259万人と日本の約17.5％であることを考えると、エネルギー多消費社会であることがわかる。

　オーストラリアは資源エネルギーの大生産国であり大輸出国であるが、同時に、大消費国でもある。また、国内の最終エネルギー需要（3,962［PJ］）の半分以上（2,014［PJ］）を輸入に頼っており、大輸入国でもある。後述（第2節4）のとおり、オーストラリアがクリーンエネルギー政策に熱心であるのは、このようなエネルギー需給構造を反映している。エネルギー消費を減らすことは、資源エネルギーの純輸出量が増え、外貨の獲得・貿易黒字の増加にもつながるのである。

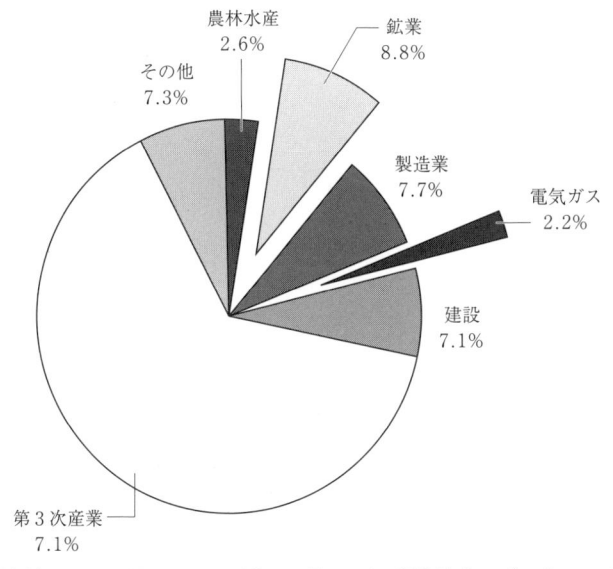

図表1-2　オーストラリアにおける産業のGDP寄与率（2010～11年度）

- その他 7.3%
- 農林水産 2.6%
- 鉱業 8.8%
- 製造業 7.7%
- 電気ガス 2.2%
- 建設 7.1%
- 第3次産業 7.1%

（出典）　Bureau of Resources and Energy Economics, 2010-11 Australian System of National Accounts (5204.0), p. 39 から著者作成。
（注記）　Bureau of Resources and Energy Economics, Resources and Energy Statistics 2011 とは統計値が一致しないが、特徴の判断には支障がない。

(2)　GDPへの寄与（付加価値生産額）[5]

　オーストラリアの資源エネルギー産業の同国のGDPへの寄与率を見てみる。2010～11年度におけるオーストラリアのGDP（名目）は1兆4,000億A＄（約112兆円）であり、日本の名目GDP（約468兆円：2011年）の約4分の1である。しかし、人口が2,260万人（2011年）と少ないため、1人当たりGDPは日本よりもはるかに高く、豊かな国になっている[6]。図表1-2に、2010～11年度における各産業のGDP寄与率を示す（名目）。資源産業（鉱業）の付加価値生産額（名目）は、1,230億A＄（約9.84兆円）で、GDP寄与率は8.8％となっている。エネルギー産業（電力・都市ガス等）の付加価値生産額（名目）は2.46兆円で、GDP寄与率は2.2％であり、これを合わせると12.3兆円（GDP寄与率11.0％）になっている。

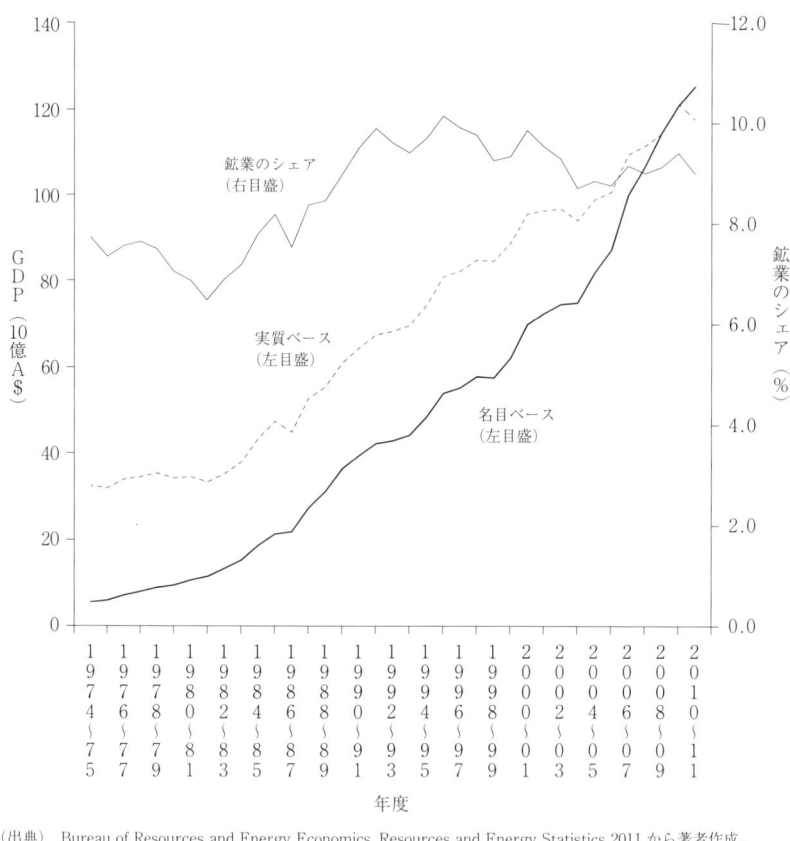

図表 1 - 3　鉱業の総付加価値額と GDP に占めるシェア

(出典)　Bureau of Resources and Energy Economics, Resources and Energy Statistics 2011 から著者作成。
(注記)　実質ベース（Chain volume measures）の基準年は2008～09年度である。

　また、図表 1 - 3 に、資源産業（鉱業）の GDP 寄与率および名目・実質の付加価値生産額の1974～75年度以降の推移を示す[7]。オーストラリアの実質GDP（2008～09基準）は、ほとんどマイナス成長になることはなく、1990年代は年率で3.6％、2000年代は同3.0％で成長してきた。資源産業の実質付加価値生産額（2008～09基準）もほぼ一貫して伸びており、その伸び率は1990年代には年率で4.0％、2000年代は同2.1％であった。資源産業（鉱業）の GDP 寄与率は、1980年代に 7 ％から10％近くまで約 3 ポイント上昇したが、1990年代

に入ってから現在までは、国内景気の拡大でGDPそのものの伸びが大きかったこともあり、寄与率は9％程度で推移している。つまり、資源産業の成長とともに、オーストラリア経済も成長してきたということである。

　資源産業（鉱業）の付加価値生産額のGDP寄与率の8.8％をいかに評価すべきであろうか。資源はオーストラリアの国家経済を支える重要産業と言われるにしては、資源GDP寄与率の8.8％という数値は小さいと感じられるかもしれない。しかし、オーストラリアは、1人当たりGDPで見れば、日本を凌ぐ先進国であり、第3次産業が64.4％と圧倒的な寄与率を占めているのは当然である。むしろ、一つの産業としては巨額の付加価値生産額1,230億A＄（約9.84兆円）で評価すべきであろうと考える。単純な比較はできないが、トヨタ自動車の営業利益（2012年3月期：3,556億円、2011年3月期：4,683億円）[2]の規模を考えれば、その20社分以上の付加価値を産み出していることになる。資源産業のGDPへの寄与は大きいといえるであろう。

(3)　雇用吸収力

　オーストラリアの資源産業の雇用吸収率は大きいとは言えない。2010〜11年度における資源産業（鉱業）の被雇用者数は20.5万人であり、全産業の被雇用数（1,136万人）の1.8％を占めるに過ぎない。被雇用者数の推移をみると、図表1-4に示すように、1966〜67年度に5.7万人であったが、鉱業生産の拡大に伴い徐々に増加し、1985〜86年度には10万人を超えている。その後、機械化の進展などにより、被雇用者数は減少に転じるが、2000年代に入ってからは、資源ブームに支えられて急増して、現在は20万人を超えている。被雇用者の対全産業の比率も同様の傾向を示している。1.3％を挟む域で増減を繰り返し、1980年代半ばから減少に転じ0.9％まで下がったが、2000年代に入り急増している。製造業の被雇用者数が、1980年代半ばから100万人程度で変わらないこと、農業従事者数が1990年代に入ってから、一貫して減少傾向にあり、1990〜91年度の43.2万人から2010〜11年度には35.1万人まで減少していることと対照的である。資源産業の被雇用者数は少ないが、近年、その増加率は大きく、新規の

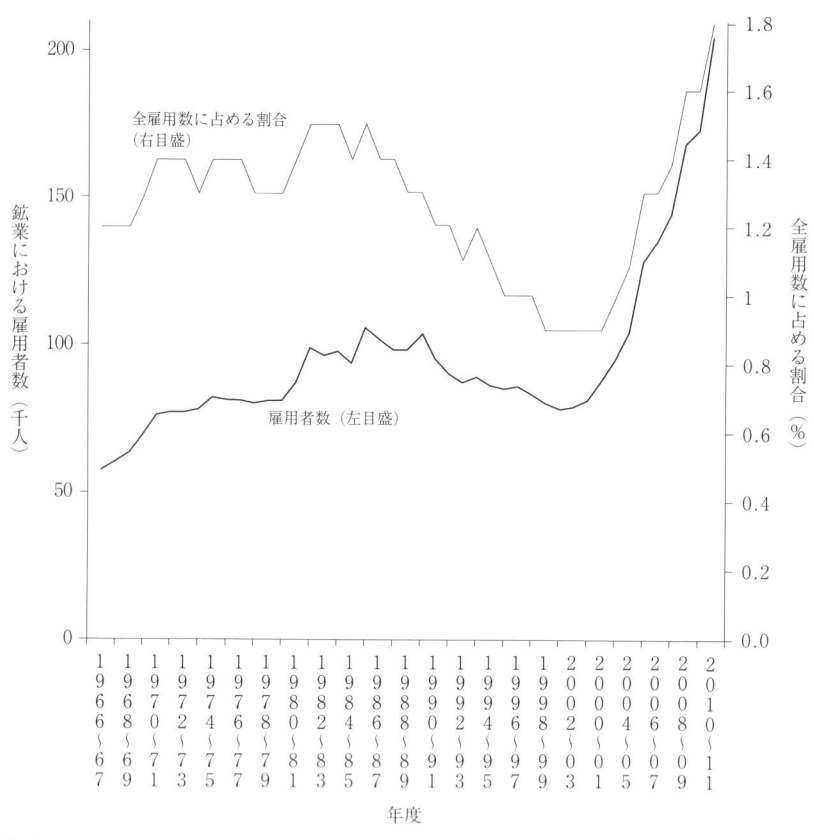

図表1-4　鉱業の雇用吸収力

(出典) Bureau of Resources and Energy Economics, Resources and Energy Statistics 2011 から著者作成。

雇用を生みだしている産業と言えるであろう。

　近代化された資源産業の雇用吸収率は小さい。かつての日本の石炭産業のような、人力に頼った坑内掘りの場合には、かなりの雇用吸収力がある。しかし、現在において、露天掘りで超大型の機械や車両を使用して大規模生産を行う資源企業では、ほとんど人手を使うことはない。むしろ、人手を使わない大規模鉱業でなければ、国際競争力はなく、高い付加価値生産性を示すことはできないのである。雇用吸収力が小さいが故に、国際競争力のある産業として、国家

経済に寄与していると言えるであろう。

(4) 投資、売上額

　資源産業の営業収入（2010～11年度）は、1,992億Ａ＄（約15.9兆円）であり、全産業に占める割合は7.6％である。しかし、資源産業の営業収入の伸びは著しく、2006～07年度からの4年間で75％の伸びを示している。税引き前の営業利益は、847億Ａ＄（約6.78兆円）と大きく、全産業に占める割合は25％である[3]。

　投資金額[8]についても、資源産業の寄与は大きい。2010～11年度における資源産業の投資金額（構築物、設備への投資）は、469億Ａ＄（約3.75兆円）であり、全産業の投資額（1,193億Ａ＄）の39.3％を占めている[4]。投資金額は、この10年間で8.2倍に増加しており、10年間の累計で2,303億Ａ＄（約18.4兆円）に達している[5]。

(5) 貿易黒字、外資

　オーストラリアの資源エネルギー産業の国家経済に対する大きな寄与は、輸出において示されている。資源の輸出額は、2010～11年度で1,774億Ａ＄（約14.19兆円）である。資源の輸出額は、図表1-5に示すように、40年近く、ほぼ一貫して伸び続けている。とくに、2000年代に入ってからの資源ブームにより、急激な伸びを示している。1999～00年度の輸出額は454億Ａ＄であったが、その後10年間で3倍に増加している。資源の輸出額は、物の輸出額（2,467億Ａ＄）の71.9％、物とサービスを合わせた総輸出額（2,982億Ａ＄）の59.5％を占めている。総輸出額に占める資源の割合は、かつては概ね35％～40％だったが、資源ブームを反映して、2000年代前半から急増している（図表1-5）。

　オーストラリアの物の輸入額は2,195億Ａ＄[6]であり、貿易黒字は272億Ａ＄である。巨額の資源の輸出がなければ貿易収支は赤字になるのである。このことは、オーストラリアの製造業の規模が小さく、国際競争力もないため、資源の輸出により黒字を計上していることを示している。

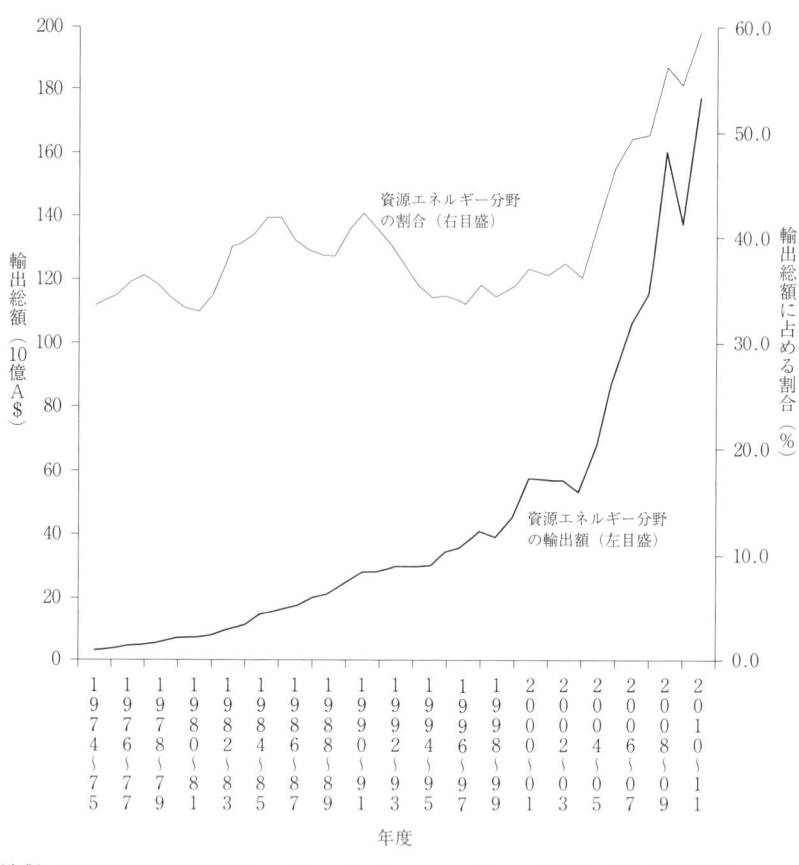

図表1-5　鉱業の輸出額

(出典)　Bureau of Resources and Energy Economics, Resources and Energy Statistics 2011 から著者作成。
(注記)　輸出額は国際収支ベース（Balance of Payment Basis）[9] の金額である。

　海外からの投資の額（2010～11年度）についても、資源探査・開発分野は549億Ａ＄（約4.39兆円）で、全体（1,767億Ａ＄）の31.1％を占めている。サービス（475億Ａ＄）、不動産（415億Ａ＄）、製造業（149億Ａ＄）をしのいで、最も投資額の多い分野となっている。海外からの投資額については、巨大事業に対する投資があった年度には金額が増加するため、その経年的な傾向を詳細に論じるのはあまり適当ではないが、大きな流れを把握することは可能である。

第1章　オーストラリアの資源エネルギー　9

図表 1-6　海外からの投資額の推移

年　度	全分野	製造業	資源探査・開発	
	金額［百万A＄］	金額［百万A＄］	金額［百万A＄］	割合［％］
1995～96	57,300	17,210	8,936	15.6%
1996～97	58,617	21,195	4,767	8.1%
1997～98	79,538	23,467	8,605	10.8%
1998～99	67,025	16,545	5,836	8.7%
1999～00	77,960	21,668	10,129	13.0%
2000～01	106,341	21,911	23,770	22.4%
2001～02	117,907	16,347	19,164	16.3%
2002～03	92,131	21,717	11,505	12.5%
2003～04	98,975	23,056	10,391	10.5%
2004～05	119,473	22,117	33,501	28.0%
2005～06	85,751	13,687	19,749	23.0%
2006～07	156,387	62,847	32,279	20.6%
2007～08	191,879	31,273	64,275	33.5%
2008～09	166,709	19,390	90,622	54.4%
2009～10	139,503	16,247	80,922	58.0%
2010～11	176,689	14,915	54,904	31.1%

（出典）　Foreign Investment Review Board, Annual Report から著者作成。
（注記）　1．2003～04年度までは（認可された案件の）申請ベース、2004～05年度以降は、認可ベースである。
　　　　　2．投資とは直接投資のことであり、投機的な投資は含まない。

　図表 1-6 に示すように、1995～96年度以降の資源探査・開発分野への海外からの投資については、その金額、全体に占める率は、ともに上昇傾向にある。製造業への投資金額が、それほど大きく変化していないのと比べると、資源探査・開発分野の上昇傾向は明らかである。
　このように、資源産業は、海外から資金を取り込む機能を果たしている。

2　州経済における位置づけ

　以上見てきたように、資源産業はオーストラリアの経済において、重要な位置を占めている。しかし、オーストラリア国内で資源の産出地には偏りがある。そのため、資源産業の州（準州）経済への寄与は、州（準州）により異なる。鉄鉱石、天然ガス・石油、金など多種の資源の大鉱山を抱える西オーストラリア州、多数の石炭鉱山を抱えるクィーンズランド州では、資源産業の経済への

寄与率が高くなっている。ニューサウス・ウェールズ州、ビクトリア州も大量の資源を産出するが、大都市を抱えており、製造業、サービス産業の規模が大きいため、資源産業の寄与率は相対的に低くなっている。北部準州の資源の生産規模は、ニューサウス・ウェールズ州、ビクトリア州よりも小さいが、他の産業が発達していないため、資源産業の寄与率は高くなっている。

　後述（第2節）のとおり、オーストラリアでは、州（準州）政府が資源政策を担っており、資源産業の州経済における位置づけが、資源をもたない日本との関係を律することとなっている。

(1) 付加価値生産額

　まず、各州における資源産業の付加価値生産額を図表1-7に示す。各州（準州）の上欄の数値は資源産業の付加価値生産額、下欄は資源産業の付加価値生産額が州（準州）内総生産額に占める比率である。2010～11年度における付加価値生産額は、西オーストラリア州が523億Ａ＄（約4.18兆円）、クィーンズランド州が189億Ａ＄（約1.51兆円）と大きく、ニューサウス・ウェールズ州、ビクトリア州がこれに続く。付加価値生産額の2002～03年度からの伸び率は、南オーストラリア州が60.5％、西オーストラリア州が41.0％、ニューサウス・ウェールズ州が29.5％となっている。2000年代に入ってからのオーストラリアの資源ブームは、生産規模が大きく、かつ、その伸び率も大きい西オーストラリア州により支えられたことを示している。また、資源産業の付加価値生産額の州（準州）内総生産額に対する寄与率は、西オーストラリア州が28.0％、北部準州が17.4％、クィーンズランド州が7.5％となっている。西オーストラリア州が、資源産業に依存していることを示している。ただし、資源ブームが州経済の成長をもたらしたため、これらの州（準州）においても、資源産業の寄与率はほぼ横ばいである。たとえば、西オーストラリア州の寄与率は、28.1％（2002～03年度）から28.0％（2010～11年度）に変化しただけである。

図表1-7　資源産業の州（準州）内総生産への寄与

(単位：百万A$)

州 準州	年度								
	02～03	03～04	04～05	05～06	06～07	07～08	08～09	09～10	10～11
NSW	8,205 2.3%	8,464 2.3%	8,856 2.4%	9,160 2.4%	9,937 2.6%	9,714 2.4%	9,834 2.4%	10,461 2.5%	10,633 2.5%
VIC	8,114 3.3%	7,750 3.1%	7,097 2.7%	7,259 2.7%	7,346 2.6%	7,279 2.5%	7,304 2.5%	7,243 2.4%	7,101 2.3%
QLD	18,072 9.7%	18,064 9.1%	19,424 9.3%	19,798 8.9%	20,657 8.8%	21,322 8.7%	21,572 8.7%	22,937 9.1%	18,887 7.5%
SA	2,139 3.0%	2,046 2.8%	2,382 3.2%	2,225 2.9%	2,522 3.3%	2,772 3.4%	3,026 3.6%	2,804 3.3%	3,436 4.0%
WA	37,105 28.1%	35,177 25.1%	37,499 26.0%	38,200 25.3%	43,051 26.8%	43,823 26.2%	45,575 26.3%	49,496 27.4%	52,300 28.0%
TAS	325 1.6%	325 1.6%	317 1.5%	302 1.4%	280 1.3%	303 1.3%	302 1.3%	295 1.3%	295 1.2%
NT	2,068 17.1%	2,022 16.3%	2,303 17.8%	2,434 18.2%	2,675 18.9%	2,938 19.4%	2,906 18.4%	2,847 17.8%	2,837 17.4%
ACT	46 0.2%	43 0.2%	29 0.1%	25 0.1%	26 0.1%	23 0.1%	23 0.1%	22 0.1%	23 0.1%

（出典）　2010～11 Australian Bureau of Statistics, State Accounts（5220.0), 2012から著者作成。
（注記）　1．州（準州）政府の略号は、略記号等一覧を参照。
　　　　2．各州（準州）政府の上欄の数値は資源産業の付加価値生産額、下欄の数値は資源産業の付加価値生産額が州（準州）内総生産額に占める比率。
　　　　3．付加価値生産額、州（準州）内総生産額は、実質ベース（Chain volume measures）である。基準年は2009～10年度である。
　　　　4．GDPの数値はABS（Australian Bureau of Statistics）とBREE（Bureau of Resources and Energy Economics）で若干異なっている。

(2)　雇用吸収力、売上額

　次に、各州（準州）における、資源産業の雇用吸収力、賃金・俸給支払額、営業収入（2010～11年度）を、図表1-8に示す。

　まず、被雇用者数は、国全体で見た場合と同様に、どの州（準州）においても決して大きくない。大量の資源を産出する西オーストラリア州でも、被雇用者は6.7万人で、全産業の被雇用数の5.5％を占めるに過ぎない。クィーンズランド州でも、4.2万人で、同2.0％を占めるだけである。オーストラリアの資源産業は、極限まで機械化・省力化の進んだ大量生産産業であるからである。

図表1-8　各州（準州）経済における資源産業の寄与（2010～11年度）

州（準州）	被雇用者数		賃金、俸給		営業収入	
	千人	寄与率[%]	百万A$	寄与率[%]	百万A$	寄与率[%]
NSW	29	0.8%	3,260	2.3%	25,470	3.2%
VIC	9	0.3%	897	0.8%	7759	1.2%
QLD	42	2.0%	4,914	5.9%	45,874	9.1%
SA	9	1.3%	884	3.3%	6,710	4.1%
WA	67	5.5%	8,580	14.5%	107,945	26.6%
TAS	2	1.0%	202	2.9%	1,129	2.8%
NT	3	3.1%	394	9.7%	4,253	16.8%
ACT	—	—	—	—	—	—

（出典）　2010～11 Australian Bureau of Statistics, Australian Industry (8155.0), 2012.
（注記）　1．州（準州）政府の略号は、略記号等一覧を参照。
　　　　 2．ACT（首都特別区）には、産業がほとんどないので、記述を省略。
　　　　 3．被雇用者数は、ABS（Australian Bureau of Statistics）とBREE（Bureau of Resources and Energy Economics）で若干異なっている。

　次に、賃金・俸給支払額である。資源産業は多国籍の大企業が多く、その賃金水準が高いため、賃金・俸給支払額の全産業に占める比率は、被雇用者数のそれに比べて高くなっている。西オーストラリア州では、賃金・俸給支払額は85.8億A$（約6,860億円）で、州内全産業の14.5%を占めている。同州の資源産業の被雇用数の全産業に対する比率（5.5%）の2.6倍である。また、他の州（準州）でも同様に、賃金・俸給支払額の比率は、被雇用者数の比率の2.5～3倍になっている。つまり、資源産業の被雇用者は、他産業に比べて賃金水準が非常に高く、豊かな層を形成しており、このことが州経済の牽引力となっている。資源ブームに伴う、西オーストラリア州の州都パースの高級住宅地域における不動産価格の上昇も、このような数値から説明される。

　資源産業の営業収入は、西オーストラリア州では1,079億A$（約8.63兆円）で、全産業の26.6%、クィーンズランド州では、459億A$（約3.67兆円）、全産業の9.1%を占めている。資源産出州では、州経済への影響が大きいことが示されている。

　次に、各州（準州）における完了資源プロジェクトの事業規模の推移を図表1-9に示す。同図表は、最近5年間を6カ月ごとに区分し、投資が完了して

図表1-9　各州における、主な完了資源プロジェクト規模の推移（6カ月ごと）

(単位：百万A$)

6カ月の終了時点	州								計
	NSW	VIC	QLD	SA	WA	TAS	NT	ACT	
2012.04	1,009	97	1,738	429	29,769	0	0	0	33,042
2011.10	0	0	972	146	7,967	0	588	0	9,673
2011.04	1,672	0	0	0	871	150	0	0	2,693
2010.10	2,421		1,986	405	2,823	0	0	0	7,635
2010.04	505	625	541	42	9,591	0	41	0	11,345
2009.10	512	240	2,125	0	1,004	0	0	0	3,881
2009.04	35	420	1,626	1,288	1,626	0	343	0	5,337
2008.10	205	70	70	70	10,095	155	140	0	10,805
2008.04	290	0	3,893	74	7,007	0	0	0	11,264
2007.10	269	1,100	784	430	2,362	0	2,850	0	7,795
計	6,918	2,552	13,735	2,884	73,115	305	3,962	0	103,470

(出典)　Bureau of Resources and Energy Economics (BREE), Mining Industry Major Projects (April 2012, October 2011) および Australian Bureau of Agricultural and Resource Economics and Sciences (ABARE), Minerals and Energy Major Development Projects (April 2011, October 2010, April 2010, October 2009, April 2009, October 2008, April 2008, October 2007) から、著者作成。

(注記)　1．州（準州）政府の略号は、略記号等一覧を参照。
　　　　2．2012.04は、2012年4月までの6カ月、つまり2011年11月から2012年4月までの6カ月間を意味する。
　　　　3．完了プロジェクトとは、投資が完了し、生産を開始できるようになったプロジェクトのことである。
　　　　4．投資金額には、鉄道、パイプラインなどのインフラストラクチャー投資も含む。
　　　　5．投資金額については、上記出典のリストから計算した。上記出典の総括表の数値とは若干異なっている。一部のプロジェクトについてはUS$表示であるため、下記の為替レートで換算した。2009.04：1US$=1.48A$、2011.10：1US$=0.98A$。
　　　　6．2009.04には、南オーストラリア州とクィーンズランド州にまたがるプロジェクトがあるため、投資額は両州に半分ずつ計上した。

生産が開始される資源プロジェクトについて、その事業規模を示している。事業規模を時系列で見ると大きく変化しているのは、大規模プロジェクトが完了した時には大きな金額、そうでないときには小さな金額が計上されるためである。同表は、事業に伴い投資された金額であり、そのかなりの部分が立地州（準州）に落ちることとなる。また、完成以降は、規模に見合う、プロジェクトの操業に伴う経済効果が、立地州（準州）に及ぶこととなる。ここでも、西オーストラリア州とクィーンズランド州が大きな恩恵を受けていることが示されている。

3 資源エネルギーの位置づけ

　資源産業がオーストラリアの国家経済に与える影響は大きい。とくに、輸出による外貨獲得、海外からの直接投資資金の確保の面を見れば、資源産業がなければ国の経済が成りたたないといっても過言ではない。GDP、設備投資、売上高に対する寄与も大きなものがある。ただし、機械化・省力化された産業であるため、雇用吸収力という面では、さしたる寄与はない。

　州経済に与える影響は、州（準州）により差がある。鉄鉱石、天然ガスを大量に産する西オーストラリア州、石炭の大産地であるクィーンズランド州では、資源産業が州経済を支えている。ニューサウス・ウェールズ州の資源産業の規模は大きいが、巨大都市シドニーを抱えているため第3次産業の規模が大きいため、資源産業の影響は相対的に小さくなっている。北部準州では、資源以外の産業が弱いため、資源産業の影響はかなり大きいと言える。

　このようなオーストラリア経済における資源産業の位置づけが、次節以降において、オーストラリアの資源エネルギー政策、中国の経済成長や地球温暖化対策などのオーストラリア資源需給への影響を議論していくうえでの基礎となる。

注
1）　日本では資源エネルギーと一括して呼ばれているが、オーストラリアでは、「資源（Resource）」と「エネルギー（Energy）」という用語は、区別されて使われている。第2節（2）において、「資源政策」と「エネルギー政策」の相違において詳述するが、概要は以下のとおりである。「資源」は鉱山・油田から取り出されたものであり、「エネルギー」は動力として使用されるものである。石炭、鉄鉱石、天然ガス、原油は「資源」であり、電力、都市ガス、石油製品は「エネルギー」である。「資源」は鉱業において生産されたものであり、「エネルギー」は使用されるものである。これに従い、「資源産業」と「エネルギー産業」という用語も区別して使用する。
2）　ここで言うエネルギー量とは、石炭、天然ガス、ウラン、石油などを、その発熱量で換算した値である。

3）PJ は、Peta Joule（ペタジュール）の略であり、10^{15} ［Joule］を意味する。J は joule（ジュール）の略であり、エネルギーの大きさを示す単位である。1 N（ニュートン）の力で物体を 1 m（メートル）動かす仕事量と定義されている。電力では、1 W（ワット）の仕事率で 1 秒間にする仕事量である。したがって、1 ［joule］= 1 ［Nm］、1 ［joule］= 1 ［Ws］である。また、1 ［cal］= 4.18 ［joule］と換算される。1 ［PJ］= 0.0258原油換算 ［kl］である。

4）日本のエネルギー供給量（2009年度）は 2 万893 ［PJ］であるが、発電ロスなどのエネルギー転換ロスが6,499 ［PJ］あるため、最終エネルギー消費は 1 万4,394 ［PJ］である。

5）産業の産み出した付加価値が、GDP に対応する概念であり、産業の付加価値/GDP で寄与率を計算できる。GDP（国内総生産）は、一国で年間に産み出された付加価値の合計である。企業の産み出した付加価値は、生産額から生産コスト（原材料費、機械の減価償却費、営業費など）を差し引いた値である。産業の産み出した付加価値は、企業の産み出した付加価値の合計となる。

6）1 人当たり GDP だけで、国の豊かさを論じることはできない。また、1 人当たり GDP の国際比較は、為替レートの影響を大きく受けるので、その数値の単純な比較は困難である。しかし、1 人当たり GDP は国の豊かさ示す指標の 1 つである。

7）GDP は、時系列で見るために、Chain Volume Measure で表示している。実質ベースの GDP に相当する。基準年は2008～09年度である。

8）投資金額の数値は、ABS（Australian Bureau of Statistics）と BREE（Bureau of Resources and Energy Economics）で若干異なっている。しかし、大きな相違ではないので、両資料からのデータを合わせて論じている。

9）国際収支ベース（Balanceof Payment Basis）では、通関ベースとは異なり、所有権の移転が発生した時点で輸出が計上される。したがって、価格は FOB（Free on Board）で示される。

参考文献

（1）経済産業省資源エネルギー庁「エネルギー白書2011」74頁、2012
（2）トヨタ自動車（株）「平成24年 3 月期」決算要旨（http://www.toyota.co.jp/jpn/investors/financial_results/2012/year_end/yousi.pdf）
（3）Bureau of Resources and Energy Economics, Resources and Energy Statistics 2011, p 20, 2011
（4）Australian Bureau of Statistics, 2010-11 International Trade in Goods and Services, Australia (5368.0), 2012

（5） Australian Bureau of Statistics, 2010-11 Australian Industry (8155.0), 2012
（6） Australian Bureau of Statistics, 2010-11 Private New Capital Expenditure and Expected Expenditure (5625.0), 2012

第2節　オーストラリアの資源エネルギー政策

1　資源政策とエネルギー政策

　オーストラリアでは、「資源（Resource）政策」と「エネルギー（Energy）政策」という用語は、区別されて使われており、その意味は、日本の用語の意味とは異なっている。

　オーストラリアでは、「資源政策」は供給に対する政策であり、「エネルギー政策」は需要に対する政策である。Resource はラテン語の resurgere（よみがえる）、Energy はギリシャ語の energeia（運動）に由来する言葉であり、両者の意味は根本的に異なっているからである。したがって、資源という用語は、元来、地中に眠っている化石物質に対して使われる。天然ガスについていえば、天然ガスの探査、生産、海洋ガス田から陸地までの移送、LNG の生産に対する政策は資源政策である。天然ガスの国内輸送、需要家への配送、国内市場、保安に対する政策はエネルギー政策である。輸送については、供給者の視点からの輸送は資源政策、需要者の視点からの輸送はエネルギー政策になる。たとえば、海洋油田から陸地までのパイプラインは資源政策、都市部までの長距離パイプラインはエネルギー政策と解されている。発電後の電力に関する政策はエネルギー政策であり、省エネルギーやクリーンエネルギーに関する政策もエネルギー政策である。バイオマスによるエタノール生産・供給は、資源政策に含まれるが、太陽エネルギーや風力はエネルギー政策として扱われる。後者は、電力に転換されて、利用の面から論じられることが多いからであろう。なお、鉱物については、生産段階の政策は資源政策であり、需要段階では鉱物（Mineral）政策である。

日本では、「資源」と「エネルギー」の概念の区別があいまいで、「資源エネルギー」という包括的な用語が使われることが多い。用語を区別して使う場合は、石油、石炭、天然ガスは、エネルギーとして使用されるため、資源の段階も含めてエネルギーと呼ばれ、鉱物が資源と呼ばれることが多い。日本では、エネルギーに転換される資源の生産がほとんどないため、生産サイドに立った「資源」という概念が希薄なのであろう。

オーストラリアにおけるこのような用語の区別が、次項の資源エネルギー政策を実施する組織の名称にも、厳密に反映されている。

2　組織

オーストラリアの資源エネルギー政策は、連邦政府（Commonwealth）と各州（準州）政府（準州は、北部準州、首都特別地域。以下同じ）の双方が分担して担当している。このため、各州政府は、資源エネルギー政策を担当する組織を有している。日本では、資源エネルギー政策は、基本的には、国の政策である。日本でも、地方自治体に、資源エネルギー政策を担当する組織が多くみられるが、省エネルギー、自然エネルギー、地域賦存エネルギーに関する政策を担当しているにすぎない。

(1)　連邦政府の組織[1]

連邦政府で資源エネルギー政策を担当する組織は、資源・エネルギー・観光省（RET：Department of Resources, Energy and Tourism）である。資源エネルギーと観光では、業務の内容が異なるため、1人の大臣が同省を所管するとは限らず、観光だけを担当する大臣が置かれることもある[1]。

資源・エネルギー・観光省の組織図を図表1-10に示す（2012年1月時点）。大臣の下に、次官（Secretary）が置かれている。次官は（通常は）政治家ではなく、資源エネルギーの専門家である。現在（2012年時点）の次官（Drew Clarke）は、同省の次官補、エネルギー環境局長、オーストラリア産業振興機関（AusIndustry）の局長（Executive General Manager）経験者である。同省

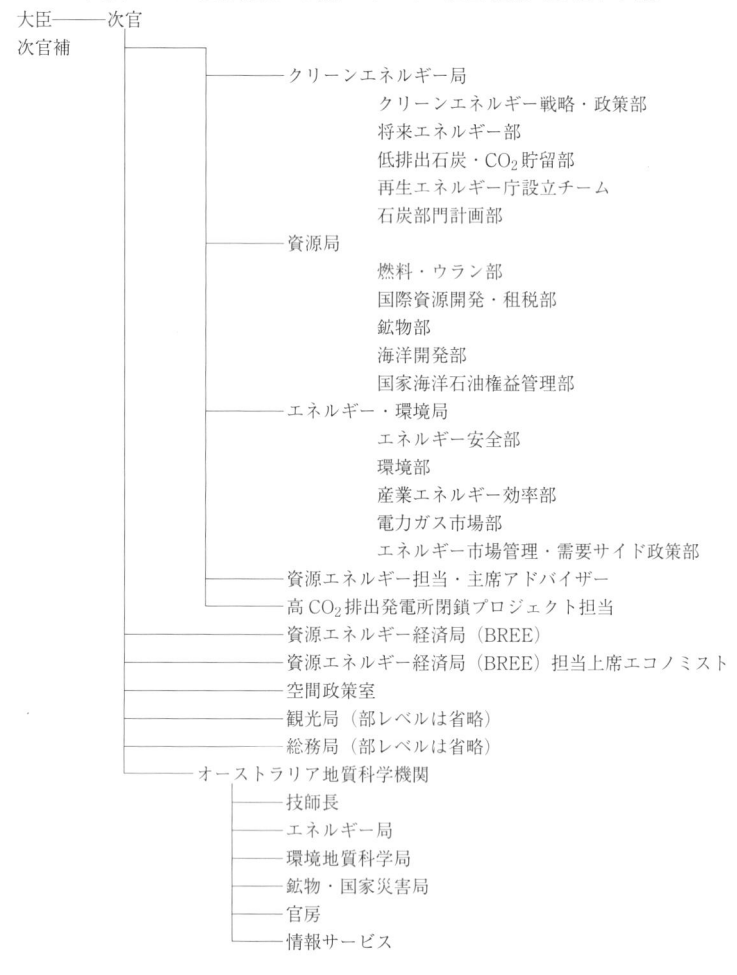

図表 1-10　連邦政府の資源エネルギー担当組織（2012年1月）

```
大臣────次官
次官補
    ├──────クリーンエネルギー局
    │           クリーンエネルギー戦略・政策部
    │           将来エネルギー部
    │           低排出石炭・CO₂貯留部
    │           再生エネルギー庁設立チーム
    │           石炭部門計画部
    ├──────資源局
    │           燃料・ウラン部
    │           国際資源開発・租税部
    │           鉱物部
    │           海洋開発部
    │           国家海洋石油権益管理部
    ├──────エネルギー・環境局
    │           エネルギー安全部
    │           環境部
    │           産業エネルギー効率部
    │           電力ガス市場部
    │           エネルギー市場管理・需要サイド政策部
    ├──────資源エネルギー担当・主席アドバイザー
    ├──────高CO₂排出発電所閉鎖プロジェクト担当
    ├──────資源エネルギー経済局（BREE）
    ├──────資源エネルギー経済局（BREE）担当上席エコノミスト
    ├──────空間政策室
    ├──────観光局（部レベルは省略）
    ├──────総務局（部レベルは省略）
    └──────オーストラリア地質科学機関
                ├──技師長
                ├──エネルギー局
                ├──環境地質科学局
                ├──鉱物・国家災害局
                ├──官房
                └──情報サービス
```

において、資源エネルギー政策を担う中核的な組織は、次官補（Deputy Secretary）が担当するクリーンエネルギー局（Clean Energy Division）、資源局（Resources Division）、エネルギー・環境局（Energy and Environment Division）の3局である[2]。上述（第2節1）のように、資源（生産サイド）を担当する局とエネルギー（需要サイド）を担当する局に分かれている。

資源局は、石油、天然ガス、ウラン、鉱物の生産に関する政策・業務を担当している。オーストラリア北西部の海洋資源（天然ガス、石油）の開発、権益確保のためには、インドネシア等との国際関係が重要であり、このような政策も担当している。エネルギー局は、国内のエネルギーの使用・需要に関する政策・業務を担当している。具体的には、エネルギーの輸送・使用段階の安全、産業における効率的なエネルギー使用、エネルギー使用に伴う環境保全、エネルギー市場の管理・自由化などを担当している。クリーンエネルギー局では、その名のとおり、化石エネルギーの使用を減らし、クリーンエネルギーの導入・利用の拡大のための政策・業務を担当している。具体的には、石炭使用に伴う二酸化炭素の排出の低減と再生可能エネルギーの導入、エネルギー計画を担当している。（高 CO_2 排出の石炭）発電所閉鎖プロジェクト局は、クリーンエネルギー局とは独立して次官補の直轄組織として設置されている。

　組織図には記載していないが、資源局の法定外郭機関として、2012年1月に設立された、国家海洋石油採鉱権管理機関（NOPTA：National Offshore Petroleum Titles Administrator）、国家海洋石油安全・環境管理局（NOPSEMA：National Offshore Petroleum Safety and Environmental Management Authority）がある[3]。NOPTA は、連邦政府が管理権限を有する海洋石油（陸地から3海里以遠）の採鉱権を実務的に管理する機関である。NOPTA は、州政府が連邦に代行して事務処理してきた指定機関（Designated Authority）制度の機能を引き継いでいる。連邦政府の担当する海洋油田の実務を名実ともに、連邦の管理下に置こうとするものである。NOPSEMA は石油の採鉱に伴う労働安全、労働衛生、設備保安と環境保全を管理する機関である。NOPSAM は、海洋油田、ガス田における労働安全、労働衛生を担当してきた国家海洋石油保安局（NOPSA：National Offshore Petroleum Safety Authority）の機能を引き継いでいる。

　再生エネルギー庁（ARENA：Australian Renewable Energy Agency）（2012年7月設立）は、再生エネルギー、低排出エネルギー技術に対する助成を行う機関である。同庁は、オーストラリア再生可能エネルギーセンター（ACRE：

Australian Centre for Renewable Energy)、オーストラリア太陽研究所（ASI：Australian Solar Institute）などが行っていた助成業務を集約して発足した。エネルギー局の組織図には、ARENA の設立準備を行っていたチームの名称も記載されている。

　資源大国であるオーストラリア政府に特徴的な組織は、資源エネルギー経済局（BREE：Bureau of Resources and Energy Economics）とオーストラリア地質科学機関（Geoscience Australia）である。

　BREE は、オーストラリアの重要産業である資源エネルギーに特化した、統計・調査機関であり、資源エネルギーの需要予測なども行うシンクタンクでもある。BREE は、統計を扱う政府機関であるオーストラリア統計局（ABS：Australian Bureau of Statistics）とは別組織として維持されている。BREE は、資源・エネルギー・観光省の1部局であるが、その業務は経済学と統計に基づき政治的に独立して業務を実施することとされている。BREE の前身は、1次産品の統計・調査を担うオーストラリア農業資源経済局（ABARE：Australian Bureau of Agricultural and Resources Economics）であったが、2011年に資源エネルギー分野と農業分野を分離する形で、BREE が設立された。ABARE も1945年に設立された機関であり、このような組織の存在は、オーストラリアがいかに資源エネルギーや農業分野を重視しているかを示している。

　地質科学機関は、資源探査を科学技術的に行い、収集したデータを提供する調査研究機関である。組織上は、資源・エネルギー・観光省の中に位置するが、予算上は同省から独立した機関である。多くの技術者、研究者を擁し、傘下に次の5つの研究所を抱える世界のトップクラスの地質調査機関である。地質花粉学[4]・堆積物研究所（Palaeontology and Sedimentology Laboratory）、同位元素・有機地質化学研究所（Isotope and Organic Geochemistry Laboratory）無機化学研究所（Inorganic Chemistry Laboratory）、水素地質化学研究所（Hydrogeochemistry Laboratory）、地質年代学研究所（Geochronology Facilities）の5つである。

　なお、空間政策室（Spatial Policy Office）は、地質科学機関の下部組織（空

間データ管理室（Office of Spatial Data Management））であったが、地質調査の各種データを省庁横断的に提供するために、2011年に次官の直轄組織になっている。

(2) 州政府の組織

　オーストラリアでは各州にも資源エネルギーを担当する行政組織がある。州においても、上述（第2節1）のとおり、原則として、資源の生産を担当する部署とエネルギーの使用を担当する部署は分かれている。しかし、資源産業の大きさにより、行政組織のどのレベルで分けているかについては差異がある。西オーストラリア州、クィーンズランド州では資源産業が大きいため、資源を担当する省とエネルギーを担当する省は別になっている。その他の州（首都特別区は除く）では、資源エネルギー担当の省の中で担当部署が分かれている。

　オーストラリアの中で、最も資源産業の盛んな西オーストラリア州を例にして、資源エネルギーを担当する組織を説明する（図表1-11）。組織は大きく3つに分かれている。資源の生産を担当する「鉱山・石油省（Department of Mines and Petroleum）」、州内のエネルギー使用を担当する「公益事業室（Public Utility Office）」、発電事業会社を担当する機関（エネルギー担当大臣の指揮を受ける）の3つである。

　鉱山・石油省は、資源生産を行う企業を対象とする業務を行っている。主要業務は、資源開発の許認可（許認可（Approvals）部）、鉱山や油田の保安・安全および技術者や作業員の健康（資源保安（Resources Safety）部）の2つである。その地に、「地質調査（GSWA：Geological Survey WA）部」と政策立案や海外を含めた資源市場の開拓を行う「戦略政策（Strategic Policy）部」が置かれている。

　公益事業室は2012年4月に、それまでのエネルギー室（Office of Energy）の業務を引き継いで設置された。金融省（Ministry of Finance）の中に位置しているが、実務的にはエネルギー担当大臣の指揮を受けている。その業務は、州内へのエネルギー供給、エネルギー使用の安全、エネルギー市場の自由化、

図表1-11　州政府の資源エネルギー担当組織（西オーストラリア州）

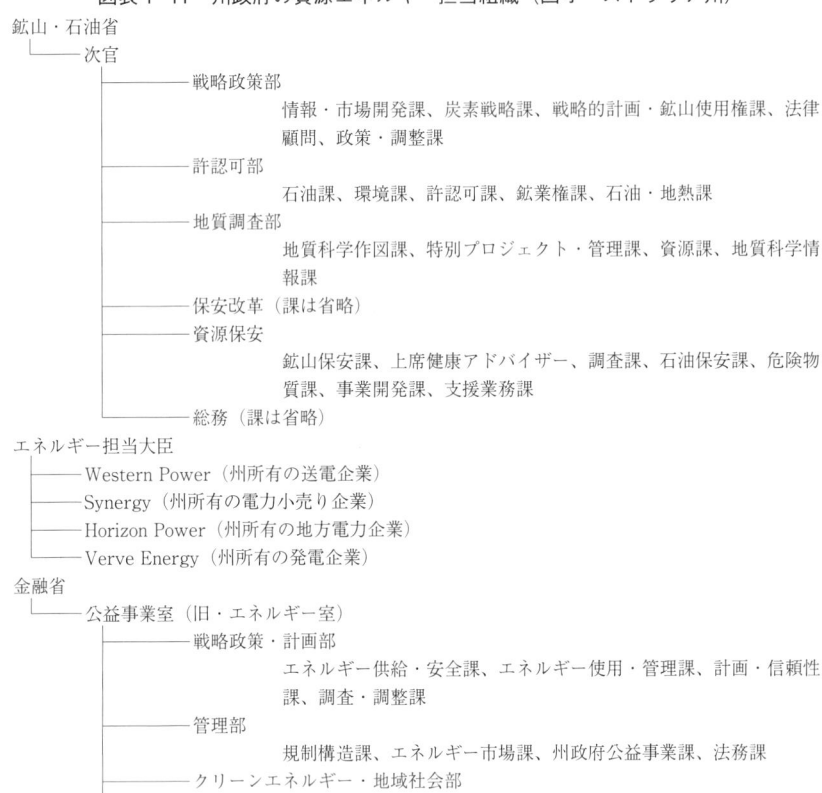

鉱山・石油省
└── 次官
　　├── 戦略政策部
　　│　　　情報・市場開発課、炭素戦略課、戦略的計画・鉱山使用権課、法律顧問、政策・調整課
　　├── 許認可部
　　│　　　石油課、環境課、許認可課、鉱業権課、石油・地熱課
　　├── 地質調査部
　　│　　　地質科学作図課、特別プロジェクト・管理課、資源課、地質科学情報課
　　├── 保安改革（課は省略）
　　├── 資源保安
　　│　　　鉱山保安課、上席健康アドバイザー、調査課、石油保安課、危険物質課、事業開発課、支援業務課
　　└── 総務（課は省略）

エネルギー担当大臣
├── Western Power（州所有の送電企業）
├── Synergy（州所有の電力小売り企業）
├── Horizon Power（州所有の地方電力企業）
└── Verve Energy（州所有の発電企業）

金融省
└── 公益事業室（旧・エネルギー室）
　　├── 戦略政策・計画部
　　│　　　エネルギー供給・安全課、エネルギー使用・管理課、計画・信頼性課、調査・調整課
　　├── 管理部
　　│　　　規制構造課、エネルギー市場課、州政府公益事業課、法務課
　　├── クリーンエネルギー・地域社会部
　　│　　　地域・遠隔地域計画課
　　└── 総務（課は省略）

（出典）　州政府HP[2] およびWA Office of Energy[3] の年次報告書から著者作成。
（注記）　エネルギー室（Office of Energy）の機能は、2012年3月に、金融省公益事業室（Public Utilities Office within the Department of Finance）に移管された。

遠隔地域へのエネルギー供給などである。クリーンエネルギーの導入も担当している。

　州内への電力供給企業の監督業務はエネルギー担当大臣が行っている。かつては、発電、送電、電力小売りを州営のWestern Power社がすべて担っていた。しかし、規制緩和により、発送売電の分離が行われ、現在では発電・卸売をVerve Energy、送電をWestern Power、小売りをSynergyが担当している。

さらに遠隔地域における電力会社 Horizon Power を含めた4社がエネルギー大臣の下にある。

(3) 連邦政府と州政府の連携組織

オーストラリアでは、州政府の独立性が強く、行政権限や行政事務の多くが州政府の管轄となっている。このため、各州間の利害を調整すべき案件、各州が共同して実施すべき案件、各州に影響を及ぼす連邦政府の行政（国際条約など）について、話し合う必要がある。そのような場として、1992年5月に、連邦政府首相（Prime Minister）、各州の首相（Premier または Chief Minister）および地方政府協会議長（President, Australian Local Government Association）から構成されるオーストラリア政府会議（COAG：The Council of Australian Governments）が設けられている。

資源エネルギー政策や行政権限や行政事務についても同様に、連邦政府と州政府に分割されている。鉱業権の許認可など重要行政事務が州政府の権限となっており、しかも州政府の独立性が強いため、連邦政府と州政府の政策を調整する組織が必要である。このため、連邦政府と州政府の資源エネルギー担当大臣が集まり話し合うための2つの会議が、COAGにより設けられた。2001年には、鉱物石油資源に関する大臣会議（MCMPR：Ministerial Council on Mineral and Petroleum Resources）およびエネルギーに関する大臣会議（MCE：Ministerial Council on Energy）が設けられた。このように2つの組織が別々に設けられたのは、上述（第2節1）のとおり、資源政策とエネルギー政策は、その性格がはっきりと異なるものと理解されているからである。しかし、その後、2011年6月には、MCMPRとMCEを統合し、常設の会議体として、エネルギー・資源に関する常設会議（SCER：Standing Council on Energy and Resources）が設けられている[4]。同会議は、同国では珍しく、同じ組織で、資源政策とエネルギー政策を扱っている。

その構成員を図表1-12に示す。西オーストラリア州とクィーンズランド州は、資源担当の大臣とエネルギー担当大臣が異なるため、両大臣がメンバーとなっ

図表1-12 常設資源エネルギー会議 Standing Council on Energy and Resources の構成

組織	メンバー
連邦（議長）	資源・エネルギー大臣 Minister for Resources and Energy
ニューサウス・ウェールズ州	資源・エネルギー大臣 Minister for Resources and Energy
ビクトリア州	資源・エネルギー大臣 Minister for Energy and Resources
クィーンズランド州	エネルギー・水利用大臣 Minister for Energy and Water Utilities 雇用・技能・鉱業大臣 Minister for Employment, Skills and Mining
西オーストラリア州	鉱山・石油大臣 Minister for Mines and Petroleum エネルギー大臣 Minister for Energy
南オーストラリア州	鉱物資源・エネルギー大臣 Minister for Mineral Resources and Energy
タスマニア州	エネルギー・資源大臣 Minister for Energy and Resources
首都特別区	環境・持続可能開発大臣 Minister for Environment and Sustainable Development
北部準州	財務大臣 Treasurer 1次産業、漁業、資源大臣 Minister for Primary Industries, Fisheries and Resources
ニュージーランド	エネルギー・資源（臨時）大臣 Acting Minister of Energy and Resources

(出典) Standing Council on Energy and Resources Meeting Communiqué, Melbourne on 9 December 2011.
(注記) 1．2011年12月9日時点のメンバーである。その後、各州等における組織改正、内閣改造などにより、大臣の所掌範囲、組織の名称は変更になっている。
2．2011年12月9日時点の連邦 Resources and Energy 担当大臣である Hon, Martin Ferguson は Minister for Tourism を兼務している。

ている。前身の MCMPR と MCE と同様に[5]、ニュージーランドのエネルギー資源大臣がメンバーに入っている。

　連邦政府の管理する海洋石油（陸地から3海里以遠）の採鉱権の付与を決定するために、連邦政府と鉱区に接する州（準州）政府の各担当部局で構成される合同機関（Joint Authority）が設置されている。海域の石油の所管について、連邦と州（準州）政府の間のトラブルを避ける趣旨である。2012年1月からは、国立海洋石油採鉱権管理機関（NOPTA）が設立され、合同機関の決定に関する技術的な助言などを行うこととなった。

3　連邦・州の分担、政府と民間の分担

　オーストラリアの資源政策の重要な部分は州（準州）政府が担っている。

　オーストラリアの資源は、正式にはエリザベス女王の所有である（Ownership vested in the Crown）が、実態上は、連邦政府または州（準州）政府の所有である（陸上および岸から3海里以遠は連邦政府の担当である）。

　連邦政府と州（準州）政府の分担は明確である。州（準州）政府は、鉱業権（陸地から3海里以遠の資源を除く）の管理と実施権の設定を担当し、これに伴い鉱業権料（Royalty）の徴収も行う。土地の管理や資源会社の操業の規制、環境保全、労働災害、労働衛生なども州（準州）政府の役割である。連邦政府は、資源に対する連邦税制、対内直接投資、競争政策、会社法、通商政策・国際協定、通関、先住民の権利などを担当する。また、海洋資源（陸地から3海里以遠）の鉱業権の管理と実施権の付与も行う。基本的な考え方は、州政府でできる行政は州政府で行い、連邦政府は全国的一律に実施する必要のある業務、外交交渉など地方政府ではできない業務だけを行うという考え方である。日本では、鉱業権の設定も含めて資源エネルギー政策のほとんどが国の役割であるのとは対照的である。

　政府と民間企業の役割分担も明確である。商業ベースの探査・鉱業を行うのは私企業である。連邦政府、州（準州）政府みずからが、商業ベースの探査・鉱業を行うことはない。基本的な考え方は、政府の役割は寡占独占を防ぎ企業

間競争を確保すること、安全や良好な環境を確保することであり、産業の振興という考え方は希薄である、多くの発展途上国において、資源は国の発展のための資金を稼ぎ出す重要産業であり、国営石油会社などが独占的に鉱業を担っている（例：インドネシアのPertamina、マレーシアのPetronas）のとは対照的である。

4　連邦政府の政策

上述のとおり、オーストラリアでは資源政策とエネルギー政策が区別して考えられているので、政策体系と個別政策の内容も、両政策に分けて記述する。また、ウランの輸出政策、原子力発電についての議論にも言及する。

(1)　資源政策の体系と性格（連邦）

日本の資源エネルギー需給に影響を与えるのは、供給（生産）に焦点を当てている「資源政策」である。オーストラリアの資源政策の骨子を、図表1-13に示す。政策を、その内容により分類を試みると、鉱業政策とCO_2対策に特化した環境政策に大別できる。鉱業政策は、許認可、規制と産業政策に区分できる。環境政策は、低CO_2排出石炭、炭素回収・貯留、代替エネルギーで構成されている。

「資源」は、現在および将来のオーストラリア経済を支える重要な財であることに鑑みれば、政府が採るべき本質的な資源政策は、個々の資源ごとに、計画的な鉱区の開放、需要先の確保、国際競争力の向上を講じることであると、著者は考えている。しかるに、連邦政府の政策は、オーストラリア経済における資源の本質的な機能よりは、炭素回収・貯留、代替エネルギーといった周辺の環境政策に比重をかけているように見える。排出CO_2対策は、世界が協力すべき課題であり、とくに先進国には積極的な寄与が求められている。オーストラリアは石炭、天然ガス等の化石燃料の世界有数の生産国であるため、地球温暖化対策で化石燃料の使用が世界的に減退すると、経済的な打撃を被ることになる。炭素回収・貯留政策は、単なる環境政策ではなく、資源政策としても

図表1-13 オーストラリア連邦政府の資源政策の体系（2012年）

政策対象	政策項目
鉱業政策（許認可、規制）	海洋石油の規制 海洋石油の鉱区の指定・開放、入札 海洋石油開発に伴う環境規制 豪州・東チモール共同石油開発 鉱山保安と鉱山労働者の健康の確保 炭層ガスの促進と規制 外資規制
資源生産（産業政策）	資源税制 先住民との協働計画 地質科学調査 資源経済調査（統計、需給調査、マクロ経済情報） 2国間協議 資源経営ビジョン（鉱業の持続的発展計画）
CO_2低排出石炭	CO_2低排出石炭イニシアティブ オーストラリア低排出石炭研究開発 炭素マッピングおよびインフラ整備国家計画 Callide 酸素燃焼プロジェクト クリーンコールテクノロジー豪州・中国協働作業 低排出石炭実証プロジェクト
炭素回収・貯留	炭素回収・貯留についての国内共通のルール 炭素回収・貯留地点の開発 炭素回収・貯留事業の支援 炭素回収・貯留に関する国際協力
代替エネルギープログラム	先進的バイオ燃料投資準備計画 クリーン燃料スキーム エタノール生産グラントプログラム 第2世代バイオ燃料研究開発プログラム

(出典) 資源エネルギー・観光省のHP[5]に基づき著者が作成。
(注記) 各施策内容を検討して、著者が体系を作成しているため、同省の考える政策体系とは異なる。

位置づけられている。

　鉱業政策も実施されているが、本質的な政策を避けているとの印象を受ける。具体的には、輸出市場における資源の需給に関与しようとする政策、需要先を開拓しようとする政策、資源産業の国際競争力を向上させようとする政策が見られない。また、政策的な経済支援も皆無である。資源エネルギー経済局（BREE）は需要予測を行っているが、これは科学的客観的な報告にとどまっ

ている。また、個々の資源、たとえば、天然ガス、鉄鉱石、石炭、アルミニウム、ミネラルサンドに特化した政策は講じられていない。政府間協議や、政府高官の海外訪問時の需要先訪問などはあるが、体系的な取り組みは見られない。

このような資源の「周辺」に特化した政策をとっている理由はいくつか考えられる。第1は、自由主義経済の下で資源生産活動は民間に任せるという原則が確立していることがある。第2に、主たる資源開発プロジェクトは規模が大きく、所要資金も巨額でリスクもあり、その担い手の多くは多国籍のメジャーであるため、政府の経済的・技術的な支援を必要としていないことがある。第3に、オーストラリアは多種多様な資源に恵まれており、しかも先進国であるため、産油国と違って、資源が枯渇する前に経済を発展させなければならにという切迫感もないのであろう。

ただし投資や生産を円滑にするための政策は充実している。地質科学機関（Geoscience Australia）の地質調査データや資源エネルギー経済局（BREE）の実施する統計・調査は、オーストラリア政府の政策立案の基礎となっているだけでなく、外資を含む企業の資源投資、資源貿易を行う国や企業に重要な情報を提供している。また、鉱業権の設定の手続きは明確であり、恣意が入る余地の少ないこと、先住民対策を明確にしていることなども効果的な政策である。このような透明でクリーンな制度を有していることが、多くの海外投資企業、輸入企業を引きつける魅力となっている。

なお、外資規制は、資源政策としては位置づけられていないが、現実には資源の開発計画を律する極めて強力な資源政策として機能している（第2節4(3)）。

(2) 資源政策の個別内容（連邦）
①鉱業政策（許認可、規制）
鉱業政策とは、資源の探査・生産・出荷に関する政策である。石油・天然ガスについては、探査・開発・精製、原油・コンデンセート・LNGの積出しである。基本的には、州政府が鉱業政策を担当する。しかし、陸地から3海里以

遠の資源は連邦政府が管理しており、鉱業政策を講じている。オーストラリアの石油・天然ガス資源は海洋に集中しているため、連邦政府が石油資源政策に大きな役割を果たす。最も重要な行政事務は、海洋石油の鉱区を指定して、入札により企業の探査や開発に委ねることである。探査や採鉱の権利の付与の決定は、州（準州）政府との合同機関で行うが、連邦政府の機関（NOPTA）が、申請を受理する窓口機能、技術的な助言機能を通じて、合同機関の実質的な事務局の機能を有する。付与された海洋石油の採鉱権の管理も連邦政府が行う。

また、海洋石油・温室効果ガス貯留法（OPGGSA：Offshore Petroleum and Greenhouse Gas Storage Act 2006）等に基づき、秩序ある開発、諸権利の調整、企業と政府の責任分担の設定などの規制、海洋石油開発に伴う環境規制も行っている。そのほか、豪州・東チモール共同石油開発も連邦政府の担当である。政府は、東チモール政府との条約で、共同規制や生産物の配分などを取り決めており、チモール海におけるJoint Petroleum Development Area（JPDA）とGreater Sunrise Fieldの2つの鉱区で生産がなされている。

鉱山保安と鉱山労働者の健康の確保については、全ての州に共通の規制という視点から連邦政府が関与している。また、炭層ガス（Coal Seam Gas）（石炭層に含まれるメタンを主成分とする天然ガス）の開発の促進と規制は、州政府の担当であるが、炭層ガスは将来の有望な資源であることから、その開発に連邦政府も関与しているのである。

②鉱業政策（産業政策）
資源企業の経営に関する政策、資源生産を側面から支える政策である。
最も重要な政策は、鉱業に対する税制である。資源生産への課税は、国全体の歳入歳出動向を考えて実施されるが、資源企業の投資意欲、オーストラリア資源の国際競争力に大きな影響を与える。法人税、資産譲渡に伴うキャピタルゲイン税など一般企業と同様の税制が適用されるほか、資源産業にだけに適用される連邦税もある。最近では、大議論の末に2012年7月に導入された2つの資源利用税がある。鉱物資源利用税（MRRT：Minerals Resource Rent Tax）

の導入と石油資源利用税（PRRT：Petroleum Resource Rent Tax）の適用範囲の拡大がある。MRRT は、石炭、鉄鉱石生産企業（年間利益が7,500万 A＄（約60億円）以上に限る）に対して利益の30％を課税（税額控除あり）するものであり、PRRT は、石油、ガス生産企業に対して利益の40％を課税するものである。PRRT は、これまで海洋石油・天然ガスにのみに課税されていたが、改正により陸上の石油・天然ガス、これまで適用除外であった北西大陸棚プロジェクト（NWS：North West Shelf）および炭層ガスにも課税されることとなった。

　資源の賦存地域には先住民（アボリジニ）が幅広く居住するため、資源企業と先住民との土地所有・利用権をめぐる法的関係を整備することも連邦政府の重要な政策である。先住権法（Native Title Act 1994）[6]は、ヨーロッパ人がオーストラリアへ移住する前に有していた先住民の権利を認めており、先住民の権利との調整が資源探鉱・採鉱認可（州政府の権限）の条件となっている。現在は、協働計画（WIP：Working in Partnership Program）と名付けられたプログラムの下で、先住民の雇用の促進など、先住民と資源企業との良好な関係を確保するための施策が講じられている。

　資源エネルギー経済局（BREE）の実施する統計・調査は広い分野に及んでいる。資源エネルギー統計、資源評価、経済分析、産業動向分析、需要供給予測、需要国の経済分析・政策分析などに及んでいる。実務は、多くの専任の専門家により、計画的に実施されており、成果物の水準・信頼性は極めて高いものがある。

　地質科学機関（Geoscience Australia）の行う地質調査、資源探査も地味であるが極めて重要な政策である。調査・探査は計画的に継続的に実施されており、データは広く公開されている。

　その他、鉱業の持続的発展計画（LPSD：Leading Practice Sustainable Development Program for the Mining Industry）と題する鉱業経営のビジョンの作成、資源エネルギーに関する２国間定期政府協議なども行っている。２国間協議は、資源の重要な輸出先を中心に、日本、中国、インド、韓国、台湾、イ

ンドネシア、フィリピン、米国、メキシコ、モンゴルと実施されている。

③ CO_2 低排出石炭

オーストラリアの国内電気供給の太宗を占める石炭火力発電所から排出される CO_2 の低減を図るために、技術開発を中心とする政策が講じられている。主たる政策は、CO_2 低排出石炭イニシアティブ（NLECI：National Low Emission Coal Initiative）と名付けられたファンドからの助成である。同イニシアティブは、石炭利用に伴う排出 CO_2 を減少させる技術を普及し、オーストラリアの温室効果ガスを、2050年までに2000年比で80％減少させることを目的として、各種の低排出石炭実証プロジェクトに助成することとしている。代表的なプロジェクトとして、「カライド酸素燃焼プロジェクト（Callide Oxyfuel Combustion Project）」がある。同プロジェクトは、クィーンズランド州南東部のCallideにおける既存の石炭火力発電所に、酸素燃焼技術を応用して、発電に伴う CO_2 排出量をほぼゼロにすることを目指している。

④炭素回収・貯留

炭素回収・貯留（CCS：Carbon Capture and Storage）は、化石燃料の使用等に伴い排出される CO_2 などの温室効果ガスを回収し、貯留地まで輸送し、地中深くに長期間貯留する政策である。連邦政府は、炭素マッピング・インフラ整備国家計画（National Carbon Mapping and Infrastructure Plan：2009年策定）などに基づき、①回収・貯留に伴うルールの設定、②回収炭素の海洋貯留場所の指定、③デモンストレーション事業の実施、④国際協力などの政策を実施している。

①炭素回収・貯留ルール（CCS Legislation）

連邦政府は、炭素回収・貯留事業の実施に伴うアセスメント、許認可手続き、土地に関する権利関係などに関する国内共通のルール（Regulatory Guiding Principles for Carbon Dioxide Capture and Geological Storage：2005年施行）を定め、これを運用している。また、海洋における CO_2 および温室効果ガスの

パイプラインの敷設、注入・貯留に関するルールについては、海洋石油および温室効果ガス貯留法 (Offshore Petroleum and Greenhouse Gas Storage Act 2006) が定めている。炭素回収・貯留を実施するためには、このようなルール作りが極めて重要である。

日本でも環境省が、海洋汚染防止法 (2010年11月に改正施行) に基づき、事業者による海底地層の活用の手続きを規定しており、アセスメント指針を2012年度に作成している[6]。

②炭素回収・貯留地点の開放 (Carbon Capture and Storage Acreage Release)

炭素回収・貯留を実施するためには、貯留場所が必要である。連邦政府は、海洋における CO_2 および温室効果ガスの貯留地として、西オーストラリア州パース沖の Vlaming Sub-basin など5カ所の海盆を指定し、開放している。

③炭素回収貯留フラッグシップ計画 (Carbon Capture and Storage Flagships Program)

産業プロセスから排出される CO_2 を回収して、安全に地中貯留するデモンストレーション・プログラムを支援する政策である。オーストラリアでは、本政策は「エネルギー政策」に位置づけられているが、他の炭素回収・貯留政策が「資源政策」とされているので、本書では本政策を「資源政策」として位置付けている。

④炭素回収・貯留に関する国際協力 (CCS International Engagement)

連邦政府は、炭素回収・貯留のための技術開発を二国間、多国籍間協力事業の下で行っている。豪州・中国共同研究 (Australia-China Joint Coordination Group on Clean Coal Technology)、豪州・英国共同研究 (Carbon Capture Use and Storage (CCUS) Action Group)、炭素隔離リーダーシップフォーラム (CSLF：Carbon Sequestration Leadership Forum)（米国、EU、日本など25カ国が参加する国際協力組織）などがある。また、IEA の各種事業にも参加している。

⑤代替エネルギープログラム（Alternative Fuel Program）

代替自動車燃料（エタノール）の生産、流通、使用を促進するための政策である。バイオエタノールの研究、生産、需要の拡大に焦点を当てたプログラムである。

①先進的バイオ燃料投資準備プログラム（Advanced Biofuels Investment Readiness（ABIR）Program）は、商業化前の先進的なバイオ燃料デモンストレーション・プロジェクトに助成するプログラムである。2012年7月からは新設のARENAが担当する。このプログラムでは、食料や飼料と競合することのない原料（例：木質廃棄物、海藻類）を利用することが条件となっている。

②エタノール生産グラントプログラム（Ethanol Production Grants Program）は、廃棄物バイオマスなどの地域性のバイオマスによる自動車用のエタノール生産に助成するプログラムである。

③第2世代バイオ燃料研究開発プログラム（Second Generation Biofuels R & D Program）は、バイオ燃料の新技術の開発に対して助成（50％補助）するプログラムである。

④クリーン燃料スキーム（Cleaner Fuels Grants Scheme Guide）は、バイオディーゼル（植物原料由来の油脂成分）の輸入者、生産者への関税、物品税の還付措置である。

(3) 外資規制（連邦）

外資規制はすべての業種に関連するため、資源政策としては位置づけられていない。しかし、現実には、外資規制は、オーストラリア、とくに連邦政府の資源政策の根幹にあるといっても過言ではない。財務大臣の示す外資受け入れ政策[7][8]によれば、オーストラリアへの直接投資は、外資による資産所得および事業買収法（FATA：Foreign Acquisitions and Takeovers Act 1975）に基づき、外資審査会（FIRB：Foreign Investment Review Board）の個別審査に付される。審査はオーストラリアの国益（安全保障、市場競争の維持、税収、政策整合性、経済・社会への影響、投資家の人格）という視点から行われる。

なお、鉱区保有権の取得については、すべて届け出る必要がある。

オーストラリアの資源産業にとって、外資の導入は、プラス・マイナス両面の影響を及ぼす。

まず、プラス面である。大型の資源プロジェクトは所要資金量が大きいため、外資の導入は、開発資金の確保策として必要である。また、巨額の資金を投資して生産した資源を確実に販売するためには、外資を導入し、当該出資外国企業を、オーストラリア資源の安定的な需要家とする必要がある。需要国（企業）にとっても資本参加により、資源の計画的、安定な確保が可能となる。とくに日本のように資源を持たない国にとっては、資本参加を伴う開発輸入は、資源エネルギーの安定確保政策の要である。また、第5節で述べるように、中国のように、経済成長に伴い大量の輸入資源を必要とする国にとっても、同様である。

次に、マイナス面である。外資の導入は、オーストラリアの資源管理の自主性を失わせるというリスクも内包している。外資の導入は2つのタイプに分けられる。オーストラリア企業と外資による合弁企業の設立というタイプと外資によるオーストラリアの資源企業の買収（資源企業への出資）というタイプである。前者はプロジェクトごとに設立されるため、オーストラリアにとってのリスクは比較的小さい。しかし、後者は、外資が合弁企業の設立のカウンターパートをそのまま買収するものであり、また、買収に伴いオーストラリア企業保有の鉱山を取得することになる。近年における、中国企業による直接投資は後者のタイプを多く含むため、オーストラリア国内で議論を巻き起こし、連邦政府の外資政策にも影響を及ぼしている。

2009年には、中国有色鉱業集団有限公司（China Non-Ferrous Metal Mining Co Ltd）がオーストラリアのレアアース企業であるLynas Corporationの株式の過半数の取得を届け出た際に、FIRBは、申請の取り下げを指導したと報じられている。最終的には、Lynas社は、中国からの出資は白紙とし、日本からの出融資を得てレアアースの開発を進めることとなった。本件は、レアアースの開発企業の買収という特殊事情がある。レアアース[7]は、電子材料に多用

されており、先端技術産業にとって不可欠の物質であるが、中国は世界のレアアース生産量の97％（2011年）[9]を占めている。中国が、国外のレアアース資源までも押えることは、世界全体に与える影響があまりにも大きい。このため、「資源国として世界の貿易相手国から尊敬される資源輸出国であり続ける」といういう国益が強調され、申請の取り下げ指導となった。しかし、その背景には、社会主義国家であり、表面的には企業（＝国営企業）という形をとった中国政府による資源支配を阻止しようとした措置であると、著者は考えている。現に、財務大臣の出しているオーストラリアの外資受入政策（Australia's Foreign Investment Policy）（2012年1月）[10]は、「外国政府とその関連機関が関係する外資案件については、オーストラリア政府は、投資が商業的な性質のものか、オーストラリアの国益に反する可能性のある、広い政治的または戦略的な目的を追求するものかを考慮する。（中略）オーストラリア政府は、外国政府から完全に独立していない、非商業ベースの外国政府関係機関の外資案件については注意深く審査する」と記載している。

　このように外資政策は、直接投資の許認可を通じて、オーストラリア国内の資源開発の規模や速度を左右し、結果として資源の供給量をコントロールして、資源の需給に大きな影響を与える。しかし、その判断基準は、オーストラリア資源を海外企業から守るという法的なものであり、資源の長期開発計画、資源の需給・価格の観点からのものではない。

(4)　エネルギー政策の体系と性格（連邦）

　エネルギー政策は、オーストラリア国内の需要サイドの焦点を当てた政策であり、日本の資源エネルギー需給に与える影響は小さい。日本の資源エネルギー需給に影響を与えるのは、供給（生産）に焦点を当てている「資源政策」である

　オーストラリアのエネルギー政策の骨子を、図表1-14に示す。現在のエネルギー政策は、ギラード政権の目玉政策である「将来のクリーンエネルギー（Clean Energy Future）」と名付けられた政策パッケージの中で体系化されて

図表1-14　オーストラリア連邦政府のエネルギー政策の体系（2012年）

政策対象	政策項目
クリーンエネルギー政策	
炭素価格制度	固定炭素価格制の導入 変動炭素価格制の導入 排出権取引制の導入
家庭への支援	一般家庭：減税 社会的弱者：年金給付額の増加、各種手当の増額
産業支援	エネルギー多消費産業、輸出型産業への支援 製造業への支援 クリーンテクノロジー投資プログラム 食品・鋳造業投資プログラム クリーンテクノロジー研究開発プログラム 小規模企業の支援
再生可能エネルギーの技術革新	クリーンエネルギーへの投資支援 再生可能エネルギー技術への助成
エネルギー市場対策	高CO_2排出発電所の閉鎖 影響を被る発電所への支援
エネルギー効率の改善	家庭：再生エネルギー・ボーナス制度 産業：エネルギー効率化・プログラム ビルディング：グリーンビルディング・プログラム
農業支援	炭素農業イニシアティブ 将来の炭素農業 生物多様性基金
その他の政策	
エネルギー市場の監視	電力、ガスの取引活動の監視
エネルギーの安全供給	

(出典)　Australian Government, Securing a Clean Energy Future[11] に基づき著者が作成。
(注記)　各施策内容を検討して、著者が体系を作成しているため、同省の考える政策体系とは異なる。

いる。Clean Energy Future は、オーストラリア国内のエネルギー使用段階で発生する CO_2 を、2020年までに2000年比で5％以上の削減、2050年までに同80％削減することを目的としている。

　Clean Energy Future は2012年に発足した新政策であるが、新規に立案された施策だけでなく、既存エネルギー施策も取り込んだ「総合政策」である。既存の政策の中には、本来クリーンエネルギーとの関係の希薄な政策もあるが、

Clean Energy Future の目的に合うように修正されて、ほぼすべてのエネルギー政策が取り込まれている。Clean Energy Future は、総合政策というよりも、エネルギー分野の「総動員政策」と表現したほうが適切である。

(5) エネルギー政策の内容（連邦）

Clean Energy Future は多くの政策メニューを羅列しているが、その主たる内容は、炭素価格の設定と炭素の取引制度の導入である。さらに、同制度の実施に伴う摩擦や副作用を軽減する措置を講じること、国内各分野のエネルギー使用の効率化（省エネルギー）を促進すること、クリーンエネルギー技術の開発と導入を促進することも内容としている。ほとんどの既存のエネルギー政策は、Clean Energy Future の中で体系化されたが、その枠内に入らない政策もある。

①炭素価格制度（Putting a price on pollution）

京都議定書（1997年採択）の京都メカニズムの排出量取引を実現するものである。外部不経済となっている CO_2 の排出に価格を設定することにより、これを内部化し、CO_2 の排出を抑制しようとする政策である。オーストラリアは、炭素の価格を当初3年間は固定制とし、3年後には市場で決定される変動制に移行することとしている。具体的には、2012年7月から23［A＄/ton］として、以降、インフレ率を織り込んで、1年に2.5％上昇させ、2015年7月から変動価格制に移行する。ただし、炭素価格制度は、家庭、小企業、農業、には適用されず、現実には約500社が支払いを求められることになると見込まれている。

②炭素制度導入支援、エネルギー使用の合理化
①家庭への支援（Helping households）

炭素価格制度の導入にともない、電力・ガス料金などの物価上昇が家計に波及する。このため、減税、年金・各種手当の増額、免税点の上昇などの措置が講じられる。

②産業への支援（Supporting jobs）

政策の名称は Supporting jobs となっているが、実態は、炭素価格制度の導入により影響を受けるエネルギー多消費産業（鉄鋼、セメント、アルミなど）、国際競争に直面している輸出型産業への支援である。これらの産業で働く労働者の雇用を守るという趣旨のネーミングと解される。いくつかの施策プログラムがある。

職業と競争力プログラム（Jobs and Competitiveness Program）は、エネルギー多消費型産業への一定量の炭素許可証の無償交付を内容とする。

クリーンテクノロジープログラム（Clean Technology Program）は、製造業に対する支援である。この中に3つの施策が含まれる。第1に、クリーンテクノロジー投資プログラム（Clean Technology Investment Program）は、製造業がエネルギー効率性の高い設備、技術、プロセス等に投資する場合に助成するものである。第2に、食品・鋳造業投資プログラム（Clean Technology-Food and Foundries Investment Program）は、輸出志向性が高く、かつ、エネルギーコストが高い産業である食品、鋳造・鍛造業のための特別の助成である。クリーンテクノロジー研究開発プログラム（Clean Technology Innovation Program）は、再生可能エネルギーの研究開発に対する助成である。

小規模企業の支援として、減税措置（要件を満たす購入資産の初年度償却額の引き上げ（Instant asset write-off））が用意されている。

③エネルギー市場の支援（Supporting energy markets）

政策の名称は「エネルギー市場の支援」となっているが、実態は石炭火力発電所対策である。主たる施策は、2020年までに、2,000メガワット（200万キロワット）の高 CO_2 排出石炭火力発電所を閉鎖すること、炭素価格制度の導入により資産価値の巨額の目減りを被る発電所がクリーンエネルギーに切替える（投資する）場合の支援（炭素排出許可の無償交付と経済的助成）の2つである。

④エネルギー効率の改善（Improving energy efficiency）

産業、家庭、地域、ビル、車における効率的なエネルギー使用を促進するための政策である。産業に対する主たる政策は、既存のエネルギー効率化プログ

ラム（EEO：Energy Efficiency Opportunities）である。EEO はエネルギー多消費企業に対してエネルギー使用の効率化を求め、その成果を公表させるものである。家庭向けの主たる政策として、再生エネルギー・ボーナス制度（Renewable Energy Bonus）がある。太陽熱給湯システムへの切り替えに1,000A＄（8万円）、ヒートポンプ給湯システムへの切り替えに600A＄（4.8万円）の払い戻しがある。また、ビルディングに対しては、エネルギー効率の開示義務を課すとともに、グリーンビルディング・プログラム（Green Buildings Program）の基づき、既存ビルのエネルギー効率改善投資に対して税額控除がある。

⑤農林業等支援（Creating opportunities on the land）

炭素価格制度は農林業には適用されない。しかし、農業からの排出を低減するために助成措置が用意されている。代表的な施策は炭素農業イニシアティブ（Carbon Farming Initiative）である。同イニシアティブは、農林事業者が事業の実施・改善により減少させた排出炭素を（クレジットとして）産業等に売ることができるスキームを定めるものである。農地への炭素吸収、畜産業におけるメタン排出量の削減、森林再生などが事業の例である。その他、将来の炭素農業プログラム（Carbon Farming Futures）の下での研究開発、生物多様性基金（Biodiversity Fund）からの助成などの施策も講じられている。

③再生可能エネルギーの技術革新（Innovation in renewable energy）

クリーンエネルギーに対する助成である。内容は3つに大別される。

①クリーンエネルギーへの投資支援

再生可能エネルギー、エネルギー効率の向上、低公害技術の商業化、普及に対する金融支援（直接投資、優遇条件での融資、一般融資）である。2013年7月に新設されるクリーンエネルギー金融法人（Clean Energy Finance Corporation）が行う。

②再生可能エネルギー技術に対する助成

2012年7月に新設された再生可能エネルギー庁（ARENA）が行う助成である。再生可能エネルギー庁は、再生エネルギー技術、クリーンエネルギーに関

する既存の多くの助成プログラムを集約している。

③クリーンテクノロジープログラム（Clean Technology Program）

このプログラムは、技術革新政策としても位置づけられているが、(2)②で述べたとおり、炭素化価格制度の導入に伴う影響を受ける製造業に対する支援施策としての性格が強い。

④ Clean Energy Future 以外の政策

ホットな政策である Clean Energy Future 以外に、エネルギー市場の監視やエネルギー供給の安全など定常的に実施されているエネルギー政策も数多い。主な政策は以下のとおりである。

自由で公正なエネルギー市場の確保は重要な政策と認識されている。1990年代のオーストラリアのホットなエネルギー政策は、電力・ガス市場の自由化であった。エネルギーの生産、輸送、小売りの分離がなされて、制度としての市場の自由化は完成された。公正な取引きを確保するため、市場の監視が継続して行われている。現在は、半民間組織であるエネルギー市場運営機関（AEMO：Australian Energy Market Operator）が、エネルギー市場委員会（AEMC：Australian Energy Market Commission）の作成したルールに基づいて、市場を運営している。市場の監視は、エネルギー規制機関（AER：Australian Energy Regulator）により行われている[8]。

(6) ウラン政策（連邦）

オーストラリアは世界最大のウラン埋蔵国（約31％）である（2011年、第3章第4節の図表3-37参照）。しかし、オーストラリアは、1983年に、当時のホーク労働党政権は、ウランの輸出を3鉱山（Ranger 鉱山（北部準州）、Olympic Dam 鉱山（南オーストラリア州）、Nabarlek 鉱山（クィーンズランド州）：1988年廃止）に限るとする「3鉱山政策（Three Mines Policy）」を採ることとした。ウラン鉱山の管理は州政府の権限であり、連邦政府は生産には関与することはできないが、関税規則（輸出禁止）（Customs (Prohibited Exports)

Regulations 1958)に基づき、輸出禁止としたのである。国内には原子力発電がなく、ウラン資源の市場が存在しないことから、3鉱山以外からのウラン資源の輸出を禁止することは、ウラン資源の新規開発を禁止することを意味している[12]。その後紆余曲折を経て、2007年に、ラッド労働党政権は、3鉱山政策を廃止し、ウランの輸出を認めることとした。これに伴い、ウラン鉱山開発の障害はなくなったが、開発許認可権限を有する各州により対応は割れている。

ウランの輸出先は、平和利用目的で使用すること、核兵器不拡散条約(NPT：Non-Proliferation of Nuclear Weapons)加盟国であること、国際原子力機関(IAEA：International Atomic Energy Agency)の保障措置を強化した追加議定書に参加していること、オーストラリアと2国間保障措置協定を締結することなどが条件となっている。2007年にハワード自由国民連合政権がNPTを批准していないインドへのウランの輸出の方針を打ち出したが、同年発足したラッド労働党政権によりこの方針は廃棄された。しかし2011年12月ギラード労働党政権はインドへの輸出開始を表明した。

後述(第3章第4節3)のとおり、2011年3月の福島第一原子力発電所の事故は、連邦政府のウラン輸出政策に影響を与えていない。

(7) 原子力発電政策(連邦)

オーストラリアはウランの大生産国であるが、商業用原子炉は持たず、原子力発電を行っていない。オーストラリア原子力科学技術機関(ANSTO：Australian Nuclear Science and Technology)が実験用原子炉を保有し、研究開発・医療用に使用しているだけである。オーストラリアは、豊富なエネルギー資源に恵まれており、日本とは異なり、エネルギーの安定供給の視点から原子力に依存する必要性はない。同国が原子力エネルギーを導入するとすれば、地球温暖化対策が唯一の理由になろう。

ハワード自由国民連合政権は、2006年に原子力発電の導入について検討を開始し、同年11月に首相・内閣府(Department of the Prime Minister and Cabinet)が「ウランの採鉱、処理、原子力(Uranium Mining, Processing and

Nuclear Energy)」と題する報告書を出している。同報告書[13]の第4章(原子力発電所)では「原子力発電は大規模な温室効果ガスの削減のための経済的コストを低減できる」と述べている。この報告書に対して産業界は賛成し、労働党・環境保護団体は反発した[14]。しかし、労働党ギラード首相は、福島第一原子力発電所の事故直後の2011年4月に日本を訪問し、日本記者クラブで、オーストラリアには、(実験炉を除き)原子力エネルギーは存在せず、また今後もオーストラリアのエネルギーミックスの一部に組み込む予定はない旨述べている[15]。

5 州政府の政策

すべての州(準州)の政策を羅列することは避け、オーストラリア最大の資源生産州(準州)である西オーストラリア州を例とし、適宜、他の州(準州)の政策にも触れることとする。州(準州)においても、資源政策とエネルギー政策は区別して考えられているので、以下の政策体系と個別政策の内容も、両政策に分けて記述する。

(1) 資源政策の体系と性格(州)

日本の資源エネルギー需給、日本の企業活動に影響を与えるのは、連邦政府の資源政策ではなく。州(準州)政府の資源政策である。

西オーストラリア州の資源政策の骨子を、図表1-15に示す。政策の内容は、鉱物の鉱業権の許認可、石油・地熱開発の許認可、地質調査、鉱業に伴う環境規制に分類される。石油・地熱に関する許認可手続きは、他の資源に関するものとは別に立てられている。政策内容は、鉱業の実務、とくに鉱業の許認可に関することに集中しており、連邦政府の政策が、炭素回収・貯留、代替エネルギーなど環境系の政策に重点が置かれているのとは対照的である。オーストラリアでは、資源開発の許認可は州(準州)の権限となっているからである。

「資源」は、現在および将来のオーストラリア経済を支える重要な財である。したがって、オーストラリア経済を将来にわたり継続的に発展させるためには、

図表1-15　州政府の資源政策の体系（西オーストラリア州）（2012年）

政策対象	政策項目
鉱物の鉱業権の許認可	探査ライセンスの付与 探鉱ライセンスの付与 採鉱リースの認可 環境影響アセスメント 先住権アセスメント 鉱物の鉱業権料の徴収
石油・地熱開発の許認可	鉱区の開放・入札 探鉱許可 操業許可 油井の掘削許可 （追加）探査許可 生産ライセンスの付与、施設ライセンスの付与 パイプラインライセンスの付与 石油の鉱業権料の徴収
鉱業保安	鉱業保安、労働安全、労働衛生 危険物質の規制 石油・パイプライン・地熱操業の安全
環境規制	鉱業、石油生産に伴う環境保全 固有の植生の撤去許可 炭素回収・貯留
地質調査	地質調査 民間の探鉱への支援
ウラン政策	

（出典）　西オーストラリア政府の資源・石油省のHP[16]に基づき著者が作成。

　個々の資源ごとに、資源開発を計画的に進めることが必要である。しかし、鉱区の開放、開発の許認可は、各州政府により別々に行われており、州（準州）間で整合性のとれた「基本政策」や「実施の計画性」は希薄である。また、ウランを除けば、個々の資源に特化した政策も講じられていない。その背景には、資源開発は大企業により民間主導で進められてきたこと、国際競争の下で資源の需要家の確保が主要課題であったことがあると考えられる。また、公平で透明な許認可手続きが重視され、恣意性と表裏の関係にある計画性に対して消極的であったこともある。

　大型資源プロジェクトの需要先の確保、投資の誘致を行う官民合同型のアプ

ローチは行われている。州(準州)政府高官は、海外訪問時に、需要先、投資パートナーを訪問している。一例をあげれば、西オーストラリア州政府のBarnett首相は、2011年3月の日本韓国訪問時には、日本では三菱商事、三井物産、新日本製鐵、国際石油開発帝石(INPEX)、韓国ではKOGAS、POSCO、Hyundai Steel を訪問・面会したとされている。しかし、これらの訪問は、具体的な案件を交渉するというよりは、表敬訪問の性格が強い[17]。

資源産業の国際競争力の向上を図るなどの産業政策的なアプローチはほとんどなされていない。

(2) 資源政策の個別内容(州)
①鉱物の鉱業権の許認可

鉱業の許認可は州政府の資源政策の中で最も重要な業務である。資源の生産に至るまでには、多くの手続きが必要である。手続きは、州鉱業法(Mining Act 1978 (WA))に基づく探鉱ライセンス(EL：Exploration License)の付与、採鉱リース(ML：Mining Lease)の認可の順になる。探鉱ライセンスは、鉱物を探し、その賦存量や採鉱可能性を調査するために、土地への立ち入り、鉱物の掘削・収去などの行為を認めるものである。小規模な探鉱については、探査ライセンス(PL：Prospecting License)が用意されている。採鉱リースの承認とは、商業レベルで採鉱をする権利の付与である。商業的規模の有用資源があるが、採鉱をする段階にない場合には、保留ライセンス(PL：Retention License)という制度が用意されている。ただし、探鉱ライセンス(EL：Exploration License)の付与、採鉱リースの認可は、先住権法(Native Title Act 1994)に基づき、先住民(アボリジニ)の権利との整合性がとれていることが条件となる。また、現実に施設の工事、操業生産に至るまでには、州環境保護法(Environmental Protection Act 1986 (WA))に基づき、環境アセスメントを行い、諸基準をクリアする必要がある。なお、各州(準州)により鉱業法に基づく許認可手続きは異なるが、基本的な構成は、上記の西オーストラリア州と同様である[9]。

図表1-16　各州における鉱業権料（Royalty）の例

州	鉱業権料（Royalty）
石炭	
ニューサウス・ウェールズ州	露天掘りの石炭：山元価格の8.2% 坑内掘りの石炭：山元価格の7.2% 深部（400mより深部）の坑内掘り石炭：山元価格の6.2%
ビクトリア州	褐炭（Lignite）：単位発熱量当たりの値から計算される。
クィーンズランド州	100［A＄/ton］までは、価格の7％ それ以上は、下記の式で計算 Royalty＝7％＋｜[（AP－100）÷AP]×3％｜（AP：ton当たり価格） 例： 200［A＄/ton］のときは、価格の8.5% 300［A＄/ton］のときは、価格の9％
西オーストラリア州	輸出用：Royalty value[10]の7.5%、国内用：1［A＄/ton］
南オーストラリア州	山元価格の3.5%（新鉱山は、最初の5年間は同1.5%）。
タスマニア州	年間正味売上（粗利）の1.6%＋利益と粗利から計算される値（％）。ただし最大で粗利の5％まで。
北部準州	＊
石油・天然ガス	
ニューサウス・ウェールズ州	最初の5年間は免税。以降毎年1％上昇、10%に至る。
ビクトリア州	（陸上のみ）井戸元価格の10%
クィーンズランド州	井戸元価格の10%
西オーストラリア州	井戸元価格の10%から12.5%
南オーストラリア州	井戸元価格の10%
タスマニア州	井戸元価格の12%
北部準州	井戸元価格の10%

(出典)　資源エネルギー・観光省のHP[19]、各州（準州）政府のHPに基づき著者が作成。
(注記)　1．本図表は各州の政策を比較するため、単純に税率だけを示してある。
　　　　2．税率は頻繁に変更される。また、実際の納付額は、課税要件、課税客体、控除などの規定により計算される。
　　　　3．＊は、北部準州の石炭について正確な情報を得ることはできなかった。

　鉱業権料（Royalty）の徴収は州の権限である。鉱業権料は基本的には州鉱業法（Mining Act 1978（WA））または個々の企業との交渉に基づき徴収される、西オーストラリア州の鉱物の鉱業権料収入（2011年）は、39億A＄（約3,120億円）[18]と大きく、大プロジェクトでは投資を左右する効果もある。鉱物の

資源の種類ごとに税率が決められている。税額の決め方は2種類ある。低価格の建築資材（砂利、粘土、土石、ドロマイト、石こう、石灰岩、砂、滑石、石英など）については従量制で、生産量トン当たりの金額［A＄/ton］で決められている。レートは、好調な経済と物価上昇を反映して急速に上昇しており、2012年は2005年の2倍近くになっている。それ以外の鉱物（金は除く）については、従価制であり、一定の計算方法[11)]で算出された価値（Royalty value）に対する割合（％）で決められている。鉱業権料については、州（準州）が独自に定める。図表1-16に、各州（準州）における石炭のRoyaltyを例として示す。各州（準州）政府により、計算方法も、料率もバラバラであり、統一した考え方を見出すことはできない。Royaltyは鉱業政策の視点からではなく、財政収入という視点から決められている。

②石油・地熱開発の許認可

オーストラリアの石油は、西オーストラリア州、北部準州の沿海に賦存するため、州（準州）政府と連邦政府との関係がやや複雑である。

沿岸から3海里以遠の石油の許認可については、連邦政府が権限を有している。しかし、州（準州）政府も、連邦政府と合同の機関（Joint Authorities）を通して、探査や採鉱の権利の付与の決定に参画している。また、州（準州）は、鉱区の指定・入札、採鉱権の管理などについても、指定機関として関与してきたが、2012年1月以降は、連邦政府（NOPTA）が直接行うこととなった。それ以降、州（準州）政府の関与する余地は小さくなった。

陸上および沿岸から3海里までの石油は、州（準州）政府の管轄である。州（準州）政府は、鉱区の開放・入札を行う。州政府は、石油の生産に至るまでの許認可権を有している。西オーストラリア州の場合の、鉱区の石油に関する許認可は、探鉱許可（Exploration Permit）、操業許可（Approval of Operational Activities）、生産ライセンスの付与（Production License）、パイプラインライセンス（Pipeline License）の付与などである。ここで、操業許可とは、油井の掘削許可（Approval of Drilling a Well）、（追加）探査許可（Approval of

Conducting Survey）などである。根拠法は、石油および地熱エネルギー資源法（Petroleum and Geothermal Energy Resources Act 1967（WA））、石油パイプライン法（Petroleum Pipelines Act 1969（WA））、海底石油法（Petroleum Submerged Lands Act 1982（WA））、海洋石油・温室効果ガス貯留法（OPGGSA）である。州政府は地熱エネルギーの開発の許認可も行っている。

石油の鉱業権料（Royalty）の徴収も州（準州）の権限である。石油についても鉱業権料については、州（準州）が独自に定める。西オーストラリア州の鉱業権料は井戸元価格（Wellhead value）の10～15％であり、総収入（2011年）は9.55億Ａ＄（約800億円）に達している（図表１-16）。各州（準州）の石油に対する鉱業権料は、井戸元価格の10％程度で横並びである。これは、統一した政策的な配慮によるものではなく、各州は、石油の主たる生産州である西オーストラリア州と北部準州のレートを参考に決めていることによる。

③鉱業保安

州（準州）政府は、石油の生産に伴う鉱業保安、労働安全、労働衛生、危険物質の規制、石油・パイプライン・地熱操業の安全に関する政策を行っている。鉱業の現場で働く労働者の安全、健康を確保するため、鉱業安全・監視法（Mines Safety and Inspection Act 1994（WA））、同規則（Mines Safety and Inspection Regulations 1995（WA））に基づき規制を行っている。鉱業の操業中に扱う多種多様の危険物質（危険品）の保管、処理、輸送については、危険品法（Dangerous Goods Safety Act 2004（WA））、同規則（Dangerous Goods Safety Regulations 2007（WA））に基づき、規制を行っている。石油、パイプラインおよび地熱エネルギー資源の現場における労働安全、労働衛生については、別の法体系のもとで規制されている。

④環境規制

西オーストラリア州の資源エネルギーに関する環境政策は２つに大別される。第１は、炭素回収貯留に関する政策である。第２は、鉱業活動に伴う環境汚染

を防止する政策である。

炭素回収貯留に関する政策は、基本的には連邦政府の政策である。西オーストラリア州政府と州所有の発電所（Verve Energy）および主要大企業（BHP Billiton Worsley Alumina など）は、連邦の炭素回収貯留フラッグシップ計画の資金を受けて、バンバリー（Bunbury）の北東のクマートン工業団地（Kemerton Industrial Park）で発生するCO_2を回収して、地層に貯留するプロジェクトを進めている。

鉱業活動に伴う環境政策とは、許認可時の環境アセスメントと操業時の環境規制である。前者は、鉱物および石油の探鉱、採鉱に係る許認可に際し、環境アセスメントを行わせて、環境に関する基準を満たすことを確認するものである。また、許認可時点で、操業終了後の原状回復義務を課しておくことも、これに含まれる。後者は、鉱業の操業に伴う環境汚染を監視し、環境に関する基準を遵守させるものである。

⑤地質調査

地質調査は資源政策の基礎である。連邦政府では地質科学機関（Geoscience Australia）が地質調査を実施しているが、州（準州）政府も地質調査を実施している。西オーストラリア州は、州政府の機関である地質調査所（GSWA）の調査と並行して、民間ベースの探鉱を促進する仕組み；探鉱奨励制度（EIS：Exploration Incentive Scheme）も用意している。地質調査所は定常的に州内の地質調査を実施しており、その結果をマッピング、データベース化することにより、民間における探鉱の基礎資料として供している。探鉱奨励制度（EIS）は、航空磁気探鉱・放射年代決定法（Airborne Magnetic and Radiometric Surveys）、地域重力および地球化学的調査（Regional Gravity and Geochemical Surveys）、深部地殻地震探査（Deep Crustal Seismic Traverses）、3次元の地質マップの作成などのプロジェクトに資金を供している。

(3) エネルギー政策(州)

　州(準州)のエネルギー政策は、州内へのエネルギー(電力、ガス)供給政策である。1990年代以降のエネルギー政策の重要課題は、エネルギー市場の規制緩和であった。西オーストラリア州では、かつては、電力はWestern Power社が、電力の川上から末端利用者まで、つまり発電、送電、配送、小売りをすべて担当していた。ガスについても、Alinta Gas社が上流から下流まで担当していた。州都パースの周辺では、発電・卸売をVerve Energy(西オーストラリア州の発電量の60%を発電)、送電をWestern Power、小売りをSynergyに分割することなどにより、規制緩和を完了した。現在の州政府の主要な政策は、電力の安定供給、市場での競争状態を監視することなどの定型的な業務の執行である。かつてのOffice of Energyの業務を引き継いで、エネルギー政策のための新組織；Public Utility Officeが2012年に設置されたので、今後、業務内容は変化する可能性がある

　連邦政府のエネルギー政策の中心は、クリーンエネルギー政策、炭素価格制度の導入であるが、これらは、州(準州)政府のエネルギー政策の中では、重要な項目としてはリストアップされていない。このことは、連邦政府の仕事と州(準州)政府の仕事の区別が明確であることを示している。

(4) ウラン政策(州)

　連邦政府は、2007年に、3鉱山政策を廃止し、ウランの輸出を認めることとしたため、ウラン鉱山開発の障害はなくなった。しかし、開発許認可権限を有する各州の対応は割れている。ウラン鉱業については、連邦、各州(準州)の政権党や首相の意向により変遷を重ねており、オーストラリア全体で、統一した一貫した基本方針は見られない。

　3鉱山政策時代から継続して採鉱を続けている南オーストラリア州や北部準州は、活発な探鉱、採鉱を行っている。南オーストラリア州政府は、ウランの探鉱、採鉱とも認めている。同州では、1988年からオリンピック・ダム(Olympic Dam)鉱山で採鉱されており、2012年時点で、ビーバレイ(Beverley)鉱山、

ハネムーン（Honeymoon）鉱山も加えて3鉱山で採鉱され、輸出されている。さらに、4鉱山で開発中であり、州内数カ所で探鉱が行われている。州政府は、ウラン鉱業の州経済における重要性を指摘し、多くの雇用の場を生み出すとして、ウランの探鉱を積極的に支援している[20]。

北部準州政府は、探鉱、採鉱とも認めており、ウラン産業を支援する姿勢を明確にしている[21]。同州（準州）では、Energy Resources of Australia Ltd（ERA）社が、1981年から30年以上にわたり、レインジャー（Ranger）鉱山でウランの生産を行っている。ウラン輸出の準州経済への寄与の大きいことが、同政策の背景にある。

3鉱山政策の廃止以降に、政策を転換した州もある。ニューサウス・ウェールズ州政府は、2012年4月に、修正鉱業規則（ウラン探鉱）(Mining Legislation Amendment (Uranium Exploration) Act 2012 (NSW))により、28年間続いた政策を覆して、ウランの探鉱を解禁した。西オーストラリア州政府は、2008年11月17日に、2002年以降続けられてきたウラン鉱業禁止政策を正式に撤回し、国家の安全、環境基準のクリアなどを条件として採鉱を認めることとした。

なお、ビクトリア州では、原子力活動禁止法（Nuclear Activities (Prohibitions) Act 1983 (VIC)）により、ウランの探鉱、採鉱が禁止されている。クィーンズランド州は、ウランの探鉱のみを認め、採鉱を禁止してきた。

6 資源政策の特徴

(1) 資源政策の特徴

オーストラリアでは資源政策とエネルギー政策ははっきりと区別されている。資源政策は、資源を開発する鉱業に関する政策であり、エネルギー政策は国内の必要エネルギーを供給するための政策である。日本に影響を与えるのは、資源政策である。

オーストラリアの資源政策は、下記のような特徴を有しており、資源産業が経済を支える重要産業であるとの視点が希薄である。

第1に、国全体で統一した資源政策がないことである。

　資源に関する権限が、連邦政府と州（準州）政府に分割されており、探鉱・採鉱といった重要権限が、州（準州）にある。そして、連邦政府と各州（準州）政府の調整機関は用意されているが、連邦政府には、各州（準州）の政策を強制的に調整する権限がない。このため、鉱区の開放方針、採鉱に至るまでの手続き、鉱業権料、ウランの取り扱いなどの重要な資源政策については、連邦各州（準州）が独自に立案しており、各州（準州）間で整合性がとられていない。さらに、連邦においても各州（準州）政府においても、労働党と自由・国民連合の間で政権交代が頻繁にあることも統一した政策の立案を困難にしている。

　第2に、長期的なビジョンがないことである。

　その背景には、政府の担当すべき分野と民間が担当すべき分野の区別が明確で、資源開発は、探鉱から採鉱に至るまで、私企業が実施すべきとの考え方が強いことがある。このため、採算の合うプロジェクトは、長期的な位置づけを考慮せずに、すぐに企業化するという対応になる。また、透明で公平な行政執行が重視される行政風土であるため、恣意的な意思決定を必要とする計画的な経済政策が避けられていることもある。これらの結果、オーストラリア経済を継続的に発展させるために、賦存する資源をどのようなスケジュールで採鉱していくかという長期計画は、連邦政府にも、州（準州）政府にも見られない。

　第3に、資源の需給や価格に着目した資源政策が見られないことである。

　国際的な需給や価格対策、巨大な資源プロジェクトの推進といった資源政策の根幹に関する政策は見られない。連邦の資源政策は、クリーンエネルギー、CO_2の回収・貯留などの環境政策に傾斜しており、州（準州）の資源政策は、定型的な許認可事務の執行に傾斜している。経済的には世界のトップクラスの豊かな国であり、しかも、多種多様な大量の資源に恵まれているため、発展途上国型の資源をテコにした経済発展政策を採る意図は希薄なのであろう。需給や価格に関することは、企業の役割であり、政府は関与すべきではないとの考え方が強いことが背景にある。

外資審査会（FIRB）の外資規制は、直接投資の許認可を通じて、間接的に資源の供給量をコントロールして、資源の需給に大きな影響を与える。しかし、その判断基準は、国益であり、経済への影響も含まれるが、資源の長期開発計画、資源の需給という視点は欠けている。

　そのような資源政策の特徴が反映されている事象がある。後述（第3節2（2））のとおり、オーストラリアの資源輸出先がアジアの一部の国（日本、中国、韓国）に特化し、リスクの高い硬直的な輸出構造になっている状態が長年継続しているにもかかわらず、この状態を変えるような政策が全く講じられていない。日本が、資源供給国の分散、石油依存の低下などに向けた政策をとり、効果を上げていることとは対照的である。

(2)　日本との関係

　日本へのエネルギー供給という視点から、オーストラリアの資源政策の特徴を考える。

　短期的に見ても、長期的に見ても、日本のエネルギー供給に最も大きな影響を与えるのは、鉱区の開放、探査許可、鉱業権の許認可に関する政策である。しかし、オーストラリアでは、各州（準州）政府が、長期的なビジョンに基づくことなく、資源の需給や価格を重視することなく、バラバラに、定型的な事務処理として執行している。現実には、連邦政府や州（準州）政府ではなく、多国籍の巨大資源企業が主導して、国際的な需給を勘案し、需要者を確保しつつ、計画的に資源開発を行っている。

　このようなオーストラリアの資源政策の下では、日本政府の果たす役割は小さく、商社を中心とする民間企業がリードして、資源開発に参画し、資源エネルギーを確保することになる。しかし、オーストラリアの資源のほとんどは特定の少数国（日本、中国、韓国、台湾、インド）にのみ輸出されているという現状（第3節2（2））は、そのライバルが強力であるということも意味する。このため、日本政府は、他の需要国に対抗して資源を確保することを念頭に置いて、資源エネルギー供給計画を立案する必要がある。そのような計画の検討

に際しては、連邦政府、州政府だけでなく、資源メジャー、石油メジャーなどの海外資源企業の意向や計画を十分に把握することが重要である。

注
1) 資源・エネルギー・観光省の組織外にある機関として、観光庁（Tourism Australia）がある。
2) Divisionは、大臣―次官―次官補に直結する組織であるため、日本の中央官庁組織の例に倣って局と訳した。
3) 国家海洋石油採鉱権管理機関（NOPTA）と国家海洋石油安全・環境管理局（NOPSEMA）の両機関は、海洋石油・温室効果ガス貯留法（Offshore Petroleum and Greenhouse Gas Storage Amendment（National Regulator）Act 2011）により設立された。なお、同法により、指定機関（Designated Authorities）制度は廃止された。
4) 地質花粉学とは、地層の堆積物中の花粉や胞子を採取して分析し、その地層の年代、地層形成時の気候、支配的な植物種などを明らかにし、資源の賦存などを推定する研究分野である。
5) エネルギーに関する大臣会議（MCE）および鉱物石油資源に関する大臣会議（MCMPR）では、オブザーバーとして、ニュージーランドのエネルギー資源大臣、パプアニューギニアの石油・エネルギー大臣が入っていた。
6) 先住民法は、先住民の権利についての、歴史的なマボ（Mabo）判決を機に制定された。マボ判決は、ヨーロッパ人が移住してきた当時のオーストラリアには無主の地であるとする考えを否定し、東インド諸島（クィーンズランド州）において訴訟を起こしたマボ氏ら先住民の権利を認めた判決である。なお、マボ判決については、吉川[22]が詳しく述べている。
7) レアアース（希土類）は、Sc（スカンジウム）、Y（イットリウム）および原子番号57〜71の元素（La（ランタン）、Ce（セリウム）、（以下日本名略）、Pr、Nd、Pm、Sm、Eu、Gd、Tb、Dy、Ho、Er、Tm、Yb、Lu）の計17種の元素の総称。用途は、蛍光体、磁石、光学ガラスなどであり、各種電子情報機器、医療機器などの先端技術製品に必須の素材である。本文中に述べてあるように、2011年時点のレアアースの生産量は中国に偏在しているが、その埋蔵量は世界中に広く分散している。埋蔵量のシェア（2011年）は、中国：50％、CIS：17％、米国：12％、インド：2.8％、オーストラリア：1.5％などとなっている[23]。
8) エネルギー市場の監督に関与する機関はいくつかあり、その関係は錯綜している。

各機関の役割とその上位機関は下記のとおりである。
  ○エネルギー市場運営機関（AEMO：Australian Energy Market Operator）は、エネルギー市場とシステムを運営する。
  ○エネルギー市場委員会（AEMC：Australian Energy Market Commission）は、エネルギー市場における規制・ルールを作成する。上位機関はSCERである。
  ○エネルギー規制機関（AER：Australian Energy Regulator）は、エネルギー市場における経済的な規制と法令の順守を監督する。連邦政府の機関。
  ○エネルギー資源常設委員会（SCER：Standing Council for Energy and Resources）は、エネルギー市場に関する政策を立案する。上位機関はオーストラリア政府会議（COAG：The Council of Australian Governments）である。
9) 西オーストラリア州（WA）と並ぶ資源州であるクィーンズランド州では、探査許可（PP：Prospecting Permit）（WAの探査ライセンスに相当）、探鉱許可（EP：Exploration Permit）（WAの探鉱ライセンスに相当）、鉱物開発ライセンス（MDL：Mineral Development License）（WAのRetention Licenseに近い）、採鉱クレーム（MC：Mining Claim）（小規模な採鉱事業のための制度、WAのMining Leaseに包含）、採鉱リース（ML：Mining Lease）（WAのMining Leaseに相当）となっている。
10) 売上げ（Gross invoice value）（販売量×価格）から輸送コストなどを控除（Allowable deduction）した金額。
11) 同上。

参考文献
（1） HP of Department of Resources, Energy and Tourism（http://www.ret.gov.au/Pages/default. aspx）（Accessed in June, 2012）
（2） HP of Department of Mines and Petroleum（http://www.dmp.wa.gov.au/2906. aspx）（Accessed in June, 2012）
（3） WA Office of Energy Annual Report 2010-11
（4） Energy and Resources Ministers' Meeting, Communique, Perth, 10 June 2011
（5） HP of Department of Resources, Energy and Tourism（http://www.ret.gov.au/RESOURCES/Pages/Resources. aspx）（Accessed in June, 2012）
（6） 日本経済新聞2011/ 9 /26（http://www.nikkei.com/article/）
（7） Treasurer, Australian Foreign Investment Policy, January 2012
（8） Treasurer、外資受け入れ政策、2011年1月
（9） US Department of the Interior, U. S. Geological Survey, Mineral Commodity

Summaries, January 2012, p. 129, 2012
(10) Treasurer, Australia's Foreign Investment Policy, January 2012 (http://www.firb.gov.au/content/_downloads/AFIP_Aug2012.pdf)（Accessed in June, 2012）
(11) Commonwealth of Australia, Securing a Clean Energy Future; The Australian Government's Climate Change Plan, 2011
(12) 永井正博・久保田博志、Joel Rheuben, Joy A. Albert「北部準州のウラン開発について――連邦政府主導によるウラン資源開発決定の背景――」『金属資源情報（石油天然ガス・金属鉱物資源機構）』2005
(13) Department of the Prime Minister and Cabinet, Uranium Mining, Processing and Nuclear Energy, 2006
(14) 藤本理恵「オーストラリアにおけるエネルギー政策――白熱する原子力論議――」『立法と調査 (264)』2007
(15) 在日オーストラリア大使館、ジュリア・ギラード「首相日本記者クラブにおける基調講演後の質疑応答」2011
(16) HP of Department of Mines and Petroleum, Western Australia (http://www.dmp.wa.gov.au/)（Accessedin June, 2012）
(17) Government of Western Australia, Ministerial Media Statements (Wed 02 March, 2011), 2011
(18) HP of Department of Resources and Mines, Western Australia (http://www.dmp.wa.gov.au/4407.aspx#1552)（Accessed in June, 2012）
(19) Royalty Regime Summary in the HP of Department of Mines and Petroleum (http://www.ret.gov.au/resources/Documents/resource_taxation/Royalty%20Regime%20Summary.pdf)（Accessed in June, 2012）
(20) Department for Manufacturing, Innovation, Trade, Resource and Energy, Government of South Australia, Uranium in South Australia, Earth Resources Information Sheet, February 2012
(21) Northern Territory Government, Media Release, 22 July 2009

〈注釈の参考文献〉
(22) 吉川仁「「マボ判決」について」『法と政治47 (1)』278～320頁、1996
(23) US Department of the Interior, U. S. Geological Survey, Mineral Commodity Summaries, January 2012, p. 129, 2012

第3節　オーストラリアの資源エネルギーの動向

1　生産動向

(1)　生産量の推移

　第1節でのべたように、オーストラリアの経済は、資源産業の拡大とともに、成長してきた。超長期的に見れば、この半世紀の間、オーストラリア資源の生産量は、増減を繰り返しながらも、増加してきた。近年（1990年頃からの20年間）における、オーストラリアの主要資源の生産動向し詳しく見てみよう。主要資源とは、石油、天然ガス、石炭、鉄鉱石、アルミナ（ボーキサイト）、銅、鉛、亜鉛、ニッケルの9種の資源である[1]。図表1-17と図表1-18に、1990年（1990～91年度）の生産量を1.0として、それ以降の生産量を指数で表したグラフを示した。

　生産動向は3つのグループに分類できる。第1は、ほぼ右肩上がりに生産量が増加しているグループである。それらの2010年の生産量指数は、それぞれ、天然ガス：2.57、石炭：1.98、鉄鉱石：3.99、ボーキサイト1.66となっている。第2のグループは、ある時期から、生産量があまり伸びていないグループである。銅、鉛、亜鉛は2001年頃から、ニッケルは1994年頃から、増減を繰り返しながらも、生産量が停滞している。第3は、生産量が徐々に減少している石油（コンデンセート、LPGを含む）である。石油生産量は、2000年から約35％減少している。

　オーストラリアの生産動向は、他の生産国の動向の影響を強く受ける。オーストラリアの資源は大半が輸出に振り向けられるからである。オーストラリアの銅については、中国とペルーの増産の影響、鉛については、世界最大の生産国である中国の生産力倍増（1999→2008）の影響、亜鉛についても、中国の生産力倍増（1999→2008）、ペルーの新規鉱山の稼働などに伴う大幅な増産の影響[1][2]で生産量が伸びていないと考えられる。石油については、オーストラ

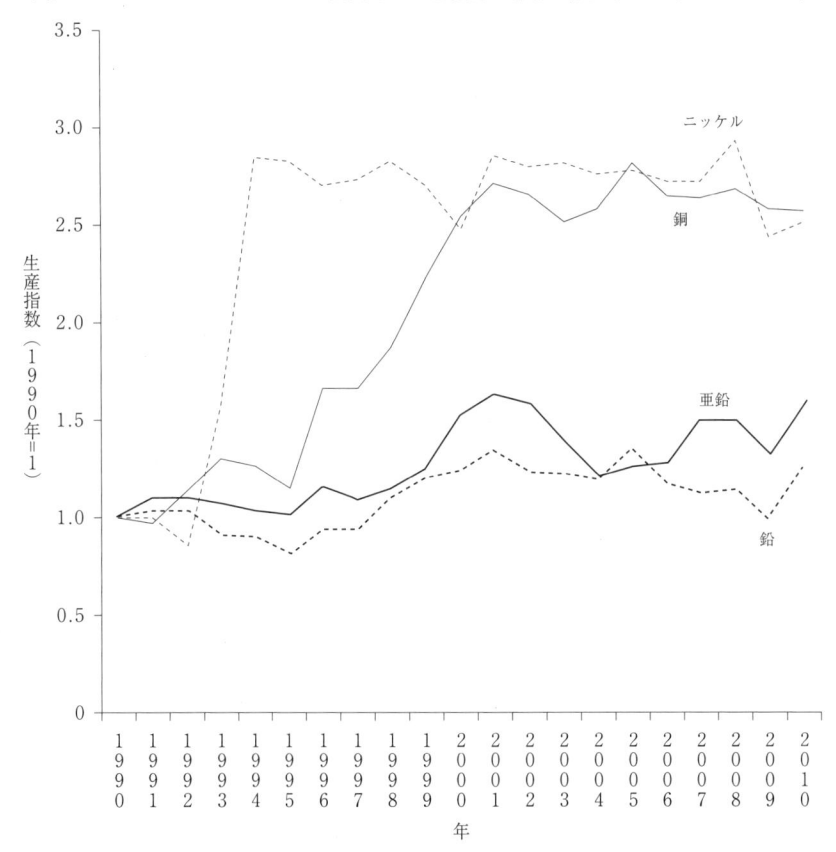

図表1-17　オーストラリアの主要資源の生産指数の推移（銅、鉛、亜鉛、ニッケル）

（出典）　Bureau of Resources and Energy Economics, Resources and Energy Statistics 2011 から著者作成。

リアは石油・石油製品の輸入国であり（第1節1(1)）、その生産規模は小さく、中東等との競争力がなかったため、大規模開発が遅れてきたことがある。世界全体の主要資源の消費量は、後述（第4章第2節(1)）のとおり、この20年間右上がりで伸びている（リーマンショック時を除く）にもかかわらず、オーストラリアの資源生産動向は、資源ごとの事情により、さまざまな様相を示しているのである。

　オーストラリアの主要資源は、石炭と天然ガスを除けば、その大半が輸出に

図表1-18　オーストラリアの主要資源の生産指数の推移（鉄鉱石、天然ガス、石炭、ボーキサイト、石油）

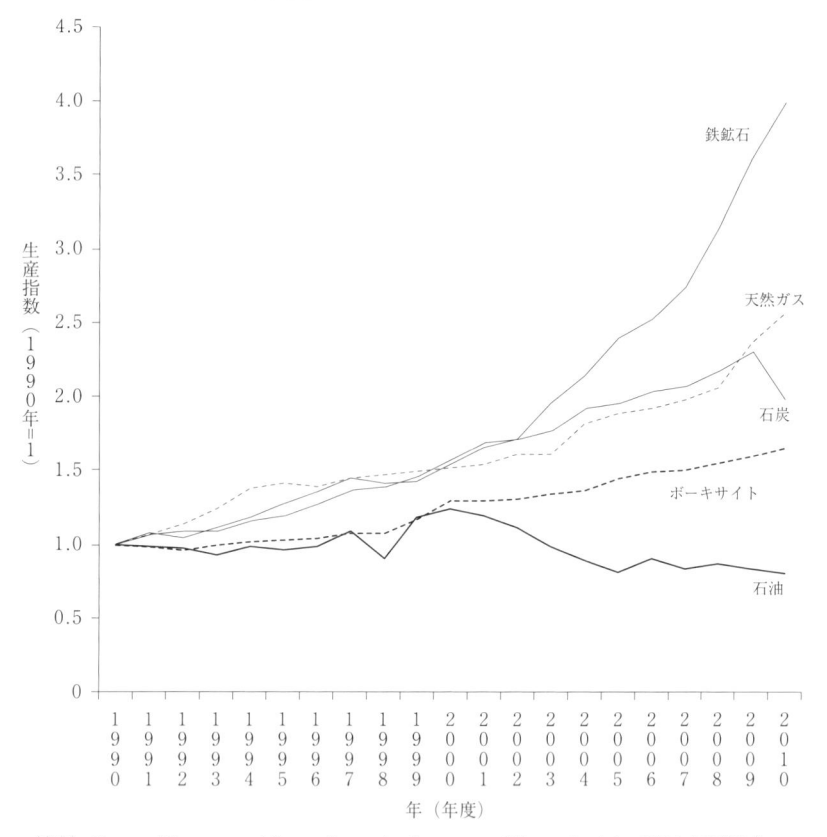

(出典)　Bureau of Resources and Energy Economics, Resources and Energy Statistics 2011 から著者作成。
(注記)　鉄鉱石、ボーキサイトのデータは「年」、天然ガス、石炭、石油のデータは「年度」。石油には、コンデンセート、LPGを含む。天然ガスには、エタンを含む。石炭はRawベースである。

振り向けられる。2010年（2010～11年度）における輸出比率（輸出量／生産量）は以下のようになっている（金属資源は、金属成分ベースで計算）[2]。石油：77.0％、天然ガス：37.4％、石炭58.6％（2008～09年度）、鉄鉱石：92.5％、アルミナ：83.4％[3]、銅：99.5％、鉛：93.0％、亜鉛：100.7％、ニッケル：125.5％である（輸出比率は、市況・在庫等の関係で100％を超えることがある）。主要資源の輸出比率はいずれも、1990年（1990～91年度）に比べて、上昇して

いる。石炭は国内で発電に使用されること、天然ガスも都市ガスとして使用されるため、輸出比率はやや低くなっている。なお、石油は輸出しているが、同時に、石油製品を中心に石油を輸入している（第1節1(1)）。

オーストラリアの資源の大半は輸出されるということが、オーストラリアの資源産業の性格を律している。第1に、オーストラリアの資源産業は国際的な市況の影響を強く受けること、したがって国際経済動向の影響を強く受けるということである。第2に、資源産業は、資源を輸出しなければならず、海外の需要家を確実に確保するする必要があるということである。オーストラリアの場合は、アジアの需要家の確保が重要である。第3に、国際市場において、他の資源産出国との競争にさらされているということである。資源の大半を輸入に頼る日本にとっては、資源の確保は極めて重要であり、資源産出国の立場を強いと感じられる。しかし、オーストラリアの資源産業から見れば、決して強い立場ではなく、アジアの大きな需要国である日本との関係は極めて重要となる。

(2)　生産量の国際比較

オーストラリアの資源生産の世界における位置づけを見てみる。2010年（または2011年）における、主要資源の国別生産量とそのシェアを、図表1-19に示す。生産量で上位7カ国をリストアップしたが、オーストラリアが7位にはいってない資源については、6位までとして、オーストラリアを追加した。

主要資源の生産シェアの特徴は3つある。第1に、中国はすべて主要資源で7位までに入っていることである。中国の驚異的な経済成長は、その資源生産に支えられていることを示すデータである。この点については、後述（第3章第1節）する。また、ロシアは7つ、米国は6つの資源でランクインしている。第2に、各資源とも、他国から抜きん出た高いシェアを示す国があることである。石炭は中国（49.5%）、鉄鉱石も中国（41.3%）、ボーキサイトはオーストラリア（32.7%）、銅はチリ（34.0%）、鉛は中国（44.7%）、亜鉛は中国（30.8%）である。第3に、多くの主要資源の生産は寡占状態である。上位5

図表1-19 主な資源の国別生産量

天然ガス 2011			石油 2011			石炭（燃料炭） 2011		
国	bm³	シェア	国	mt	シェア	国	mt oil	シェア
米国	651.3	20.0%	サウジ	526	13.2%	中国	1956.0	49.5%
ロシア	607.0	18.5%	ロシア	511	12.8%	米国	556.8	14.1%
カナダ	160.5	4.9%	米国	352	8.8%	豪州	230.8	5.8%
イラン	151.8	4.6%	イラン	206	5.2%	インド	222.4	5.6%
カタール	146.8	4.5%	中国	204	5.1%	IDN	199.8	5.1%
中国	102.5	3.1%	カナダ	173	4.3%	ロシア	157.3	4.0%
豪州	45.0	1.4%	豪州	21	0.5%	南ア	143.8	3.6%
世界	3276.2	100.0%	世界	3,995	100.0%	世界	3955.5	100.0%

鉄鉱石 2010			ボーキサイト 2010			銅 2010		
国	mt	シェア	国	mt	シェア	国	kt	シェア
中国	1,070	41.3%	豪州	68.4	32.7%	チリ	5,420	34.0%
豪州	433	16.7%	中国	44.0	21.1%	ペルー	1,250	7.8%
ブラジル	370	14.3%	ブラジル	28.1	13.4%	中国	1,190	7.5%
インド	230	8.9%	インド	18.0	8.6%	米国	1,110	7.0%
ロシア	101	3.9%	ガイアナ	17.4	8.3%	IDN	872	5.5%
UKR	78	3.0%	JAM	8.5	4.1%	豪州	870	5.5%
南ア	59	2.3%	ロシア	5.5	2.6%	ロシア	703	4.4%
世界	2,592	100.0%	世界	209.0	100.0%	世界	15,938	100.0%

鉛 2010			亜鉛 2010			ニッケル 2010		
国	kt	シェア	国	kt	シェア	国	kt	シェア
中国	1,850	44.7%	中国	3,700	30.8%	ロシア	269	17.0%
豪州	625	15.1%	豪州	1,480	12.3%	IDN	232	14.6%
米国	369	8.9%	ペルー	1,470	12.2%	PHL	173	10.9%
ペルー	262	6.3%	米国	748	6.2%	豪州	170	10.7%
メキシコ	158	3.8%	インド	700	5.8%	カナダ	158	10.0%
ロシア	97	2.3%	カナダ	649	5.4%	NCL	130	8.2%
インド	95	2.3%	メキシコ	518	4.3%	中国	79	5.0%
世界	4,139	100.0%	世界	12,008	100.0%	世界	1,594	100.0%

（出典）　US Geological Survey, Mineral Commodity Summaries 2012、BP Statistical Review of World Energy June 2012、石油天然ガス・金属鉱物資源機構 HP から著者作成。

（注記）　1．kt は kilo ton（チトン）、mt は million ton（百万トン）、mt oil は million ton oil equivalent（石油換算100万トン）、bm³ は billion cubic meter（10億立方メートル）の略。

2．サウジ：サウジアラビア、南ア：南アフリカ、NCL：ニューカレドニア、PHL：フィリピン、IDN：インドネシア、UKR：ウクライナ、JAM：ジャマイカ。

図表1-20 オーストラリアの主要資源の生産量シェアの推移

主要資源	生産量の単位	2000			2010 (2011)		
		オーストラリア		世界	オーストラリア		世界
		生産量	シェア	生産量	生産量	シェア	生産量
天然ガス	bm^3	18.5	0.9%	2,176	45.0	1.4%	3,276
石油	mt	35.3	1.0%	3,595	21.0	0.5%	3,995
石炭	mt oil	153	7.2%	2,133	231	5.80%	3,956
鉄鉱石	mt	158	15.6%	1,010	433	16.7%	2,592
ボーキサイト	kt	49,000	38.6%	127,000	68,400	32.7%	209,000
銅	kt	760	5.9%	12,900	870	5.5%	15,938
鉛	kt	630	21.1%	2,980	625	15.1%	4,139
亜鉛	kt	1,250	15.6%	8,000	1,480	12.3%	12,008
ニッケル	kt	168	13.7%	1,230	170	10.7%	1,594

(出典) US Geological Survey, Mineral Commodity Summaries 2012、BP Statistical Review of World Energy June 2012 および2002 から著者作成。
(注記) kt は、kilo ton（千トン）、mt は million ton（百万トン）、mt oil は million ton oil equivalent（石油換算100万トン）、bm^3 は billion cubic meter（10億立方メートル）の略。

カ国の合計シェアで、石炭、鉄鉱石、ボーキサイトでは80％を超えており、鉛は78.9％、銅、亜鉛、ニッケルでも60％を超えている。

 オーストラリアは、天然ガス、石油を除く7種の資源で7位以内に入っている。ボーキサイトでは第1位、鉄鉱石では16.7％で第2位となっており、鉛、亜鉛、ニッケルでも、シェアは10％を超えている。天然ガスのシェアは1.4％と低いが、日本との貿易上は極めて重要な位置を占めている。上述（第3節1(1)）のとおり、世界全体の主要資源の消費量はこの20年間右上がりで伸びているが、オーストラリアの生産量の伸びはそれほど高くない。このため、天然ガスと鉄鉱石以外の主要資源の生産量シェア（2010年）は、図表1-20に示すように、2000年に比べると低下している。

 生産量のシェアにも、オーストラリアの資源産業の性格を律する要素を見出すことができる。第1に、ライバルの存在である。オーストラリアは多種多様な資源に恵まれ、その生産量も多いが、資源ごとに、ライバルとなる資源生産国も多い。第2に、資源国としての地位の低下である。オーストラリアは、2000年代に入ってから資源ブームに沸き、資源をてこに経済を成長させてきた

が、その生産量のシェアはむしろ低下している。第3に、中国との関係である。中国は資源を大量に輸入して経済成長を進めており、オーストラリアもその恩恵にあずかって成長してきた。しかし、中国は、オーストラリアを凌ぐシェアを有する資源生産国であるため、輸出先であると同時に、潜在的にはライバルである。将来、中国の経済成長が失速して、中国国内の資源需要が減少した段階では、中国のライバルとしての性格が表面化するであろう。

2　輸出動向

まず資源の輸出動向について、その全体像を輸出金額で把握し、個々の主要資源の動向を、おもに輸出量で把握する。次に、輸出構造の特徴を示し、さらに連邦政府・州政府の資源政策との関係についても考える。

(1)　輸出金額

資源の輸出額（金属資源については、鉱石、精錬済を含む）[4]は、2010～11年度で1,774億A＄（約14.2兆円）である。輸出額が多い資源は、図表1-21に示すとおり、鉄鉱石（555億A＄、約4.44兆円）、石炭（438億A＄、約3.5兆円）、金（130億A＄、約1.04兆円）、石油（118億A＄、約9,420億円）、LNG（104億A＄、約8,350億円）、アルミナ（96億A＄、約7,700億円）であり、これに、10億A＄を超える輸出額の資源として、銅、ニッケル、亜鉛、鉛、ミネラルサンド、マンガン、LPGが続く。その順位は、ここ数年は大きな変化はない。なお、石炭のうち原料炭は298億A＄、燃料炭は140億A＄となっている[5]。

資源の輸出額は、既述（第1章1節1（5））のとおり、40年近くほぼ一貫して伸び続けている。とくに2000年台前半からの資源ブームにより、図表1-5で視覚的に示したように、輸出額は急激に上昇している。輸出金額は2004～05年度からの6年間で2.6倍になっている。この伸び率は、年率にして17.2％であり、それ以前の10年間（1994～95から2004～05年度）の8.5［％/年］、さらにその前の10年間（1984～85から1994～95年度）の7.3［％/年］に比べて、上昇率が増加していることを示している。個々の資源については、図表1-21か

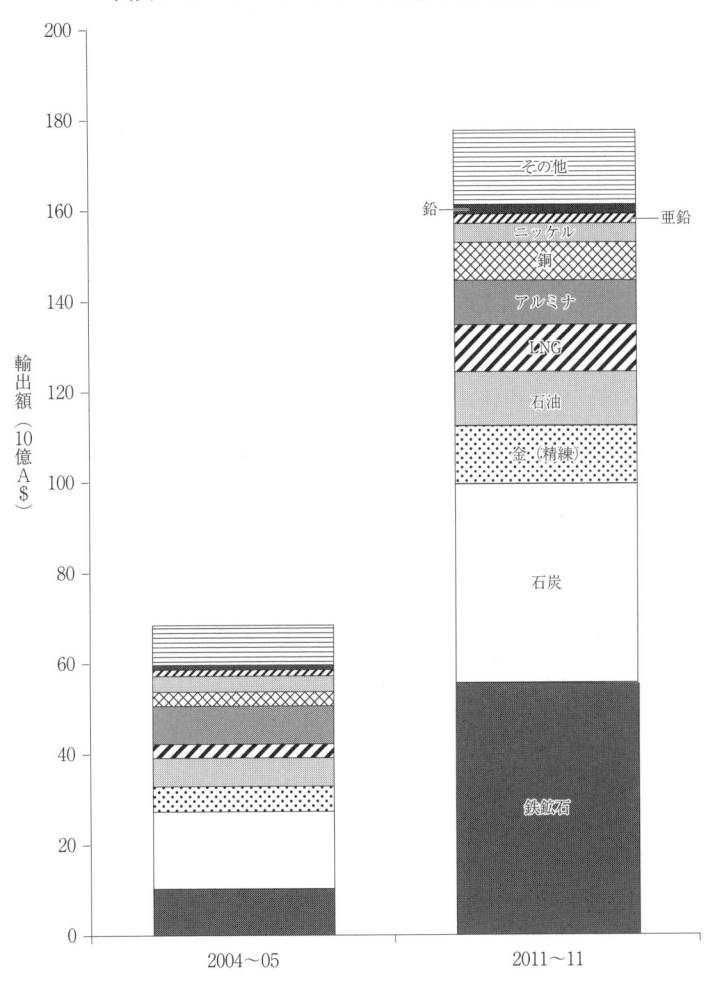

第1章　オーストラリアの資源エネルギー　63

図表1-21　オーストラリアの資源の輸出金額の動向

輸出額（10億A$）

縦軸：0〜200

2004〜05、2011〜11

凡例（下から上）：鉄鉱石、石炭、金（精練）、石油、LNG、アルミナ、銅、ニッケル、鉛、亜鉛、その他

（出典）　Bureau of Resources and Energy Economics（BREE），Resources and Energy Statistics から著者作成。
（注記）　1．アルミナにはボーキサイト、アルミナ、アルミニウムインゴットを含む。
　　　　　2．鉄鉱石は、原料炭と燃料炭の合計である。鉄鉱石にはペレット、鉄鋼を含む。

らもわかるとおり、2004〜05年度からの6年間で、鉄鉱石（5.5倍）、LNG（3.3倍）、銅（2.7倍）、石炭（2.6倍）、金（2.4倍）の輸出額が大幅に伸びている。

次に、1974〜75年度からの超長期的な輸出額の推移を概観する。オーストラリア資源の輸出額の年平均の伸び率は、「1974〜75年度から1984〜85年度までの10年間」は15.9％と高い値を示している。経済成長を続ける日本への資源輸出の拡大によるものである。その後も高い伸び率は続き、「1993〜94年度までの10年間」は10％台前半を維持している。バブル経済に至った日本の好景気によるものである。しかし、輸出額の平均伸び率は、「1994〜95年度までの10年間」は7.3％に下落し、その後も6〜8％の時期が続いている。バブル崩壊後の日本経済の低迷を反映している。しかし、「2005〜06年度までの10年間」からは、10％を超える伸び率を示している。日本経済の低迷は続いていたが、中国の成長の影響が顕在化してきたからである。

オーストラリアの資源の輸出先は、金額ベース（2010〜11年度）で見た場合、第2章第1節に示すように、資源の輸出先の大半（83.3％）がアジアである。欧州は7.3％、米州は2.7％にとどまっている。国別で見ても、中国が27.5％で、最大の輸出先であり、以下、日本（23.3％）、インド（11.1％）、韓国（9.9％）となっている。資源のアジア向け輸出の割合を推移でみると、68.0％（1995〜96年度）→67.6％（2000〜01年度）→72.6％（2005〜06年度）→83.3％（2010〜11年度）と、増加傾向にある。つまり、オーストラリアの資源は、アジア経済の影響を強く受ける構造になっているのである。なお、オーストラリア資源の日本との関係、中国との関係については、第2章第1節および第3章第1節で詳述する。

(2) 輸出量

オーストラリアの主要資源の輸出量は増加基調にある。図表1-22および図表1-23に、1996年（1996〜97年度）以降の、主要資源の輸出量の推移を示す。石炭、鉄鉱石は右肩上がりで、銅、鉛、亜鉛の鉱石は増減を繰り返しながら、輸出量が増加している。LNGの輸出は、2003〜04年度までは700万［t］台で

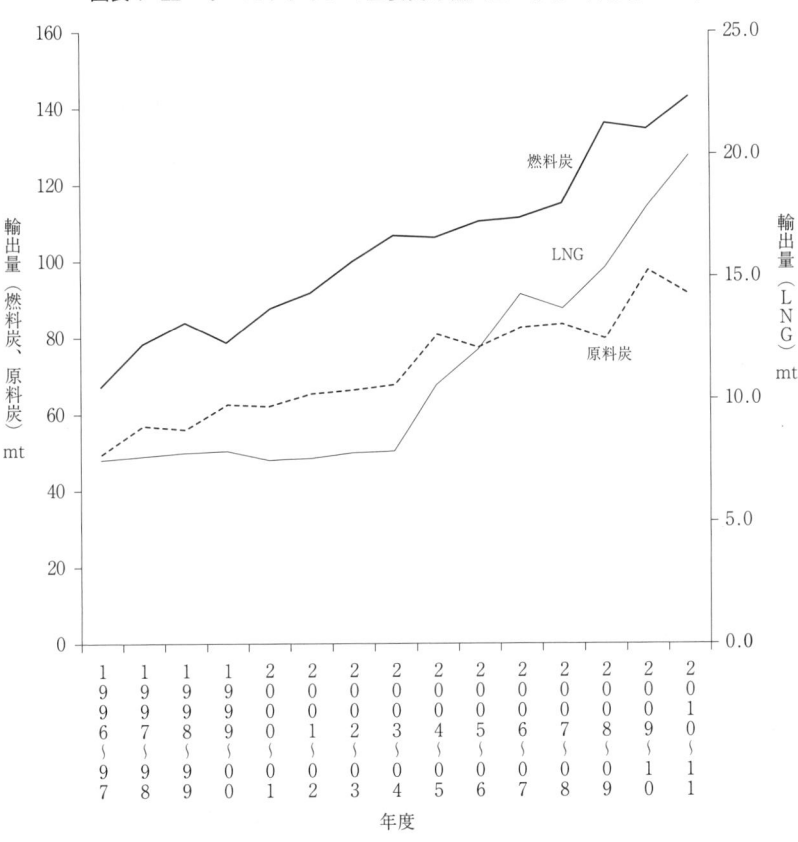

図表1-22 オーストラリアの主要資源輸出量の推移（石炭、LNG）

（出典）Bureau of Resources and Energy Economics, Resources and Energy Statistics 2011 から著者作成。

あったが、その後急速に増加し、現在は2,000万［t］になっている。とくに、2004～05年度以降は、ほぼ毎年、前年に比べて200万［t］前後増加している。LNGの生産（増産）には、液化設備および同設備までのパイプラインの建設が必要であるため、その生産量（輸出量）は、連続的に増加するのではなく、間歇的に増加するからである。各主要資源の輸出量は、この15年間で、1.5倍～3.6倍になっている。輸出量の増加は、後述（第4章第2節1（3））のとおり基本的には世界全体の経済成長に伴う資源消費量の増加の影響であるが、以

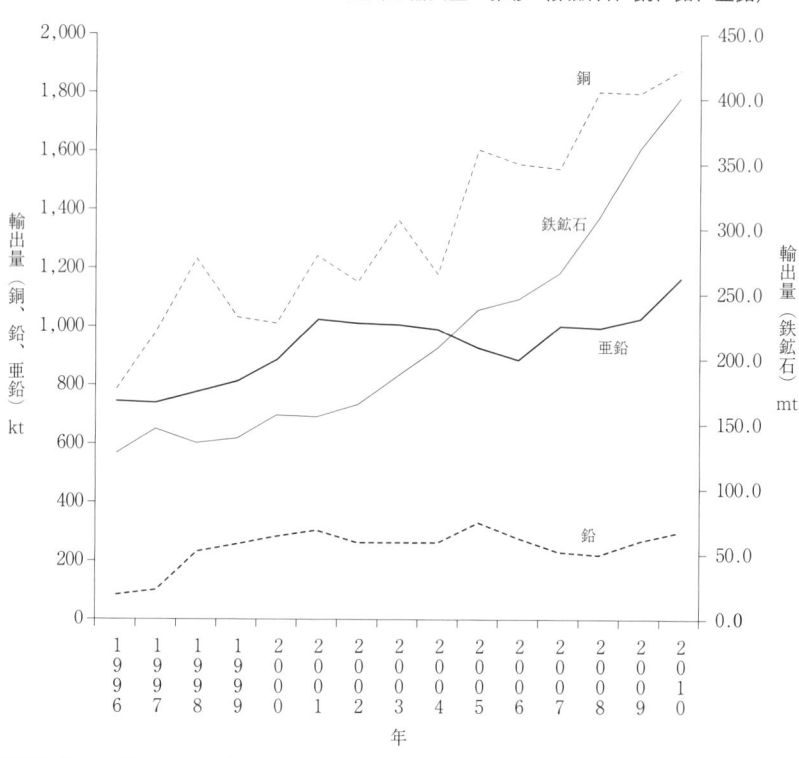

図表1-23　オーストラリアの主要資源輸出量の推移（鉄鉱石、銅、鉛、亜鉛）

(出典)　Bureau of Resources and Energy Economics, Resources and Energy Statistics 2011 から著者作成。
(注記)　銅、鉛、亜鉛は鉱石。

下で示すとおり、オーストラリア資源の輸出先である経済成長を続けるアジアとくに中国の恩恵を受けたものである。オーストラリアの資源輸出額の伸びは、市場価格の高騰だけでなく、輸出量の増加にも支えられたものである。

　次に、オーストラリアで生産された主要資源が、それぞれ、どの国に輸出されているかを見てみる。図表1-24は、2010年（2010～11年度）における各主要資源の輸出先国を、輸出量の多い国の順に5位まで並べ、輸出量とそのシェアを記載してある（金属資源については、注6）を参照）（アルミニウムは資源ではないが、参考までに記載した）。

図表1-24　オーストラリアの主要資源の輸出先

\tLNG　2011			原油等　2010			燃料炭　2010		
国	bm³	シェア	国	ml	シェア	国	mt	シェア
日本	19.0	73%	韓国	3,794	19.3%	日本	66.96	46.7%
中国	5.0	19%	中国	3,632	18.5%	韓国	28.19	19.7%
韓国	1.1	4%	SPR	2,648	13.5%	台湾	20.12	14.0%
台湾	0.4	2%	日本	2,002	10.2%	中国	16.67	11.6%
その他	0.5	2%	台湾	265	1.3%	その他	11.37	7.9%
			その他	7,295	37.2%			
計	26.0	100%	計	19,636	100.0%	計	143.32	100.0%

原料炭　2010			鉄鉱石　2010			アルミニウム（インゴット）2010		
国	mt	シェア	国	mt	シェア	国	kt	シェア
インド	25.19	27.5%	中国	273.8	68.1%	日本	634.6	37.5%
日本	23.42	25.6%	日本	75.6	18.8%	韓国	344.6	20.4%
EU	15.25	16.6%	韓国	38.6	9.6%	台湾	195.0	11.5%
中国	9.64	10.5%	台湾	12.0	3.0%	タイ	144.3	8.5%
韓国	8.10	8.8%	その他	1.9	0.5%	MYS	87.1	5.1%
その他	10.01	10.9%				その他	286.8	16.9%
計	91.60	100.0%	計	401.9	100.0%	計	1,692.4	100.0%

銅（鉱石）2010			鉛（鉱石・金属成分）2010			亜鉛（鉱石・金属成分）2010		
国	kt	シェア	国	kt	シェア	国	kt	シェア
インド	623.3	33.2%	中国	166	55%	中国	532	45.7%
中国	564.3	30.1%	韓国	53	18%	NLD	173	14.8%
日本	293.9	15.7%	ベルギー	39	13%	日本	134	11.5%
韓国	263.9	14.1%	日本	33	11%	韓国	131	11.2%
PHL	108.8	5.8%	米国	0	0%	タイ	46	3.9%
その他	22.9	1.2%	その他	10	3%	その他	149	12.8%
計	1,877.0	100.0%	計	301	100.0%	計	1,165	100.0%

（出典）　Bureau of Resources and Energy Economics (BREE), Resources and Energy Statistics 2011およびBP, Statistical Review of World Energy 2012から著者作成。

（注記）　1．ktはkilo ton（千トン）、mtはmillion ton（百万トン）、mlはmillion litre（百万リットル）bm³はbillion cubic meter（10億立方メートル）の略。

2．MYS：マレーシア、NLD：オランダ、PHL：フィリピン、SPR：シンガポールの略

3．銅鉱石1877.0ktに相当する銅成分はBREEにより501.3ktと推定されている。

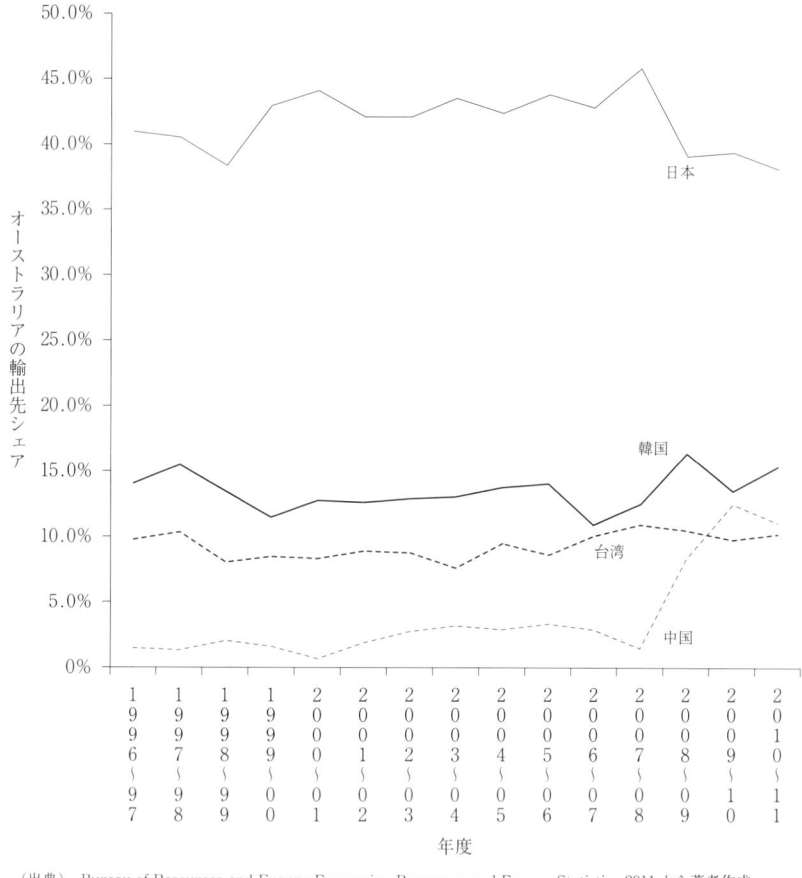

図表1-25　オーストラリア資源の輸出先のシェアの推移（石炭）

（出典）　Bureau of Resources and Energy Economics, Resources and Energy Statistics 2011 から著者作成。

　この図表1-24から、オーストラリアの資源輸出について、いくつかの特徴を見ることができる。第1に、オーストラリアの資源の輸出先は、どの資源をとっても、アジアが中心である。すべての資源の輸出金額（上記第3節2（1））が示す傾向と同じである。輸出先上位は、アジアの中でも、日本、中国、韓国の3カ国に集中しており、一部の資源では台湾、インド向けも多くなっている。日本、中国、韓国の3カ国は、図表に掲げたすべての資源で5位以内に入って

図表1-26　オーストラリア資源の輸出先のシェアの推移（鉄鉱石）

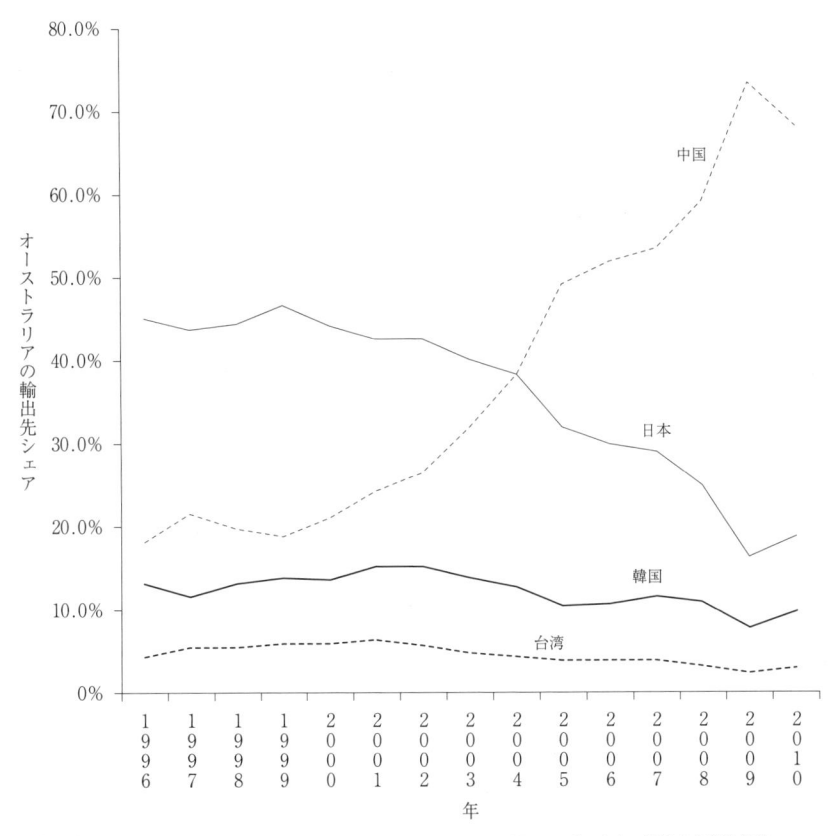

（出典）Bureau of Resources and Energy Economics, Resources and Energy Statistics 2011 から著者作成。

いる。しかも、この3カ国の占めるシェアは非常に高く、LNGは96.5％、鉄鉱石も96.5％、鉛（鉱石）は83.7％となっている。この3カ国にインドまたは台湾を加えると、燃料炭は92.1％、銅鉱石は93.0％と、90％を超えることになる。このことから、オーストラリアの主要資源の輸出先は、少数の国にのみに特化しているという第2の特徴も見出せる。しかも1位の国のシェアが、他国に比べて著しく高い資源がある。LNGは73％が日本向け、燃料炭は46.7％が日本向け、鉄鉱石は68.1％が中国向け、鉛鉱石は55％が中国向け、亜鉛鉱石は

45.7％が中国向けである。

　さらに、資源輸出先について、経年的に、どの国への依存度が高まり、あるいは低くなっているのかを見てみよう。図表1-25および図表1-26は、それぞれ1996〜97年度以降の鉄鉱石および石炭の輸出先国のシェアの推移である。主要資源については、1990年代までは、日本が最大の輸出先であったが、その後の推移は、中国経済の成長に従い、2つのパターンが見られる。鉄鉱石については、この15年間、日本へのシェアが40％前後で推移しており、中国、韓国、台湾をはるかに引き離し、最大の輸出先である。LNGでも、日本が圧倒的なシェアを維持しており、同様の傾向を示している。石炭については、日本向けのシェアが減少し、これに代わって中国向けのシェアが増加している。2005年に、中国向けのシェアが日本を超え、現在では圧倒的なシェア（68.1％）を示している。銅（鉱石）、鉛（鉱石）、原油＋LPGでも、日本向けのシェアが下落し、中国向けのシェアが増加するという傾向を示している。

　日本、中国、韓国に台湾またはインドを加えた輸出先のシェアは、この15年間でいずれの主要資源でも、増加している。鉄鉱石は80.5％から99.5％へ、石炭は67.0％から75.4％へ、銅は（鉱石）は83.6％から93.0％へ、鉛（鉱石）は75％から84％へそれぞれ伸びている。なお、LNGは90％以上のシェアが継続している。

(3) 輸出構造と資源政策

　これらの特徴は、オーストラリアの資源の輸出構造は硬直的で、リスクが高いことを意味している。資源全体で、特定の地域（アジア）に依存しているだけでなく、個別の主要資源のほとんどでアジアに依存している。しかも、ほとんどの主要資源が、アジアの中でも少数の国に依存している。資源により、その少数の国が異なっておれば、リスクはある程度分散されるであろう。しかし、その少数の国が特定の国、つまり日本、中国、韓国に限られているため、この3カ国の経済情勢の影響を強く受けることとなる。さらに、第1位の国のシェアが高いので、その国の影響を直接に受けることとなる。具体的には、日本と

中国の影響を強く受ける構造となっている。現在は、中国経済が大幅な成長を続けているため、このような輸出構造は、むしろ良い結果をもたらしている。しかし、中国経済のバブルがはじけ、経済成長が鈍化した場合には、オーストラリア経済に大きな悪影響を及ぼすであろう。中国経済のバブル崩壊は全世界に影響するであろうが、オーストラリアは直接の影響が非常に大きく、その影響は他国よりもはるかに大きなものとなろう。

　オーストラリアの資源輸出構造の硬直化は進行してきたが、オーストラリアの連邦政府も州（準州）政府も、硬直的な輸出構造を変えるために有効な政策を講じてこなかった。前節（第2節6（1））で、オーストラリアの資源政策の特徴として、国全体で統一した資源政策がないこと、長期的なビジョンがないこと、資源の需給や価格に着目した資源政策が見られないことの3つをあげた。オーストラリア政府は実質的な資源政策を講じていないのである。資源分野における経済活動は、事実上個々の企業の自由な活動にゆだねられており、政府はそれを追認しているに過ぎないのである。産業やビジネスの面では、良い意味でも悪い意味でも、政府は公平な立場から、企業の自由な活動を尊重している。したがって、資源産業の現状は、硬直的な輸出構造が拡大していることも含め、民間企業の自由な活動の結果である。資源企業も、計画的に新たな市場開発し、リスクを軽減することを怠ってきたと言えるであろう。

　ただし、このような輸出構造は、日本にとってもリスクがある。オーストラリア資源の市場には、多数の小口ユーザーがいるのではなく、少数の大口の固定的なユーザーだけがいる。つまり、資源確保の面で、強力なライバルがいるからである。なお、中国は、上述（第3節1）のとおり、資源の大生産国であるが、同時に資源の大輸入国でもある。この点については第5章で後述する。

3　投資動向

　オーストラリアの資源プロジェクトへの海外からの投資は活発である。上述（第1章第1節1（5））のとおり、オーストラリアの産業の中で最も投資の多い分野である。図表1-27に、資源の各分野への投資金額の推移を示す。総額

図表 1-27　海外からの投資額の推移（資源の種類別）

(単位：10億A＄)

資源の種類	年度				
	2006〜07	2007〜08	2008〜09	2009〜10	2010〜11
金属	12.41	45.86	38.49	56.34	24.88
ボーキサイト	0	12.38	0.60	2.92	0.01
銅・金	2.84	11.26	8.05	23.21	13.74
鉄鉱石	1.17	8.90	27.19	23.02	3.22
ニッケル	5.27	3.05	0.40	1.71	0.29
ウラン	1.75	1.26	1.68	4.93	4.54
亜鉛	0.17	5.54	0.19	0.17	1.87
その他	1.21	3.45	0.38	0.38	1.21
石炭	5.67	11.47	15.69	17.14	22.95
石油・ガス	13.24	4.52	35.08	6.76	4.56
その他	0.96	2.45	1.36	0.68	2.51
合計	32.28	64.28	90.62	80.92	54.90

(出典)　Foreign Investment Review Board, Annual Report から著者作成。
(注記)　新規投資と追加投資を合わせた金額である

で300億A＄（2.4兆円）から900億A＄（7.2兆円）という巨額の投資が、毎年、流れ込んでいることがわかる。資源投資は、巨大案件があると、金額が跳ね上がるため、この図表からは、どのような資源への投資が増えているかといった詳細な傾向を読みとることはできない。しかし、オーストラリアは主要資源のほとんどを産出するため、毎年、いずれかの資源には巨額投資がなされるため、その投資額は、増減はあるものの、巨額の状態を維持している。

　資源プロジェクトへの投資額の上位を占めているのは、欧米諸国とくに英国、米国、スイスが中心であり、アジアでは日本、中国である。英国、米国、スイスは、オーストラリアで活発な資源開発を進める資源メジャーと呼ばれる多国籍企業（BHP Billiton、Rio Tinto、Xstrata、Anglo America）、石油メジャー（BP、Chevron、Exxon Mobil など）を擁するためである。日本と中国は、産出された資源を安定的に確保するために、資源プロジェクトに投資するからである。中国は、その経済成長を維持するために2003〜04年度から毎年上位に位

置するようになっている。

4　埋蔵量

　オーストラリアは、資源の埋蔵量も極めて豊富である。「豊富である」とは、埋蔵される資源の種類が豊富であるということと、埋蔵されている量が豊富であるということの2つのことを意味する。

　まず、種類の豊富さについては、石油、ガス、金属、ウランから宝石、建材まで多種多様な資源が埋蔵されている。まさに、「ラッキー・カントリー」と言われるゆえんである。オーストラリアに大量に埋蔵されている資源の種類は、以下に示すとおりである。いずれも生産され、輸出されている。およそ工業に必要な資源は、ほぼすべて網羅されている。レアアースについては、イットリウムだけを記載したが、ニオブも埋蔵されているとの情報もある。

石油	天然ガス	石油ガス	オイルシェール	炭層ガス
石炭	ボーキサイト	アンチモン	カドミウム	コバルト
ダイヤモンド	銅	金	石膏	鉄鉱石
鉛	石灰	マグネシウム	マンガン	ニッケル
オパール	リン鉱石	塩	シリカ	銀
滑石（タルク）	タンタル	トリウム	錫	チタン
ウラン	イットリウム	ジルコニウム	亜鉛	

　次に、量の豊富さについて、主要資源ごとに見てみよう。図表1-28に、天然ガス、石油、石炭、鉄鉱石、アルミナ、銅、鉛、亜鉛、ニッケルの埋蔵量の多い国、その埋蔵量と可採年数（R/P：Reserves/Production）を示す。なお、参考までに、レアアースについても記載してある。本書において、埋蔵量とは確認可採埋蔵量のことである。確認可採埋蔵量とは、適切な技術・経済条件において、今後生産（採取）可能な資源量のうち確実性の高いもののことである[7]。確認可採埋蔵量は、技術の進歩（回収技術、掘削技術などの進歩、）資源の価

図表1-28 主な資源の国別埋蔵量（2011年）(1)

天然ガス				石　油			
国	tm^3	シェア	R/P	国	bt	シェア	R/P
ロシア	44.6	21.4%	73.5	ベネゼラ	46.3	17.9%	＊
イラン	33.1	15.9%	＊	サウジ	36.5	16.1%	65.2
カタール	25.0	12.0%	＊	カナダ	28.2	10.6%	＊
TKM	24.3	11.7%	＊	イラン	20.8	9.1%	95.8
米国	8.5	4.1%	13.0	イラク	19.3	8.7%	＊
サウジ	8.2	3.9%	82.1	クェート	14.0	6.1%	97.0
豪州	3.8	1.8%	83.6	豪州	0.4	0.2%	21.9
世界	208.4	100.0%	63.6	世界	234.3	100.0%	54.2

石　炭				鉄鉱石			
国	bt	シェア	R/P	国	bt	シェア	R/P
米国	237.3	27.60%	239	豪州	35.0	21.1%	72.9
ロシア	157.0	18.20%	471	ブラジル	29.0	17.5%	74.4
中国	114.5	13.30%	33	ロシア	25.0	15.1%	250.0
豪州	76.4	8.90%	184	中国	23.0	13.9%	19.2
インド	60.6	7.00%	103	インド	7.0	4.2%	29.2
ドイツ	40.7	4.70%	216	米国	6.9	4.2%	127.8
UKR	33.9	3.90%	390	カナダ	6.3	3.8%	170.3
世界	860.9	100.0%	112	世界	166.0	100.0%	59.2

ボーキサイト				レアアース			
国	bt	シェア	R/P	国	mt	シェア	R/P
ギニア	7.40	17.9%	411	中国	27.0	30.7%	230.0
豪州	6.20	16.1%	93	CIS	19.0	21.6%	410.0
ブラジル	3.60	10.6%	116	米国	13.0	14.8%	―
ベトナム	2.10	9.1%	―	豪州	5.2	5.9%	―
JAM	2.00	8.7%	196	インド	1.1	1.3%	―
インド	0.90	6.1%	45				
ガイアナ	0.85	0.2%	425				
世界	29.00	100.0%	132	世界	88.0	100.0%	71.0

（出典）図表1-28　主な資源の埋蔵量（2）に同じ。
（注記）図表1-28　主な資源の埋蔵量（2）に同じ。

図表1-28 主な資源の国別埋蔵量（2011年）（2）

銅				鉛			
国	mt	シェア	R/P	国	mt	シェア	R/P
チリ	190.0	27.7%	35.1	豪州	29.0	34.1%	51.8
ペルー	90.0	13.1%	73.8	中国	14.0	16.4%	6.4
豪州	86.0	12.5%	91.5	ロシア	9.2	10.8%	80.0
メキシコ	38.0	5.5%	104.1	ペルー	7.9	9.3%	32.9
米国	35.0	5.1%	31.3	米国	6.1	7.2%	17.7
中国	30.0	4.4%	25.2	メキシコ	5.6	6.6%	24.9
ロシア	30.0	4.4%	42.3	インド	2.6	3.1%	21.7
世界	687.0	100.0%	42.7	世界	85.2	1.0%	18.8

亜 鉛				ニッケル			
国	mt	シェア	R/P	国	mt	シェア	R/P
豪州	56.0	22.4%	40.0	豪州	24.0	30.1%	133.3
中国	43.0	17.2%	11.0	NCL	12.0	15.1%	85.7
ペルー	19.0	7.6%	13.6	ブラジル	8.7	10.9%	104.8
メキシコ	17.0	6.8%	27.0	ロシア	6.0	7.5%	21.4
米国	12.0	4.8%	15.8	キューバ	5.5	6.9%	74.3
インド	12.0	4.8%	15.2	IDN	3.9	4.9%	17.0
カザフ	12.0	4.8%	24.0	南ア	3.7	4.6%	88.1
世界	250.0	100.0%	20.1	世界	79.6	100.0%	44.7

（出典）下記資料からから著者作成。
US Geological Survey, Mineral Commodity Summaries 2012.
BP Statistical Review of World Energy June 2012、（独立行政法人）石油天然ガス・金属鉱物資源機構 HP。

（注記）1．tm^3 は trillion m^3（兆立方メートル）、bt は billion ton（10億トン）の略、mt は million ton（100万トン）の略。
2．R/P は、埋蔵量／生産量（2011）である。
3．＊は100年以上。出典の記述に従った。—は不明。
4．カザフ：カザフスタン、サウジ：サウジアラビア、南ア：南アフリカ、ベネゼラ：ベネズエラ、CIS：独立国家共同体、IDN：インドネシア、JAM：ジャマイカ、NCL：ニューカレドニア、TKM：トルクメニスタン、UKR：ウクライナの略。

格変化、新鉱脈や新油田等の発見などにより変化する[8]。可採年数は、確認可採埋蔵量をある年の生産量で除して計算するため、同様に、毎年変化する。本書では、いずれも、2011年時点の確認可採埋蔵量をとっている[9]。国は、埋蔵量の順に並べてあるが、オーストラリアが7位に入らない資源については、6

位まで記載して、その下に、オーストラリアを追加してある。

オーストラリアは、石油、天然ガスを除く主要資源で上位に入っている。とくに、鉄鉱石（世界シェア21.1%）、鉛（同34.1%）、亜鉛（同22.4%）、ニッケル（同30.1%）では世界最大の埋蔵量を誇っている。これら主要資源の埋蔵量は偏在しており、（亜鉛を除いて）上位5カ国で60%以上のシェアとなっており、オーストラリアはその一角を占めている。中でも、鉄鉱石（71.7%）、鉛（77.7%）ニッケル（70.6%）は上位5カ国で70%を占めている。また、オーストラリアの主要資源の可採年数は、世界全体の平均値より高いものが多くなっている。

このように、オーストラリアは埋蔵資源が種類、量ともに豊富であり、将来においても、日本への資源供給国として重要な国である。上位に位置する資源国の中で、日本との距離の近いアジア・大洋州の国は、オーストラリア、中国、インドである。中国、インドは人口を抱えて、急速な経済成長を続けているため、供給国として期待できる国ではない。オーストラリアは、長期的に見て、日本にとって最も重要な資源供給国である。

5　産業組織

オーストラリアにおける資源産業の産業組織は、多種多様な資源を採鉱する巨大な「多国籍企業」、個別資源に特化した「専業企業」、専業企業から出発し数種の資源を扱う「多角化企業」および資源の輸送、輸出施設などの建設・運用を行う「インフラストラクチャー企業」から構成される。また、資源探査を専門とする企業も存在する。さらに、日本商社のように資源プロジェクトに投資する「投資企業」も資源産業の産業組織を構成する。産業組織のイメージを図表1-29に示す。

(1)　多国籍企業

多国籍企業は、石炭、鉄鉱石、各種金属を扱う資源メジャーと石油メジャーに区分される。世界の5大資源メジャー（BHP Billiton、Rio Tinto、Vale、

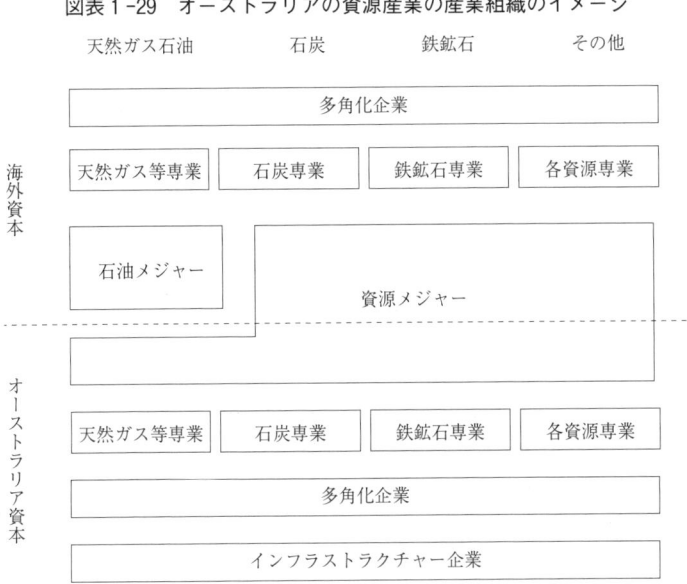

図表1-29 オーストラリアの資源産業の産業組織のイメージ

	天然ガス石油	石炭	鉄鉱石	その他
海外資本	多角化企業			
	天然ガス等専業	石炭専業	鉄鉱石専業	各資源専業
	石油メジャー	資源メジャー		
オーストラリア資本				
	天然ガス等専業	石炭専業	鉄鉱石専業	各資源専業
	多角化企業			
	インフラストラクチャー企業			

Anglo American、Xstrata[10])）は、いずれもオーストラリアで操業している（図表1-30）。その中でも、BHP Billitonは、オーストラリアのBroken Hills Proprietaryと英国のBillitonが、2001年に経営統合することにより成立しており、事実上のオーストラリア企業であり、現在もオーストラリアに本社を置くため、とくに活発に活動している。同社は、鉱物系資源だけでなく、天然ガス・石油プロジェクトもカバーしている。Rio Tintoも同様に、歴史的には英国企業とオーストラリア企業（Broken Hillの亜鉛企業）の合併により成立し、オーストラリアに本社を置くため、多数の巨大な炭鉱を中心に、幅広い資源プロジェクトを進めている。また、Valeは、営業利益の90％近くを鉄鉱石で稼ぐ財務構造であるため[(3)]、鉄鉱石の大産地であるオーストラリアでの活動に熱心である。

　6大石油メジャー（BP、Chevron、Exxon Mobil、Royal Dutch Shell、Total、Conoco Phillips）はいずれもオーストラリアで探査・操業している。歴史的に

図表 1-30　資源産業の産業組織

企業名	オーストラリアにおける資源事業
多国籍資源企業	
BHP Billiton（英国、オーストラリア）	鉄鉱石、石炭、天然ガス・石油、ニッケル、アルミナ
Rio Tinto（英国、オーストラリア）	鉄鉱石、石炭、銅、アルミナ
Vale（ブラジル）	石炭、鉄鉱石
Xstrata（スイス）	石炭、鉛・亜鉛、銀、銅、ニッケル
Anglo America（米国）	石炭
多国籍石油企業	
BP（英国）	天然ガス・石油
Chevron（米国）	天然ガス・石油
Exxon Mobil（米国）	石油
Royal Dutch Shell（オランダ、英国）	天然ガス・石油
Conoco Phillips（米国）	天然ガス
Total（フランス）	天然ガス
主な外資系	
American Metals & Coal International（米国）	石炭
Anglo Gold Ashanti（南アフリカ）	金
Apache（米国）	天然ガス・石油
Australia Sands（Exxaro：南アフリカ）	ミネラルサンド（チタン）
Barrick Gold（カナダ）	金
BOC（英国）	LNG、液化ヘリウム
CalEnergy（米国）	石油
Cameco（カナダ）	ウラン
China Petrochemical Corporation（中国）	LNG
ENI（イタリア）	石油・天然ガス
First Quantum Minerals（カナダ）	ニッケル、コバルト
Gold Fields（南アフリカ）	金
Lihir Gold（パプアニューギニア）	金
Peabody Energy（米国）	石炭
Yanzhou Coal Mining Company（中国）	石炭

（注記）採鉱事業を直接行う企業を記載してある。日本企業は省略した。日本企業は、図表4-22を参照。

見れば、オーストラリアでは石油が出なかったこと、北西大陸棚の天然ガス田の開発は、日本へのLNG輸出が始まった頃（1960年代）から本格化したことから、石油メジャーの活動は資源メジャーほどには活発ではなかった。しかし、北西大陸棚だけでなく、その先の東チモールとの国境付近、西オーストラリアの西岸沖の巨大なガス田、油田に注目が集まり、石油メジャーの活動は活発化

している。

(2) 専業企業

　メジャー以外の資源企業は、それぞれ得意の資源分野を有しており、「専業企業」として活動している[11]。専業企業は、外資系企業とオーストラリア企業に区分される。オーストラリア国内で活動する外資系資源企業は数多いが、その代表的な企業を図表1-30に示す。日本企業では、東邦亜鉛、国際石油開発帝石などがある。単に資本参加するだけの企業はここには含まれない。外資系企業には、米国、カナダ、南アフリカなど、国内に豊富な資源を抱えている国の企業が多い。そのような国では、資源産業が発達しているからである。近年は、中国企業の進出が多くなっている。外資系企業は、オーストラリア企業を設立して、オーストラリア企業と合弁で、事業を行っている。

　オーストラリア資本の専業企業を、図表1-31に示す。これら企業のほとんどは、オーストラリア証券取引所（ASX：Australian Securitie Exchange）に上場する大企業である。専業企業は、その得意の資源分野により、①石炭、②鉄鉱石、③石油・天然ガス、④ミネラルサンド（チタン、ジルコニウム）、⑤ウラン、⑥鉛・亜鉛・銀、⑦ニッケル・銅・金、⑧金専業、⑨その他、のグループに分けることができる。

　これらオーストラリア資本の専業企業は、高度な資源開発技術を有する大企業であり、その多くはその他の資源にも進出し「多角化」を進めている。また、オーストラリア国内だけでなく、海外でも幅広く事業を行っている。一例は、北西大陸棚およびその周辺で天然ガス・LNGプロジェクトを推進する企業Woodside社である。同社の進めるオーストラリア国内のプロジェクトは、その規模があまりにも大きいため、国内事業に集中しているように見える。しかし、同社は、メキシコ湾（Neptune and Power Play）、アルジェリア（Ohanet）、リビア（EPSA Ⅲ）などのガス・石油プロジェクトに参画しているほか、韓国でも石油探査を行っている。

図表 1-31　資源産業の産業組織：オーストラリアの専業資源企業 (1)

企業名		事業分野
Aston Resources New Hope Coal Queensland Coal Mine Management Whitehaven Coal	Macarthur Coal (Peabody Coal)) Qcoal Syntech Resources Yancoal Australia	石炭
Westfarmers		石炭、LNG
Aquila Resources		石炭、鉄鉱石
Atlas Iron Fortescue Metals Group Mt Gibson Iron	BC Iron IMX Resources Murchison Metals	鉄鉱石
Hancock Prospecting	Mineral Resources	鉄鉱石、マンガン
OneSteel		鉄鉱石、鉄鋼品
Grange Resources		磁鉄鉱
Bluescope Steel		粗鋼、鉄鋼
AED Oil Nexus Energy	Benaris Tap Oil	石油
AWE Limited Santos Woodside Energy	Roc Oil Talisman Energy	天然ガス・石油
BG Group		天然ガス、炭層ガス
Arrow Energy	Queensland Gas Company	炭層ガス
Beach Petroleum	Origin Energy	炭層ガス、天然ガス・石油
Bemax Resources Tronox	Iluka Resources	ミネラルサンド（チタン）
Australian Zircon		ミネラルサンド（ジルコニウム、チタン）
Monto Minerals		ミネラルサンド、錫
Energy Resources of Australia	Uranium One	ウラン

図表1-31 資源産業の産業組織：オーストラリアの専業資源企業（2）

企業名		事業分野
Terramin Australia		亜鉛、鉛
Jabiru Metals CBH Resources（Toho Zinc）	Perilya	鉛、亜鉛、銀
Mincor	Western Area	ニッケル
View Resources		ニッケル、金
Thundelarra Exploration		ニッケル、銅、ウラン
Metals X		錫、ニッケル、金、タングステン、リン酸塩
Compass Resources Guardian Resources	CopperCo Matrix Metals	銅
OZ Minerals		銅、ニッケル
Hillgrove Resources Newcrest	Ivanhoe Australia	銅、金
Integra Mining		金、ニッケル、銅
Regis Resources		金、ニッケル
A1 Minerals Avoca Resources Dominion Mining（Kingsgate Consolidated ） Dioro Exploration Morning Star Gold Norton Gold Fields Ramelius Resources Saracen Mineral Holdings Straits Resources	Apex Minerals Bendigo Mining（Unity Mining） Evolution Mining Newmont Mining Polymetals Group Resolute Mining St Barbara	金
Lynas Corporation		レアアース
Atlantic Ltd		バナディウム
Galaxy Resources		リチウム
Kimberley Diamond Company		ダイヤモンド

（注記）1．採鉱事業を直接行う企業を記載してある。
　　　　2．合弁で実施する場合には、原則として、プロジェクトごとに設立された合弁企業名ではなく、合弁企業に出資する企業名を記載してある。

(3) インフラストラクチャー企業

「インフラストラクチャー企業」も資源産業を構成する重要なプレーヤーである。資源産業では、鉱山、油田、ガス田で資源を生産するだけでは事業にならない。資源を国内需要地まで輸送すること、積出港まで輸送し、輸出することが必要である。このため、鉄道、パイプライン、ターミナル、港湾（埠頭）などのインフラストラクチャーが必須である。天然ガスの場合には、オーストラリアと海外の輸出先とのパイプラインがないため、液化設備も必要となる。多くの資源プロジェクトは遠隔地域に立地するため、既存のインフラストラクチャーを使用できることはまれであり、プロジェクトごとにインフラストラクチャーを設置する必要があること、資源の輸送量が膨大であることから、投資額のかなりの部分は、これらインフラストラクチャーに投下される。資源企業自らインフラストラクチャーを整備するケースも多いが、インフラストラクチャー専業の企業体がプロジェクトに参画することもある。インフラストラクチャー企業を、最近5年間に完工したプロジェクトに参画していた企業を中心に、図表1-32に示す。これら企業体は、オーストラリア国内企業である。同図表が示すように、インフラストラクチャー企業には、私企業だけではなく、港湾局などの政府系の機関、パイプライン企業など規制緩和により民営化した企業体も含まれている。

(4) 投資企業

「投資企業」とは、プロジェクトごとに設立される運営企業に、出資する企業である。このような企業は、資金を提供することにより経営に参加するが、資源の生産には直接にはタッチしない。輸出向けの巨大資源プロジェクトでは、初期投資の金額が大きくいだけでなく、事業リスクも高いため、投資が求められている。

このような投資企業は、資源メジャー、石油メジャー、各専業企業のいずれもが設立している。日本は、国内資源に恵まれないために、資源の確保を必要としている。しかし日本の資源産業は、国際的にみれば、十分には発達してお

図表1-32　オーストラリアの資源プロジェクトでインフラ建設を行う主な企業体

企業名	事業分野
North Queensland Bulk Ports	石炭ターミナル
Port Waratah Coal Services	石炭ターミナル
Queensland Bulk Handling	石炭ターミナル
Ports Corporation of Queensland	石炭ターミナル
Babcock & Brown Infrastructure	石炭ターミナル
Central Queensland Ports Authority	石炭ターミナル
Newcastle Coal Infrastructure Group	石炭ターミナル
Queensland Rail	石炭輸送鉄道の敷設・複線化、トンネル
Multinet Gas	石油パイプライン
Port Hedland Port Authority	鉄鉱石積出し停泊地
APA Group	天然ガス・パイプライン
DBP（Dampier Bunbury Pipeline）	天然ガス・パイプライン
Jemena	天然ガス・パイプライン
Epic Energy	天然ガス・パイプライン
AGL Energy	天然ガス・パイプライン

(注記) 1．2012年4月までの5年間に完工した主な資源プロジェクトの実施企業。
　　　 2．港湾局など政府系企業を含む。

らず、その生産技術も十分ではない。このため、日本企業は、商社だけでなく需要企業（鉄鋼、電力、石油卸など）も、投資会社を設立し、オーストラリアの資源プロジェクトに出資している（日本系の投資会社の概要、投資の意味については、第4章第3節2で詳述する）。

6　巨大プロジェクト

2012年4月までの5年間に完了したプロジェクトのうち、投資規模が10億A＄（約800億円）以上の大プロジェクトを、図表1-33にリストアップしてある。天然ガス・石油、鉄鉱石、石炭だけでなく、アルミ、ニッケル、金などの幅広い資源において、大型のプロジェクトが進められてきたことが示されている。ただし、その多くは西オーストラリア州に立地している。日本企業の出資する巨大プロジェクトも、同図表に○印で示すように、数多く存在する。プロジェクト規模が巨大であるが故に、初期投資負担の軽減、リスクの軽減、需要企業の確保のために、日本企業の参画が求められているのである。最大のプロジェ

図表1-33　最近完了した主な大規模プロジェクト

(単位:百万A$)

資源	プロジェクト名	立地州	投資額
石炭	Clermont open cut	QLD	1,274
石炭	○Dawson project	QLD	1,120
石炭	Newcastle Coal 輸出ターミナル	NSW	1,078
石炭	○Lake Lindsay Opencut	QLD	1,074
石油／ガス	Pluto（1）	WA	14,900
石油／ガス	Reindeer Gas field、Devil Creek ガスプラント（1）	WA	10,500
石油	○North West Shelf（NWS）拡張（第5系列）	WA	2,600
石油	Pyrenees	WA	1,900
石油／ガス	○NWS（Cossack, Wanaea, Lambert, Hermes）	WA	1,440
石油	○Angel gas and condensate field	WA	1,400
石油	Otway Gas	VIC	1,100
石油	Vincent oil field（1）	WA	1,000
鉄鉱石	Western Australian Iron Ore Rapid Growth 5	WA	5,540
鉄鉱石	Pilbara Iron Ore（1）	WA	3,100
鉄鉱石	Western Australian Iron Ore Rapid Growth 4	WA	2,400
鉄鉱石	Western Australian Iron Ore Rapid Growth 3	WA	1,730
鉄鉱石	Hamersley Iron Brockman 4(A)	WA	1,470
鉄鉱石	Cape Lambert 港拡張	WA	1,409
鉄鉱石	Hope Downs（1）	WA	1,130
鉄鉱石	Mesa A	WA	1,000
アルミナ	○Worsley Refinery の効率化・拡張	WA	3,400
アルミナ	Alcan Refinery 拡張	NT	2,700
ニッケル	Ravensthorpe	WA	2,400
銅	Prominent Hill	SA	1,150
金	Boddington	WA	3,400

(出典)　Bureau of Resources and Energy Economics (BREE), Mining Industry Major Projects (April 2012) から著者作成。
(注記)　1．州（準州）政府の略号は、略記号等一覧を参照。
　　　　2．（　）内の数字はプロジェクトフェーズ。
　　　　3．○は日本企業が参画しているプロジェクト。

クトは北西大陸棚周辺の天然ガス・LNG を生産する Pluto-1プロジェクトであり、総事業費は149億A$（約1.19兆円）である。この Pluto-1 は、Woodside の事業であるが、関西電力と東京ガスが各5％の投資を行い、参画している。

　現在、建設中あるいは計画中プロジェクトにも、大型の案件が目白押しである。建設中のプロジェクトのうち、投資規模が10億US$（約9.8億A$、約784億円）以上のものを図表1-34に示す。天然ガス・石油、鉄鉱石、石炭のプロ

図表1-34　主な建設中の主な大規模プロジェクト

(単位：百万US$)

資源	プロジェクト名	立地州	投資額
石炭	Caval Ridge/Peak Downs 拡張	QLD	4,200
石炭	Kestrel 拡張	QLD	2,000
石炭	Grosvenor underground	QLD	1,700
石炭	Daunia	QLD	1,600
石炭	Ravensworth North 拡張	NSW	1,400
石炭	Eagle Downs（Peak Downs East underground）	QLD	1,250
石炭	Ulan West 拡張	NSW	1,100
ガス石油	Gorgon LNG	WA	43,000
ガス石油	Ichthys gasfield（Darwin LNG プラントを含む）	NT	34,000
ガス石油	Wheatstone LNG	WA	29,000
ガス石油	Queensland Curtis LNG	QLD	20,400
ガス石油	Gladstone LNG	QLD	16,000
ガス石油	Australia Pacific LNG	QLD	14,000
ガス石油	NWS North Rankin B 拡張	WA	5,100
ガス石油	Turrum	VIC	2,700
ガス石油	Greater Western Flank 拡張	WA	2,400
ガス石油	Kipper gas project（1）	VIC	1,800
ガス石油	Macedon	WA	1,500
鉄鉱石	Chichester Hub 拡張	WA	1,100
鉄鉱石	Hamersley Iron Brockman 4（2）拡張	WA	1,100
鉄鉱石	Marandoo 拡張	WA	1,100
鉄鉱石	Hope Downs 4	WA	2,100
鉄鉱石	Nammuldi 拡張	WA	2,200
鉄鉱石	Karara	WA	2,600
鉄鉱石	Solomon Hub（1）	WA	2,700
鉄鉱石	Jimblebar 鉱山および鉄道	WA	3,400
鉄鉱石	Sino Iron	WA	6,100
アルミナ	Yarwun alumina refinery 拡張	QLD	2,300
金	Cadia East 拡張	NSW	1,900
ダイヤモンド	Argyle underground 拡張	WA	1,600

(出典) List of major minerals and energy projects 2012.04 から著者作成。
(注記) 1．州（準州）政府の略号は、略記号等一覧を参照。
　　　 2．（ ）内の数字はプロジェクトフェーズ。
　　　 3．インフラストラクチャーだけのプロジェクトは含まない。

ジェクトが多くなっている。立地点は、これまでと同様に、石炭はクィーンズランド州とニューサウス・ウェールズ州、鉄鉱石は西オーストラリア州となっている。天然ガス・石油プロジェクトは、これまで西オーストラリア州に偏在していたが、クィーンズランド州と北部準州にも巨大プロジェクトが建設中で

図表 1 -35　Icthys gasufield プロジェクトの概要

プロジェクト構成	ガス、コンデンセートの生産、パイプラインによる移送、ガスの液化、販売
場所	ガス田：西オーストラリア州沖合 LNG プラント（2系列）：北部準州
生産開始予定	2016年12月
生産予定規模	LNG：840万［t /年］、LPG：160万［t /年］ コンデンセート：10万［バレル/日］
事業規模	340億US＄（約2兆6,700億円）
出資構成	国際石油開発帝石：72.070％、TOTAL（フランス）：24.000％、東京ガス：1.575％、大阪ガス：1.200％、中部電力：0.735％、東邦ガス：0.420％
LNG 販売先（年間販売量）	東京電力：105万t、東京ガス：105万t、関西電力：80万t、大阪ガス：80万t、九州電力：30万t、中部電力：49万t、東邦ガス：28万t、CPC（台）：175万t、TOTAL（仏）：90万t、国際石油開発帝石：90万t〈各15年間〉

(出典)　国際石油開発帝石、東京ガス、中部電力などの公表資料から作成。

あるのが注目される。建設中のプロジェクトで最大のものは Gorgon LNG で、その投資規模は430億US＄（約421億A＄、約3.37兆円）となっている。そのほか、天然ガス・石油プロジェクトでは、投資総額が100億US＄（約7,840億A＄）を超えるプロジェクトも5件存在する。そのうち、Ichthys gasfield（Darwin LNG プラントを含む）プロジェクト（規模：340億US＄、約2.67兆円）は、日本企業（国際石油開発帝石：通称 INPEX）が主導し、日本の電力、都市ガス企業も出資するプロジェクトである。図表 1 -35に Ichthys gasfield プロジェクトの概要をまとめてある。

　このような資源プロジェクトに伴う巨大な設備投資は、日本における公共事業のように、市場に大量の資金を供給する。完成後の操業に伴う売り上げは、オーストラリア経済を活性化し、税金を産み出すことになる。しかし、設備投資が巨大であるが故に、生産された資源を毎年、確実に販売できなければ、プロジェクト実施の企業収益は悪化し、周辺企業やオーストラリア経済に悪影響を及ぼすこととなる。資源を確実に販売するために、後述（第4章第3節）のように、需要企業からの出資、長期契約、Take-or-Pay 契約などの仕組み

があるが、すべてのリスクをカバーすることはできない。資源企業は、世界経済の動向、市況の変化により、不安定な経営を強いられる宿命を負っている。資源産業は、需要企業に対して、資源を供給しているという強みがあるが、他方、長期安定的に買ってもらう必要があるという弱みも有している。

7 オーストラリアの資源動向と日本

　以上、本節で述べたことから、オーストラリアの資源産業の動向は、以下のようにまとめられる。

　オーストラリアは、主要資源の埋蔵量は種類、量ともに極めて豊富である。そして、オーストラリアは、鉄鉱石、石炭、ベースメタルを中心に、世界有数の資源生産国であり、その生産量は、鉄鉱石、石炭という代表的な資源では増加している。また、ほとんどの主要資源の輸出金額、輸出量ともに増加している。しかしながら、オーストラリアの資源産業は構造的な問題を抱えている。第1に、生産された資源の大半は輸出に振り向けられているため、輸出先をめぐり、世界の他の資源生産国との競争にさらされることである。中国や新興国の経済成長が鈍化すると、競争は顕在化することになる。第2に、その輸出先のほとんどがアジア、とくに、日本、中国、韓国など少数の国に限られていることである。つまり、輸出構造が硬直的で、輸出先の経済動向の影響を強く受けやすい体質を有しており、しかも、その傾向が強くなっている。このような柔軟性に欠ける輸出構造も、中国の経済成長が鈍化する段階で、オーストラリアの弱点として顕在化するであろう。

　オーストラリアは、資源に恵まれない日本にとっては、資源を確保するために極めて重要な国である。しかし、オーストラリアも他の資源国との競争にさらされていること、日本はオーストラリアにとって数少ない大口需要家であること、さらには中国経済の失速の懸念があることから、日本は一方的に弱い立場に立っているわけではない。

　オーストラリアの資源産業の産業組織は、巨大な「多国籍企業」、個別資源に特化した国内資本の「専業企業」、「多角化企業」および資源の輸送、輸出施

設などの建設・運用を行う国内資本の「インフラストラクチャー企業」から構成される。ただし、資源プロジェクトは初期投資額が巨額で、長期安定的な大口の需要家の確保が重要であるため、日本の商社のような「投資企業」「需要企業」も産業組織において重要な地位を占めている。オーストラリアは、単に大量の資源を保有するだけでなく、システマティックで巨大な産業組織を有する資源産業を擁している。このことが、資源国家としてのオーストラリアの最大の強みである。日本は、資源開発産業が未熟であるため、商社を介して資源開発の資金を出すことに特化することになっている。

注
1) 数ある資源の中で、何が主要な資源かについてはとくに定説はない。BP は Statistical Review of World Energy の中で、エネルギー資源として、石油、天然ガス、石炭、ウランを採りあげている。鉄鉱石が主要資源であることには異論はないであろう。非鉄金属については、ベースメタルという用語がある。比較的埋蔵量が多く、大量に採収され、古くから幅広い用途に使用されてきた金属のことである。アルミニウム、銅、鉛、亜鉛、ニッケルがこれに相当する。電線や伸銅品、メッキ材料、合金材料などに幅広く利用されてきた。本書は、これらを参考にして、石油、天然ガス（主としてLNG）、石炭、鉄鉱石、アルミニウム（ボーキサイト）、銅、鉛、亜鉛、ニッケルの9つの資源を主要資源としている。ただし、目的に応じて、主要金属の中から適当な資源を適宜選択して論じる。また、ウランおよび金、錫、チタン、レアアースも工業生産において重要であるが、これらは、必要な箇所で適宜触れることとする。
2) 金属資源は、鉱石のまま輸出されるだけでなく、国内で精錬・加工後に輸出される量が多いだけでなく、鉱石の品位にも差があるため、出典にしたがい、金属成分ベースで計算している。ただし、再生されて輸出されるケースもあり、金属資源の流通は複雑であり、輸出比率の単純な計算はやや問題があるが、ここでは参考までに数値を示した。
3) オーストラリアはボーキサイト鉱石の輸出も行っているが、ボーキサイトの大半は国内のアルミナ生産に使用される。したがって、ボーキサイトの輸出比率は24.3%（2010年）にすぎない。本文では、アルミナの輸出比率を示してある。
4) 輸出金額全体で論じる場合（第3節2(1)）は、鉱石（ore and concentrate）、塊（bullion）、精錬済（refined）のものを合わせた金額の統計データを使用してい

る。個々の資源の輸出金額を論じる場合（第3節2(2)）は、鉱石、精製済金属等ごとに、区別した統計データ（主に、鉱石ベースの値）を使用する。
5) 原料炭（Metallurgical coal, Coking coal）は、コークスとして鉄鉱石を還元して鉄鋼などの鉄製品をつくるために使用される石炭である。燃料炭（一般炭）（Thermal coal, Steaming coal）は、燃焼させて発電等に使用される石炭である。
6) 輸出量は、鉱石を対象として、その重さを金属成分に換算した数値で示している。鉱石の品位に差があるためである。
7) 埋蔵量の定義は、機関によりさまざまに定められている。一般的な定義によれば、埋蔵量は原始埋蔵量（In-place reserves）と可採埋蔵量（Recoverable reserves）に分けられる。原始埋蔵量とは、賦存する（採収された量も含めた）すべての資源量である。可採埋蔵量とは本文で述べたように、経済的、技術的に生産（採取）可能な資源量である。一般に、埋蔵量という場合は、可採埋蔵量のことを指す。可採埋蔵量のうち、採収できる確実性の高い資源の量を確認埋可採蔵量（Proven reserves）という。
8) たとえば、BPのStatistical Review of World Energyは、ベネズエラの石油の埋蔵量［million barrel/day］を、1991年末には62.6、2001年末には77.7としていたが、2007年末に99.4、2008年末に172.3、2009年末に211.2、2010年末に296.5と上方修正している。新油田の発見によるものである。
9) 金属の埋蔵量の数値は、資料によりかなり差異がある。World Energy Council, Survey of Energy Resources（recoverable reserves）とUS Geological Survey, Mineral Commodity Summariesの2つが信頼性、網羅性の点で評価されている。本書は、後者によっている。発見された油田や鉱山の経済性、採取可能性を評価できない場合には、埋蔵量にカウントしないことになる。
10) 資源メジャーという用語の定義は必ずしも明らかではない。著者は、①採鉱技術をもち、自ら開発・操業する能力を有すること、②多種類の鉱物資源を扱うこと、③大規模な資源開発・操業を行うこと、④多くの国で操業していること、⑤企業規模が巨大であることの5つを、資源メジャーの条件と考えている。このような条件を満たす企業は、本稿で上げた5社（BHP Billiton, Rio Tinto, Vale, Anglo American, Xstrata）になる。
11) 「専業」は一般に用いられている用語ではない。本稿では、オーストラリアの産業組織の特徴を表すために、メジャーに比べれば、取り扱う資源の種類が少ないという意味で、この用語を用いている。1種類の資源だけを扱うという意味ではない。専業資源企業は大企業であり、その多くは幅広い資源の開発を行い、多角化している。また、精錬・精製・液化などの川下分野でも事業を行っている。

参考文献

（1） 大久保聡「サプライサイド分析2009（2）――鉛、亜鉛」『金属資源レポート』39（4）、33～53頁、2009

（2） 神谷夏実「サプライサイド分析2010（1）――銅」『金属資源レポート』40（3）、353～373頁、2010

（3） 澤田賢治「世界の資源を取り巻く変化と資源メジャー」『金属資源レポート』41（2）、85～91頁、2011

第2章　資源エネルギーをめぐる日豪関係

第1節　日豪関係の概要

1　経済関係と資源エネルギーの位置づけ

　日本とオーストラリアの経済関係は非常に良好である。調査捕鯨に関する姿勢の違いを除けば、問題となっている事案はほとんどない。日本・オーストラリア間の自由貿易協定（経済連携協定）については、日本農業への影響がハードルであるが、交渉中である。環太平洋戦略的経済連携協定（TPP：Trans-Pacific Strategic Economic Partnership Agreement）については、オーストラリアは米国、マレーシア、ベトナム、ペルーとともに、原加盟国と加盟交渉を行っており、農業への配慮から加盟に躊躇する日本とはやや立場を異にしている（2012年現在）。

(1)　為替レート

　貿易や投資の基礎となる為替レートの動向を見てみよう。オーストラリア・ドルは、1997年のアジア経済危機、2001年のITバブルの崩壊などの影響を受け、2000年代当初は非常に弱くなり、この半世紀で史上最低レートをつけていた。年平均のレートで（以下同じ）、対US＄では0.524［US＄/A＄］（2001～02年度）、対円では61.4［J¥/A＄］（2000～01年度）を記録した。しかし、前節までに述べたように、中国、東南アジアの急速な経済成長を背景に、資源ブームが巻き起こり、資源の需要量は増加し、資源価格も上昇した。これに伴い、オース

トラリア・ドルの対US＄レートは、ほぼ一本調子で上昇し、2010〜11年度には0.986［US＄/A＄］になり、その水準を維持している。対円レートも上昇し、1997〜98年度には98.6［J￥/A＄］になった。しかし、ユーロ危機を背景に、相対的に安全な通貨された円の評価は上がり、2012年時点では、80［J￥/A＄］程度で推移した。石油をはじめ資源価格は上昇しており、日本の輸入額は増加しているが、円高（オーストラリア・ドル安）に振れてきたのである。ただし第2次安倍内閣による大幅な金融緩和への期待から、2013年に入り、円安方向に振れており、1月中旬時点では94［J￥/A＄］となっている。オーストラリア・ドルは、対ユーロ、対韓国ウォンに対しても上昇基調が続いており、対円レートだけが異なる動きをしている。

(2) 貿易動向

　日本は、オーストラリアにとって、中国に次いで第2の輸出先（シェア：19.3％）であり、中国、EU、米国に次いで第4の輸入先（シェア：7.9％）である（2011年）（JETRO）。オーストラリアは、日本にとって、輸出額では上位10カ国には入らないが、中国、米国に次いで第3位の輸入先（シェア：6.6％）であり、輸出入総額でも第4位の貿易相手国（シェア：4.4％）である（2011年）。また、日本の資源エネルギー輸入額（2011年）は、25.8兆円であり、そのうち、オーストラリアからの輸入額は3.8兆円（シェア：14.6％）である。このように、日本とオーストラリアはお互いに重要な貿易パートナーである。

　2011年における日本とオーストラリアの貿易内容を図表2-1に示す。日本の対オーストラリア輸入額は4.49兆円、同輸出額は1.42兆円であり、日本が、3兆円以上の大幅な入超になっている。

　主たる輸入品は資源であり、資源（鉱物、燃料）は3.79兆円、輸入額全体に占める割合は84.3％であり、精錬した金属を含めると88.2％になる。金額が大きい資源は、石炭、鉄鉱石、天然ガス（LNG）+石油ガスである。さらに農水産畜産物を入れた1次産品が輸入額全体の96.0％を占めている。

　他方、輸出の中心は機械類であり、一般機械、電機機械、輸送機械、精密機

図表2-1　日本の対オーストラリア輸出入品と金額（2011年）

品目	主な製品	輸入額（10億円）小計	内数	品目	主な製品	輸出額（10億円）小計	内数
畜産物・水産物		226.3		畜産物・水産物		0.7	
	食肉		155.8		農産物	0.4	
	水産物		19.8		食品飲料	4.6	
	酪農製品		35.0		鉱物、燃料	185.2	
農産物		125.8			石油製品		164.0
	小麦		43.2		ソーダ		11.1
	大麦、裸麦		24.1	化学品		33.9	
	飼料		12.7	ゴム・皮革		62.5	
食品飲料		53.9			タイヤ		53.8
	砂糖類		15.7	木材パルプ		8.0	
鉱物、燃料		3,788.5		羊毛、繊維製品		3.4	
	塩		15.9	石、陶磁、ガラス		34.3	
	鉄鉱		1,001.1	真珠、貴石、貴金属		55.8	
	銅鉱		127.2	鉄鋼、金属		59.9	
	鉛鉱		23.4	機械		207.8	
	亜鉛鉱		17.0		エンジン		12.7
	石炭		1,508.5		フォークリフト		12.7
	原油		82.8		ブルドーザー		58.7
	石油製品		17.5		プリンター		23.9
	天然ガス		945.6	電機		37.3	
化学品		14.2			テレビ受信機		12.4
ゴム・皮革		1.4		輸送機械		668.3	
木材パルプ		66.0			バス		16.7
羊毛、繊維製品		10.3			乗用自動車		494.8
石、陶磁、ガラス		1.2			貨物自動車		95.1
真珠、貴石、貴金属		17.0			モーターサイクル		15.5
鉄鋼、金属		173.7			自動車部品		35.5
	アルミニウム		115.9	光学機器、精密機器		24.8	
	ニッケル		29.0	その他		34.4	
機械、電機、輸送機械		10.2					
その他		4.4					
計		4,492.7		計		1,418.4	

（出典）　財務省、貿易統計より著者作成。

図表2-2　日本からオーストラリアへの分野別投資動向

(単位：百万A＄)

年度	業種								
	農林	金融	製造	資源探査開発	不動産	資源加工	サービス	観光	合計
1995～96	167	22	865	861	561	12	235	—	2,723
1996～97	220	3	100	333	169	377	21	52	1,275
1997～98	—	61	1,276	427	245	—	223	—	2,232
1998～99	267	363	186	28	198	1	182	20	1,244
1999～00	99	40	3	726	173	41	379	47	1,508
2000～01	26	311	213	1,845	179	18	87	—	2,679
2001～02	20	7,547	1,195	635	157	874	47	—	10,475
2002～03	2	51	695	318	149	865	529	983	3,592
2003～04	5	110	220	1,431	906	137	82	—	2,891
2004～05	42	0	49	335	370	＊	36	147	978
2005～06	—	103	1,639	254	441	＊	22	14	2,472
2006～07	—	300	1,006	1,433	114	589	868	—	4,310
2007～08	6	—	4,463	933	275	66	124	13	5,880
2008～09	238	541	3,311	17,329	—	353	336	—	22,108
2009～10	150	350	3,149	2,011	368	—	—	—	6,028
2010～11		1,335	1,202	2,913	598	—	590	—	6,637
累積	1,242	11,137	19,572	31,812	4,903	3,333	3,761	1,276	77,032

(出典)　Foreign Investment Review Board, Annual Report から著者作成。
(注記)　1．本データは、オーストラリアの統計に基づいている。日本の対外直接投資統計（例えばJETRO）とは、数値が異なる[1]。
　　　　2．2003～04年度までは（認可された案件の）申請ベース、2004～05年度以降は、認可ベースである。
　　　　3．1000万A＄未満は省略した。
　　　　4．「サービス」とは、「観光」を除くサービス業である。「資源加工」には、精錬を含む。
　　　　5．＊は出典にデータがないことを示す。

械を合わせると9,700億円で、輸出額全体に占める割合は68.2％になる。機械類の中では、輸送機械（自動車および自動車部品）が中心であり、その輸出額は6,700億円となっており、タイヤ（540億円）も入れると輸出額全体の50.9％を占める。オーストラリアの自動車市場では、日本ブランドの車のシェアが高く、新車売上上位10社に6社が入り、6社のシェアを合わせると46％になる[1]。一般機械では、ブルドーザー、フォークリフト・トラックといった建設機械、鉱山機械が多くなっている。なお、石油製品（灯油、軽油）の輸出額が1,640億円と多い点は注目される。上述（第1章第1節1 (1)）のとおり、オースト

ラリアは資源生産国であり、原油も輸出しているが、その生産量が少なく、石油を石油製品の形で輸入しているからである。

このような貿易構造は、日本とオーストラリアは資源と機械とくに自動車でつながっていることを示している。

(3) 投資動向

日本からオーストラリアへの投資は、資源プロジェクトに対するものが主である。図表2-2に日本からオーストラリアへの分野別投資金額の推移を示す。2010～11年度までの16年間の投資総額は770億Ａ＄（6.16兆円）で、そのうち資源分野（探査を含む）に318億Ａ＄、資源加工分野に33億Ａ＄が投資されている。オーストラリアへの投資額の約45.6％が資源および資源の川下分野に充てられている。

一般に日本からの海外への投資は、製造業の工場建設のためのものが多い。しかし、オーストラリアは人口が少なく、人件費も高いため、日系企業の工場は多くない。このため相対的に、資源分野への投資が目立つことになる。

日本企業の資源プロジェクトへの投資の詳細は第4章第3節で述べる。主要な投資案件一覧を図表4-22に示している。

2 オーストラリアから見た日本

(1) 輸出額、投資額

オーストラリアにとって、日本は、資源輸出先として、資源産業への投資国として、重要な存在である。しかし、近年、中国の存在が大きくなっており、日本の地位は低下しつつある。輸出、投資の両面から、日本の地位を見る。

第1に、資源輸出先としての日本である。オーストラリアから日本への資源輸出額は、図表2-3に示すように、伸び続けており、2009～10年度で311.7億Ａ＄（約2.49兆円）、そのシェアは23.3％であり、中国（368.1億Ａ＄、27.5％）に次いで第2位である。図表2-4に示すように、2008～09年度までは、長年、日本がオーストラリア資源の最大の輸出先であったが、2009～10年度に

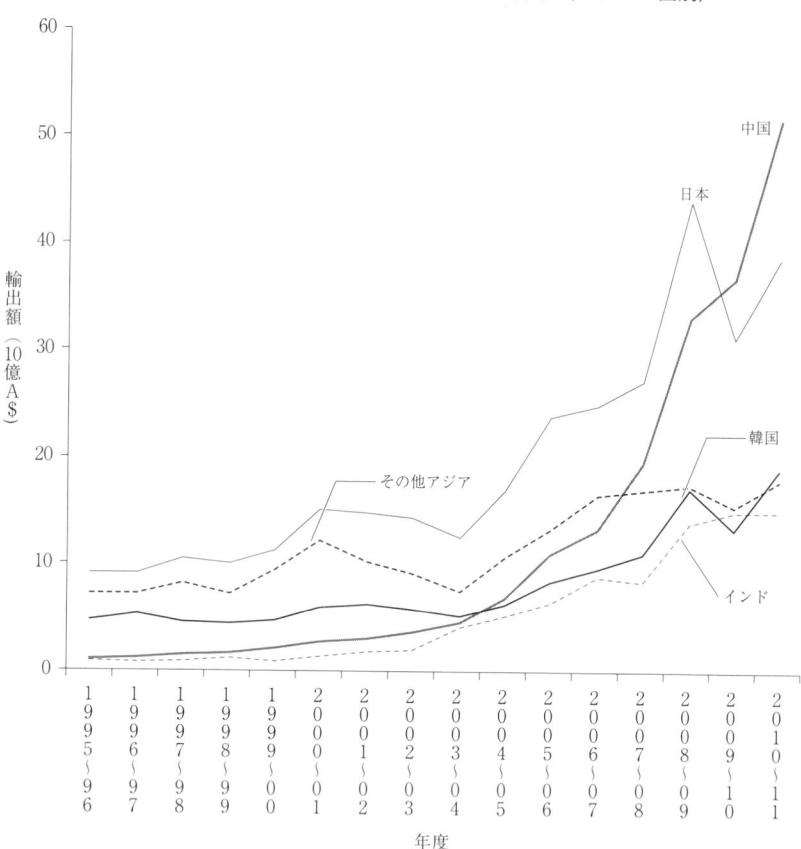

図表2-3 オーストラリアの資源輸出金額の推移（アジア・国別）

(出典) Bureau of Resources and Energy Economics, Resources and Energy Statistics 2011、Resources and Energy Quarterly, June Quarter 2012 およびその他の資料から著者作成。
(注記) 2010～11年度の数値は、各種資料に基づき、著者が推定。

中国が初めて第1位になった。中国向け輸出額は、15年前には、日本の約9分の1で、そのシェアは3.1％にすぎなかったが、2005～06年度頃から急増してきた。2009～10年度はリーマンショックの影響があり、日本への資源輸出額が大幅に下落した（440億A＄→311.7億A＄）が、中国への輸出額は減るどころか、増加した（331.6億A＄→368.1億A＄）ために、日本と中国の順位は逆転しするに至った。2010～11年度には、日本への輸出額は400億A＄まで回復したが、

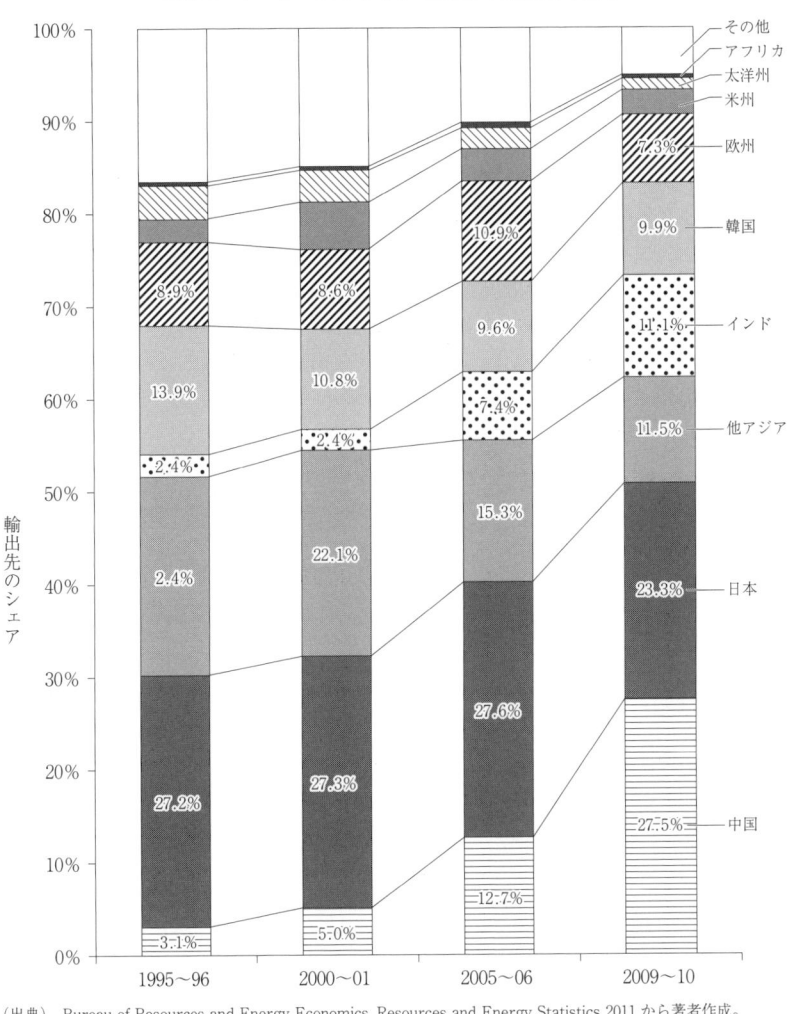

第 2 章　資源エネルギーをめぐる日豪関係　97

図表 2-4　オーストラリアの資源の輸出先の推移

	1995〜96	2000〜01	2005〜06	2009〜10
その他				
アフリカ				
太洋州				
米州				
欧州	8.9%	8.6%	10.9%	7.3%
韓国	13.9%	10.8%	9.6%	9.9%
インド	2.4%	2.4%	7.4%	11.1%
他アジア	2.4%	22.1%	15.3%	11.5%
日本	27.2%	27.3%	27.6%	23.3%
中国	3.1%	5.0%	12.7%	27.5%

（出典）　Bureau of Resources and Energy Economics, Resources and Energy Statistics 2011 から著者作成。

中国への輸出はさらに伸び続け500億Ａ＄に達しており、日本の差は歴然としたものとなった。中国がオーストラリア資源の第1の輸出先であることは、一時的なものではなくファンダメンタルな経済事象であり、今後も続くであろう

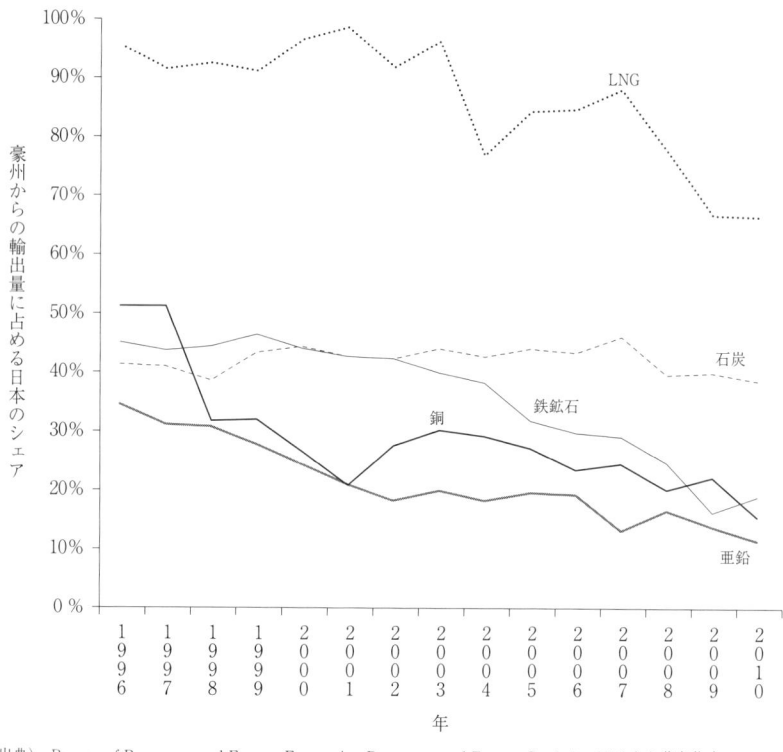

図表 2-5　オーストラリアの資源の輸出先に占める日本のシェアの推移

(出典)　Bureau of Resources and Energy Economics, Resources and Energy Statistics 2011 から著者作成。

と確信させるに十分な差である。インド向け輸出も急増しており、2009〜10年度にもリーマンショックの影響にもかかわらず、輸出金額は増加した。そのシェアは11.1％（2009〜10年度）と、日本の約半分の水準にまで達している。

　個別の主要資源の輸出動向について見てみよう。図表2-5に、1996年以降の、日本向けの輸出金額の推移を示す。石炭については40％程度のシェアを維持しているが、LNG、鉄鉱石、銅、亜鉛のシェアは、いずれも低落傾向にある。LNGについては、かつては、North West Shelf (NWS) で生産される700万 [t]余りだけであり、日本がほぼ全量引き取っていたが、現在では、日本向けのシェアは70％を下回る水準になっている。他方、中国向けの各主要資源のシェア

は、第3章第1節に示すように、石炭を除き増加している。

第2に、オーストラリアの資源産業、資源プロジェクトへの投資である。日本からオーストラリアへの投資額は、前述（図表2-2）のとおり、1995～96年度からの累積で、318億A＄（約2.54兆円）に達している。日本からオーストラリアの資源分野への投資は、毎年コンスタントに行われており、1995～96年度からの15年間は連続で、投資額で10位以内に入っている。15年間連続は、資源メジャー、石油メジャーが本拠を置く英国、米国と日本の3カ国だけである（後述：図表3-14）。しかし、中国が10位以内に入りはじめた2003～04年度からの投資金額累計は、日本が266億A＄であり、中国（626億A＄）の半分以下の規模となっている。

(2) オーストラリアにとっての日本

このように、日本は、輸出先、投資者として、オーストラリアの資源産業の重要なパートナーであるが、そのプレゼンスは明らかに低下している。では、日本は、オーストラリアにとって、どのような存在であるのだろうか。

第1に、欧米諸国と比べた場合、日本は資源需要国でありかつ投資国である点が特徴である。英国、米国、スイスなどの欧米諸国は多国籍企業を擁して、オーストラリアに投資をして利益を得ることに特化しており、生産された資源を自国に輸入することには関心を有していない。

第2に、中国と比べると、資源の需要国かつ投資国である点は同じであるが、2つの点で異なる。

1つ目の相違は、日本企業は資源プロジェクトに投資するだけであるが、中国はプロジェクトに投資するだけでなく、多国籍企業も含めてオーストラリアの資源企業そのものへの投資（つまり企業買収）にも強い関心を有していることである。第1章第1節で見たように、オーストラリアの国家経済を支える存在である巨大資源企業の買収は、オーストラリア経済の自立性を損なう恐れがある。第1章第2節で見たように、オーストラリア政府は資源の需給や価格、埋蔵資源の計画的な開放といった基本的な資源政策を有しておらず、それを事

実上、民間（資源企業）に委ねている。資源企業は、政府のコントロールを受けていないが、その企業行動を、オーストラリア社会の底流にある、欧米流の（正確には、英国流の）コモンセンスにより律している。中国は、このようなコモンセンスを有しておらず、オーストラリアの経済社会を食い散らかす可能性を秘めている。このような意味では、日本はオーストラリアにとって、より安全な存在である。

2つ目の相違点は、日本は単なる資源の需要国であるが、中国は資源の需要国（輸入国）であると同時に生産国である。つまり、日本とオーストラリアの関係は、需要者と供給者の関係であるが、中国とオーストラリアの関係は、同じ、大生産国として競争関係にもある。中国が、オーストラリアの資源企業を買収すれば、競争関係をオーストラリアに不利にすることも可能になる。しかし、日本とオーストラリアは資源の面では補完関係にあることになり、日本はオーストラリアにとって、リスクの少ない相手である。

第3に、日本は、中国の経済バブル崩壊時のオーストラリア経済へのダメージを緩和するバファー的な存在でもある。中国の資源分野での輸入・投資額の伸びは著しく、これから数年の増加分だけで、日本の現在の年間輸入・投資額をカバーする勢いである。しかし、オーストラリア政府も企業も、中国経済はいつまでもつかという心配をしている。たとえば、報道によれば、2012年8月23日に、ファーガソン資源・エネルギー大臣は、「中国需要に支えられた資源ブームは終わった」旨発言すると[2]、すぐにギラード首相が「資源ブームは続く」とファーガソン発言を否定するということがあり[3]、政府の中国経済の動向に敏感になっていることが示されている。中国の経済成長がいつまでも続くことはない（第3章第1節、第4章第1節）。中国経済が失速すると、その余波は中国に大量の資源を輸出するオーストラリアに及ぶ。第1章第1節で見たように、オーストラリアの資源産業は、輸出による外貨獲得、海外からの直接投資資金の導入、GDP、設備投資、売上高に対する寄与も大きく、資源産業がなければ国の経済が成りたたない。中国一辺倒という輸出構造はあまりにも危険である。

第4に、日本の資源需要の将来については悲観的である。日本はこの20年間ほとんど経済が成長しておらず、今後も成長する可能性は小さい。内需の拡大を期待できず、製造業は国際競争力を失い、工場の海外移転は加速している。したがって資源の需要拡大は見込めず、魅力ある市場ではなくなりつつある。日本の経済成長が軌道に乗ったとしても、日本の産業構造はソフト化しているため、経済成長に伴う資源消費量の増加は小さい。後述の図表4-2に示すように、日本の単位GDP当たりの1次エネルギー消費は極めて低く、中国の5分の1程度である。

3　日本から見たオーストラリア

オーストラリアは、資源供給国として、日本にとって重要な国である。ここでは、まず、資源供給国としてのオーストラリアの重要性を整理し、次に、資源供給国としてどのように評価すべきであるかを見てみよう。

(1)　重要性

資源供給国としてのオーストラリアについての重要性を、①資源の種類と量、②地理的位置、③経済情勢、④政治情勢、⑤歴史的な関係、⑥ビジネス・スタイルの6つに分けて説明する。

第1に、資源の種類と量である。オーストラリアは、世界有数の資源生産量、埋蔵量を有する国である。石油、天然ガスを除く主要資源の生産量、埋蔵量で、世界の上位に位置している。また、多種多様な資源を生産・埋蔵している。（第1章第3節参照）しかも、生産された資源の大半が輸出向けである。埋蔵量が多いということは、今後も長期的に供給者となるということである。輸出型ということは、オーストラリアの国内事情により輸出を大幅に削減することはないということである。資源に恵まれない日本とは補完的な関係にある。

第2に、地理的位置である。オーストラリアは、地理的に欧米から離れており、その市場をアジアに求める。単に輸送費等が安くなるだけではなく、他の資源産出国との競争があるからである。日本にとっても、欧米の需要国との競

争を回避できるというメリットがある。

　第3に、経済情勢である。オーストラリアは製造業の国際競争力が低いこともあり、資源産業が外貨を稼いでいる。このため、資源を輸出せざるを得ないという資源依存型の経済になっている。また、オーストラリアは、すでに経済発展を遂げた先進国であるため、国内で資源需要が急増するという恐れはなく、今後も長期にわたって資源輸出国であり続けることが確実である。かつて、資源の輸出国であった中国や東南アジア諸国は、経済成長に伴い、資源輸入国に転じたが、オーストラリアについては、そのような懸念は不要である。（第3章第1節、第4章第1節で詳述）

　第4に、政治情勢である。オーストラリアは政治的に安定しており、中東や南米の資源産出国とは異なり、政情不安や動乱に伴う資源輸出の途絶を心配する必要がなく、投資資金の安全も確保されている。また、政権交代に伴うドラスティックな政策変更も考えられない。ウラン輸出政策が唯一考えられる政策的な論点である（第1章第2節4（6））。そもそも、第1章第2節で述べたように、連邦政府も州政府も、資源産業については、需給や価格、輸出構造などに関する基本政策を有しておらず、自由な企業活動に委ねている。したがって、政府の資源政策をあまり気にする必要がない。

　第5に、歴史的な関係である。日本は、鉄鉱石、石炭、LNGを中心に、長年にわたり、オーストラリアに多額の投資をし、大量の資源を輸入してきた。このため、償却の済んだプロジェクトも多く、安価な資源調達が可能となっている。また、長年にわたり培ってきた信用、人脈、ノウハウがあるため、新たな資源プロジェクトへの参入も容易である。

　第6に、ビジネス・スタイルである。オーストラリアは、欧米先進国と同様に、世界基準のビジネス・スタイルを有している。中東、南米あるいはアジアの資源産出国では、ビジネスライクな契約システムとかい離した地域独特のビジネス・スタイルを有しているケースがあり、時には、不透明なコストが必要になることもある。しかしオーストラリアでは、ビジネスの進め方についての心配や懸念は不要である。

図表2-6　日本の資源輸入元（2011年）

LNG			原油			石炭		
国	mt	シェア	国	m-kl	シェア	国	mt	シェア
MYS	15.0	19.1%	サウジ	68.59	33.1%	豪州	104.8	59.8%
豪州	14.0	17.8%	UAE	47.81	23.1%	IDN	35.4	20.2%
カタール	11.9	15.1%	カタール	21.86	10.6%	ロシア	11.4	6.5%
IDN	9.3	11.9%	イラン	18.23	8.8%	カナダ	9.6	5.5%
ロシア	7.1	9.1%	豪州	1.42	0.7%	米国	6.3	3.6%
その他	21.3	27.1%	その他	49.11	23.7%	その他	7.8	4.4%
計	78.5	100.0%	計	207.01	100.0%	計	175.3	100.0%
鉄鉱石			アルミニウム鉱（精鉱を含む）			銅鉱（精鉱を含む）		
国	mt	シェア	国	kt	シェア	国	kt	シェア
豪州	80.2	62.5%	豪州	765	77.1%	チリ	2,085	47.5%
ブラジル	36.6	28.5%	インド	134	13.5%	ペルー	634	14.5%
南ア	4.6	3.6%	中国	43	4.3%	豪州	402	9.2%
インド	3.5	2.7%	MYS	38	3.9%	カナダ	388	8.8%
チリ	1.4	1.1%	ガイアナ	11	1.1%	IDN	363	8.3%
その他	2.2	1.7%	英国	0	0.0%	その他	516	11.8%
計	128.4	100.0%	計	992	100.0%	計	4,387	100.0%
鉛鉱（精鉱を含む）			亜鉛鉱（精鉱を含む）			ニッケル鉱（精鉱を含む）		
国	kt	シェア	国	kt	シェア	国	kt	シェア
豪州	72.7	47.7%	豪州	304	34.4%	IDN	1,951	53.4%
米国	36.6	24.0%	ペルー	226	25.6%	NCL	984	26.9%
ボリビア	33.3	21.8%	ボリビア	157	17.7%	PHL	718	19.7%
ペルー	10.0	6.5%	米国	146	16.6%	豪州	0	0.0%
			メキシコ	45	5.1%			
			カナダ	6	0.7%			
計	152.6	100.0%	計	884	100.0%	計	3,653	100.0%

（出典）　財務省、貿易統計。
（注記）　1．kt は kilo ton（千トン）、mt は million ton（百万トン）、m-kl は million kilo-litre（百万キロリットル）の略。
　　　　　2．南ア：南アフリカ共和国、サウジ：サウジアラビア、IDN：インドネシア、MYS：マレーシア、NCL：ニューカレドニア、UAE：アラブ首長国連邦、PHL：フィリピンの略。

(2)　評価

　オーストラリアを資源供給国として評価するためには、そのマイナス面なども考える必要がある。そのような点として、①オーストラリアのアジア依存性、②中国の存在、③オーストラリアへの過度の依存がある。

第1に、オーストラリアのアジア依存性である。オーストラリアの市場はアジアに集中している。そのアジアは、中国を筆頭に経済成長を続けており、しかもその人口規模が大きいために、資源エネルギー消費量の増加は巨大である。オーストラリア産の資源の需給はタイト化する恐れがある。まさに、この点が本書の主題の1つとなっている。(第3章第1節、第4章第1節)

　第2に、中国の存在がある。オーストラリア資源をめぐる中国との競争である。上述(第2章第1節2)のとおり、オーストラリアから輸出される資源に対するシェア(金額ベース)は、約15年前には、日本が圧倒的であった。しかし、現在は、中国が圧倒的なシェアで第1位である。今後もこの傾向が続く可能性がある(第3章第1節で詳述)。

　第3に、オーストラリアへの過度の依存である。2011年における、日本の主要資源の輸入先、輸入量、そのシェアを、図表2-6に示す。輸入量で上位5カ国をリストアップしたが、オーストラリアが5位にはいってない資源については、4位までとして、オーストラリアを追加してある。日本は、原油を除く他の主要資源を、オーストラリアから大量に輸入していることが示されている。石炭、鉄鉱石、アルミニウム(鉱石、精鉱を含み)、鉛(同)、亜鉛(同)については、オーストラリアが最大の輸入元である。しかも、石炭は輸入量の59.8%、鉄鉱石は62.5%、アルミニウム(同)は77.1%をオーストラリアに依存している。オーストラリアはカントリーリスクの少ない国であるが、過度に1つの国に依存しすぎることは、大きなリスクを抱えていることになる。

　しかし、主要資源について、個別に、日本の輸入先と世界の資源の生産量(第1章第3節の図表1-19)・埋蔵量(第1章第3節の図表1-28)を比較すると、このような輸入構造を変えることは容易ではないことがわかる。石炭については、オーストラリア以外で埋蔵量、生産量の上位を占めている国は中国、米国、インド、インドネシア、ロシアなどであり、自国経済が急速に拡大している国、国内で大量に石炭を消費する国が並んでいる。鉄鉱石やアルミニウム(鉱石)も、中国、インド、ブラジル、ロシアが埋蔵量、生産量の上位を占めており、同様の状況である。

日本は石油危機で、過度の中東への依存の危険性を肌で感じ、中東依存を減らし始めた。第1次石油危機時に78.2％あった中東依存度は、1986年には68.8％まで低下したが、その後依存度は増加に転じ、2009年には89.5％まで上昇している。このように、輸入先の選択は、経済合理性に基づき、ビジネスベースで決まるものであり、政策的に変えていくのは困難かもしれない。

オーストラリアへの依存は、最も安全で合理的な選択の結果であり、他の選択の余地が少ないのであれば、オーストラリアとの経済関係全体を意図的に強化して、オーストラリアが日本への資源供給を削減できない状況をつくっていく必要がある。

4　日本とオーストラリアの関係の特徴

日本とオーストラリアの関係は、資源エネルギーでつながっていると言っても過言ではない。オーストラリアにとって、日本は資源需要国であり、資源産業への投資国である。中国の経済成長に伴い、輸出や投資に占める日本のプレゼンスは低下しつつある。しかし、日本は依然、大口の需要家であり、中国の経済のバブル崩壊時のリスクヘッジのためにも、良好な関係を維持すべき存在である。日本にとって、オーストラリアは、多種多様な資源の大口供給国である。オーストラリアは、輸出志向性が高く、政治的・経済的に安定した国であり、多くの資源生産国の中でも、日本にとって最も重要な国である。過度のオーストラリア依存に陥るリスクを避けつつ、良好な関係を維持すべき相手である。日本・オーストラリアの関係は、日本、オーストラリア両国にとって、良好に維持すべきものである。

注
1)　直接投資金額では、一般に、投資国の統計値と投資受け入れ国の統計値が一致しない。いくつかの要因がある。投資が合弁企業経由でなされる時に投資企業の国籍をどう評価するか、政府機関への届け出ベース、許認可ベース、投資実行ベースのいずれにするか、投資引き上げをカウントするか否かなどの処理方法が異なるからである。したがって、投資金額に輸出入金額のような信頼性を求めるのは

無理がある。投資金額は1つの目安として見るべきである。

参考文献

（1） HP of Federal Chamber of Automotive Industries（http://www.fcai.com.au/key）（Accessed on August 30, 2012）

（2） ロイター「オーストラリア、資源ブームは終わった＝豪資源・エネルギー相」2012年8月23日、（http://jp.reuters.com/article/topNews/idJPTYE87M00O20120823/）（2012年8月23日アクセス）

（3） Lanai Vasek and Ben Packham, Julia Gillard says resources growth will continue: PM, The Australian, August 23 2012．（http://www.theaustralian.com.au/business/mining-energy/australias-resources-boom-is-over-says-martin-ferguson-after-bhp-shelves-mine-expansion/story-e6frg9df-1226456301996）（Accessed on August 23, 2012）

第3章　資源エネルギーをめぐる日豪関係に影響を与える要因

　オーストラリアで生産される資源の需給動向は、東アジアおよび日本の資源エネルギーの安定確保に密接に関連する。近年、オーストラリアの資源需給に大きな影響を与える4つの事象が、クローズアップされている。①中国の経済成長、②東南アジアの経済成長、③地球温暖化対策の潮流、④原子力発電事故の影響の4つである。中国・東南アジアの経済成長は、オーストラリアの資源の需給のひっ迫化につながる。地球温暖化対策の浸透は、化石エネルギーの使用量の削減を通して、需給の緩和につながる。原子力発電事故は、化石エネルギーの使用拡大を通して、需給のひっ迫化につながる。4つの事象の資源需給に与える効果は異なるため、需給を想定し、これに対応するための政策を考えるためには、4つの効果の相互作用を検討する必要がある。

　本章では、まず、本章第1節～第4節において、4つの事象のそれぞれについて、その効果を検討する。第4章第1節で4つの事象を総合的に検討して、資源需給を想定する。

第1節　中国の経済成長

1　中国の経済成長と資源エネルギー需給

　中国の経済成長は著しく、しかも、その人口が多いため、東アジアだけでなく、世界全体の資源エネルギー需給に与える影響は極めて大きい。2011年における中国の名目GDPは47.2兆元、7.30兆US＄に達しており[1]、その規模は日本（5.87兆US＄）を抜いて、米国に次いで世界第2位である。しかも、図

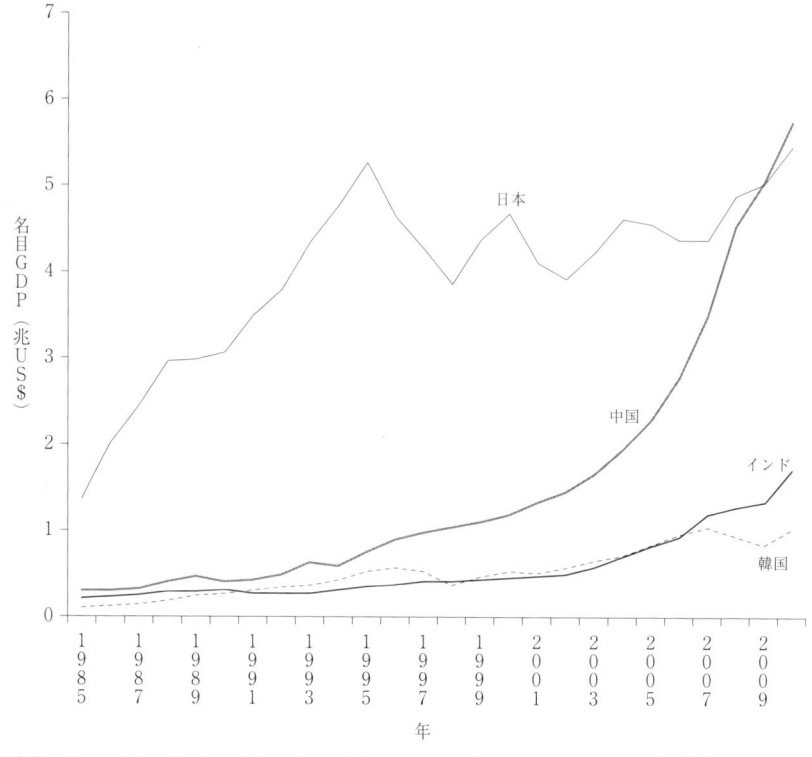

図表3-1　日本、中国、韓国、インドの名目GDPの推移

（出典）　United Nations Statiscs Division, National Accounts Main Aggregates Database から著者作成。

　表3-1に示すように、GDPの伸びが極めて大きい。GDP（人民元ベース）は、2000年以降の10年間で、名目で3.9倍（年率換算で14.7％の伸び）、実質でも2.7倍（同10.5％）になっており、2012年時点でも、その伸び率が継続している。GDPの名目1年間の増分が、オーストラリアのGDP（1.27兆US＄）に近い規模である。

　GDPの伸びに伴い、2011年における1人当たりGDP（名目）も急増し、5,414US＄に達している。1人当たりGDP（名目）は、国民の豊かさを示す指標の1つであり、1,000US＄未満は発展途上国、1万US＄以上は先進国とされている。1人当たりGDPの拡大により、国内の消費構造が大きく変化す

図表3-2　日本、中国、韓国、インドの名目1人当たりGDPの推移

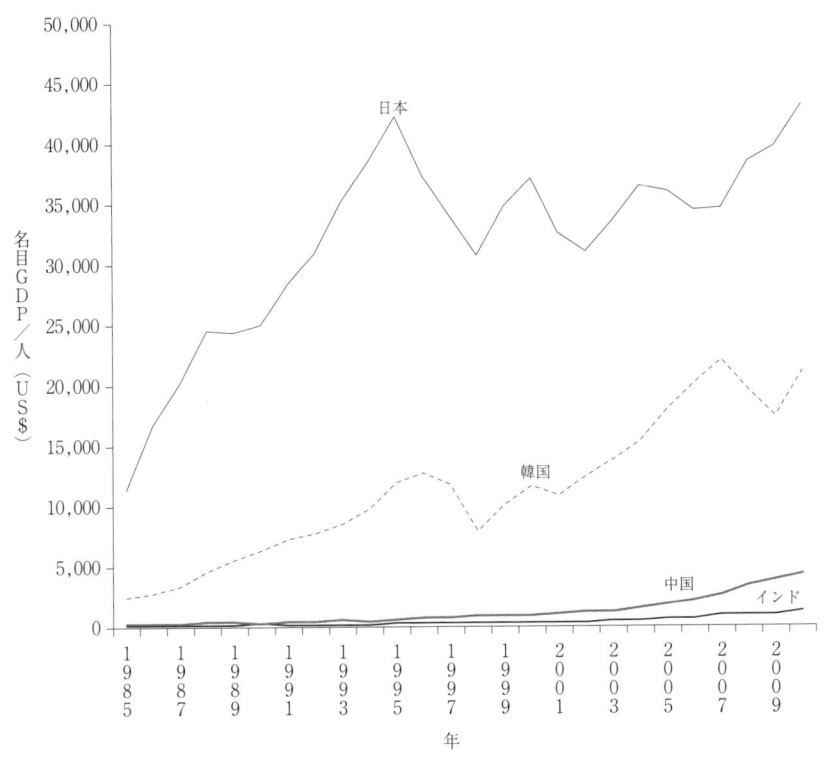

(出典) United Nations Statiscs Division, National Accounts Main Aggregates Database から著者作成。

ることが、経験的に知られている。1,000US＄から3,000US＄に伸びる期間は、自動車・バイク・家電、携帯電話などの「生活を便利にする耐久消費財」の需要が急増する。3,000US＄から1万US＄に伸びる期間は、高級な耐久消費財、化粧品、医療・保険・旅行・教育などの「生活を豊かにする物・サービス」の需要が増加する。中国は、まさに今、日本の高度成長期と同様の時期を迎えており、毎年生活が豊かになるという実感の下で、旺盛な購買力に支えられて、成長が成長を産むという状態にある。中国の1人当たりGDPは、日本（4万5,938US＄）、韓国（2万2,778US＄）に比べれば低いように見える（図表3-2）。しかし、中国では、富の再配分システムが機能していないため、地域間

の格差が大きく、沿海部を中心とする都市部の1人当たり GDP は、日本、韓国に匹敵するレベルに達していると考えられる。中国は、単に、成長の率が高いだけでなく、膨大な人口（13億4,000万人）を抱えるため、その成長のために大量の資源・エネルギーを必要とする。「石油ガブ飲み成長」と言われる所以である。

2　中国の資源需要の増加

中国では、経済成長に伴い資源の消費量が急増し、資源の大消費国になっている。中国は世界有数の資源生産国であるが、国内生産量だけでは消費量をまかなえず、大量の資源を輸入するに至っている。

(1)　化石燃料資源

中国の化石資源消費量の推移を、図表3-3（IEA の統計値による）に示す。石炭、石油、天然ガスの生産量、純輸入量および両者を合計した消費量を記載している。また、消費量のうち国内生産資源で賄っている比率（自給率）と海外依存率を記載している。

第1に、石炭についてである。中国の石炭消費量は、経済成長に伴い急増している。2011年の消費量は37.7億［t］であり、2000年の2.6倍になっている。中国の消費量は、日本（1.75億［t］）の21.5倍という規模である。中国の生産量（2011年）は35.8億［t］（原料炭：5.2億［t］、一般炭：30.5億［t］）で、図表1-19に示すように、世界の生産量の49.5％を占めており、世界第1の生産国である。中国の生産量は、オーストラリア（4.2億［t］）の8.5倍の規模である。

中国は、石炭消費量にほぼ見合う量の石炭を生産してきたため、石炭の輸出量と輸入量もほぼ均衡してきた。このため、中国の石炭の自給率はほぼ100％となっていた。かつては、輸出量が輸入量を若干上回っており、石炭の自給率は100％を少し超えていた。しかし、経済成長に伴い、輸入量が輸出量を上回るようになり、2011年の石炭自給率は95％になっている。中国の石炭貿易の輸

図表 3-3　中国の化石資源消費量の推移

		1980		1990		2000		2011	
			自給率		自給率		自給率		自給率
			海外率		海外率		海外率		海外率
石炭 [mt]	生産	620	101%	1,051	101%	1,394	103%	3,576	95%
	純輸入	-4	-1%	-6	-1%	-47	-3%	190	5%
	消費	616		1,044		1,347		3,766	
石油 [mt]	生産	105	113%	138	118%	163	73%	203	46%
	純輸入	-12	-13%	-21	-18%	60	27%	235*	54%
	消費	93		117		223		438*	
天然ガス [PJ]	生産	557	100%	596	100%	1,059	98%	4,014	77%
	純輸入	0	0%	0	0%	21	2%	1,200	23%
	消費	557		596		1,080		5,214	

(出典)　International Energy Agency, Energy Statistics of Non-OECD countries 2012 から著者作成。
(注記)　1．石炭とは、原料炭、瀝青炭、無煙炭の合計である（亜瀝青炭、亜炭、泥炭を含まない）。石油とは、原油、NGL（Natural Gas Liquids[1)]）、石油随伴物の合計である。
　　　　2．消費量とは、生産量と純輸入量（輸入量－輸出量）の合計である。
　　　　3．マイナスは、純輸出であることを意味する。パーセントは、消費量に占める割合である。海外率とは海外依存率のことである。
　　　　4．mt は million ton（100万トン）の略である。PJ は、Peta Joule（ペタジュール）の略であり 10^{15} [Joule] を意味する。
　　　　5．2011年の値は、International Energy Agency による推定値である。
　　　　6．上記出典には、中国の石油純輸入の数値は2010年までしか記載されていないが、他の資源との比較のため、2011年の欄に便宜的に2010年の数値を記載してある（＊印の箇所である）。
　　　　7．本図表では、天然ガスの量を PJ で示しているが、本文中では、他の出典の値を利用して m^3 単位で記載した。本図表と本文では、出典が異なるので数値が異なる。

入超過量（純輸入量）は、消費量のわずか5％にすぎない。しかし、その消費量は世界の石炭生産の半分以上を占める膨大な規模であるため、輸入超過量は、2011年には1.9億 [t] と[2)]。日本の年間消費量を上回る大規模なものとなっている。

図表 3-3（IEA の数値）とは一致しないが、中国の石炭の輸出量は、BREE[(2)]によれば、2003年頃には1億 [t] 近くに達していた（2003年：9,400万 [t]、2004年：8,660万 [t]）が、高度経済成長に伴い減少し、2010年には2,010万 [t]、2011年には1,500万 [t] になっている。同様に、石炭の輸入量は増加し、報道によれば[(3)]、2011年には1.82億 [t] と、日本（1.75億 [t]）を抜いて世界最大の輸入国になっている。

図表3-4　中国の発電量（エネルギー源別）の推移

(単位：TWh)

	1980		1990		2000		2011	
化石燃料	92.1	29.4%	523.4	80.5%	1,145.4	82.5%	3,393.4	79.9%
原子力	0.0	0.0%	0.0	0.0%	16.7	1.2%	73.9	1.7%
水力	58.2	18.6%	126.7	19.5%	222.4	16.0%	722.2	17.0%
その他	162.9	52.0%	0.0	0.0%	3.1	0.2%	57.1	1.3%
総発電量	313.3	100.0%	650.1	100.0%	1,387.6	100.0%	4,246.6	100.0%

(出典)　International Energy Agency, Energy Statistics of Non-OECD countries 2012 から著者作成。
(注記)　1．「その他」は総発電量から化石燃料、原子力、水力による発電量を差し引いた数値である。
　　　　　1980年の「その他」の内訳は不明である。
　　　　2．TWhは、Tera Watt hourである。

　第2に、石油についてである。中国の石油消費量も、経済成長に伴い増加している。2011年の消費量は4.38億［t］であり、2000年の2倍になっている（図表3-3の注記6参照）。中国の石油消費量は、日本（1.78億［t］）の2.5倍の規模である。中国の2011年における石油生産量は2.03億［t］と、世界第5位の石油生産国であるが、その消費量の大きさゆえに、石油の自給率は46％となっている。かつて、中国は石油の純輸出国であり、大慶油田などの原油を日本に輸出していた。日本は、中国産の原油を、非中東産原油・非OPEC原油として、石油供給国の多様化政策の中心に位置づけていた。中国産原油は、1990年における日本の石油輸入に占める割合は6.5％、2000年においても2.2％を占めていた。しかし、中国は、1990年代末に純輸入国に転落し、以降輸入超過量が増大している。

　第3に、天然ガスの消費量は、石炭、石油を上回るペースで増加している。消費量は、2000年から2011年の間に、4.8倍になっている。中国の天然ガス生産量（2011年）は1,025億［m^3］で、世界第6位の生産国であり、世界の生産量の3.1％を占めているが、消費量が生産量を上回っており、現在では純輸入国となっている。中国は、高度経済成長の始まる前までは、天然ガスを輸入することなく、西部の新疆ウイグル自治区のタリム油田などで大量に産出する天然ガスを、東部沿海地域にパイプラインで輸送する「西気東輸」プロジェクト（2004年完成）を進めてきた。しかし、高度経済成長に伴い、天然ガスの需要

が国内供給量を上回るようになり、パイプライン、LNGによる輸入を始めている。2011年には、オーストラリア、マレーシア、カタールなど12カ国から計166億［m^3］のLNGを輸入している。トルクメニスタンからはパイプライン天然ガスを輸入している。2011年に第2西気東輸パイプライン[3]が完成し、トルクメニスタンからの輸入量は、100億［m^3］以上増加し、143億［m^3］となっている。2011年における、天然ガス自給率は77％である。

　中国は、電力供給用の資源に限っても、化石燃料の消費量が増加していくこととなる。中国は、2011年末で原子力発電を16基（出力1万1,816［MW］）（世界第9位）保有している（後述：図表3-34）が、図表3-4に示すように、発電量に占める原子力の比率は1.7％に過ぎない。中国は、その発電量の79.9％を化石燃料に依存している。2011年末現在、26基の原子力発電が建設中であり、発電量に占める化石燃料の割合は低下するであろう。しかし、経済成長に伴う発電量の伸びが大きいため、当面は発電用の化石燃料の消費量は増加していくことになる。中国では、2010年、2011年と深刻な電力不足に見舞われている。竹原は、その要因は、電源（資源）の不足ではなく、過度の省エネルギー目標や価格制度にあるとしている[4]。つまり、統制により安価に設定された電力価格では、自由価格制の石炭価格の上昇をカバーできないため、電力会社が採算割れで発電することを避けた結果であるとしている。たしかに、電源（資源）の不足は直接の原因ではないが、その背景には、消費量の急増による電力需給のタイト化があることは否定できないであろう。ただし、中国は2010年1月時点で213基の原子力発電の建設計画を有しているとの情報もある。電力消費量の伸びと原子力発電量の伸びのスピードの差が、化石燃料の消費量を左右することとなる[5]。

(2)　金属資源

　中国では、金属資源についても、消費量が急増しており、その結果、生産量、輸入量とも増加している。中国の鉄鉱石、銅鉱石・鉛鉱石・亜鉛鉱石の生産量の推移を図表3-5に、その輸入量の推移を図表3-6に示す。いずれの鉱石も、

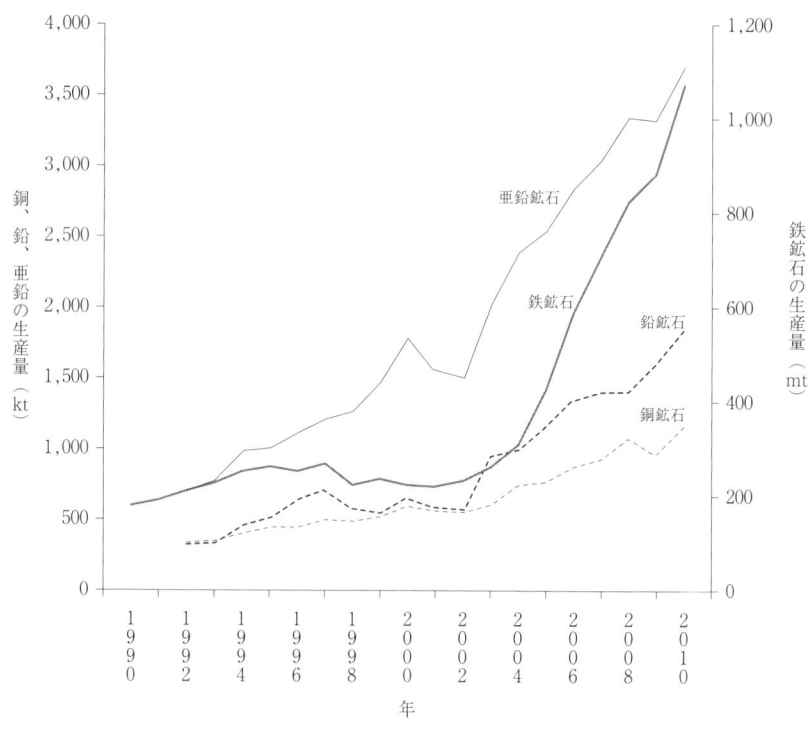

図表3-5 中国の資源（鉄・鉛・鉛・亜鉛の鉱石）生産量の推移

（出典）銅・鉛・亜鉛鉱石については、Bureau of Resources and Energy Economics, Resources and Energy Statistics 2011、Australian Bureau of Agricultural and Resource Economics and Sciences, Commodity Statistics 2000、同2003から、鉄鉱石については、World Steel Association, Steel Statistic Year Book 2011、International Iron and Steel Institute 2003、同2000から筆者作成。
（注記）1．銅鉱石、鉛鉱石、亜鉛鉱石とは、鉱山からの生産物（Mine product）である。
2．中国産の鉄鉱石は低品位（鉄の含有率が低い）であるため、他国の鉄鉱石の生産量とは単純な比較はできない。
3．発行年の異なる統計値をつなぎ合わせている。同じ年の数値が異なる場合は、新しく発行された統計値を使用している。
4．鉄鉱石は右目盛り、他は左目盛りである。
5．ktはkilo ton（千トン）、mtはmillion ton（100万トン）の略である。

1990年以降、生産量、輸入量とも若干の増減はあるものの、増加基調にあり、とくに2003年頃からの高度成長期以降は、急増している。2002年と2010年の間の生産量の伸び率（年率）は、鉄鉱石が21.1％％、銅鉱石が9.6％、鉛鉱石が15.9％、亜鉛鉱石が12.0％という大幅なものとなっている。図表1-19に示し

図表3-6 中国の資源（鉄・鉛・鉛・亜鉛の鉱石）輸入量の推移

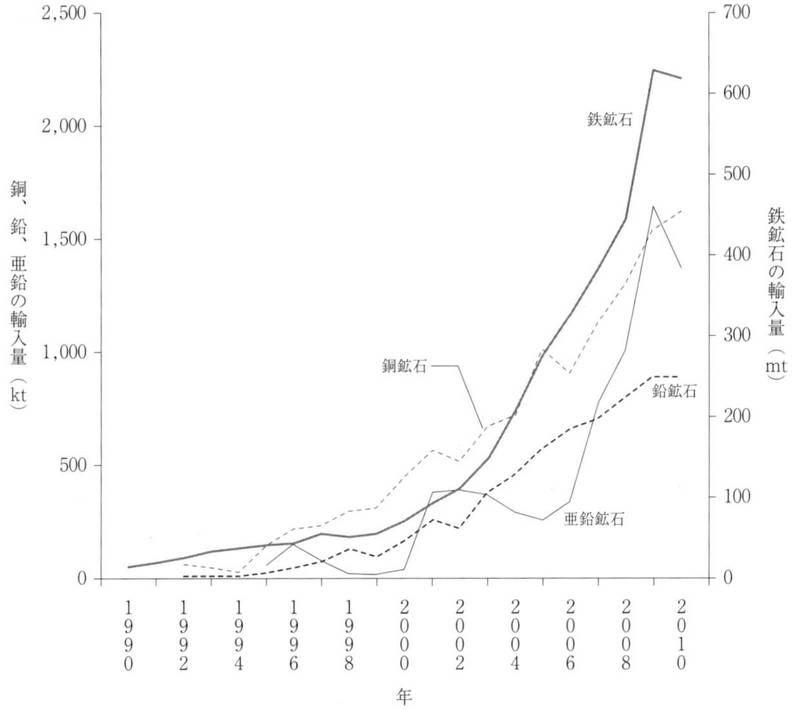

(出典) 銅・鉛・亜鉛鉱石については、Bureau of Resources and Energy Economics, Resources and Energy Statistics 2011、Australian Bureau of Agricultural and Resource Economics and Sciences, Commodity Statistics 2000、同2003 から、鉄鉱石については、World Steel Association, Steel Statistic Year Book 2011、International Iron and Steel Institute, Steel Statistic Year Book 2003、同2000 から筆者作成。
(注記) 1．銅鉱石とは銅鉱石と銅精鉱、鉛鉱石とは鉛鉱石と鉛精鉱、亜鉛鉱石とは亜鉛鉱石と亜鉛精鉱である。
2．銅鉱石の輸入量のうち、2005年までの値は、当時の西側諸国からの輸入量である。
3．発行年の異なる統計値をつなぎ合わせている。同じ年の数値が異なる場合は、新しく発行された統計値を使用している。
4．鉄鉱石は右目盛り、他は左目盛りである。
5．kt は kilo ton（千トン）、mt は million ton（100万トン）の略である。

たように、中国はこれら金属鉱石の大産地であり、とくに鉄鉱石（2010年の世界シェア：41.3%）、鉛鉱石（同44.7%）、亜鉛鉱石（同30.8%）は、圧倒的なシェアを誇り、世界1位の生産量である。このような生産量があり、大幅な増産を行っても、国内需要を満たせないため、この間の輸入量の伸びも大きなものとなっている。輸入量の伸び率（年率）も、鉄鉱石が23.9%、銅鉱石が

15.4％、鉛鉱石が19.3％、亜鉛鉱石が16.9％と、高い水準になっている。

3　国際市場へのインパクト

(1)　化石燃料資源

中国では、上述のとおり2000年頃までは、化石燃料資源の消費量はその生産量とほぼ均衡しており、輸出量と輸入量も均衡していた。しかし、高度経済成長に伴い、消費量が生産量を上回るようになり、輸出量が減少し輸入量が増加し、その結果、輸入超過となっている。日本は、国内資源が乏しく、ほとんどの資源を輸入して経済を成長させてきた。しかし、中国は、日本とは異なり、図表１-19に示したように、資源の大生産国である。例えば、石炭の場合、国内で不足する分、つまり消費量の５％だけを輸入しているにすぎないが、消費量があまりにも大きいため、輸入超過量も膨大であり、資源の国際市場に大きなインパクトを与えている。

日本と中国は地理的に近いため、両国は資源をめぐり競合する関係にある。オーストラリアの資源の輸出先上位は、日本、中国、韓国の３カ国に集中しているため、中国の資源輸入の増加に伴い、日本・中国のオーストラリア資源をめぐる競合関係はとくに厳しくなっていくであろう。図表３-７に、オーストラリア資源の輸出先別輸出金額の推移を示す。日本・中国・韓国向けの輸出が占める割合は、年々増加し、2009～10年度には60.2％に達している（金額で813億Ａ＄［約6.5兆円］）。さらにインドを加えると、この４カ国で71.2％のシェアを占めている（同962億Ａ＄［約7.7兆円］）。長年の間、オーストラリア資源の最大の輸出先は、輸出金額の約４分の１シェアを占める日本であったが、2009～10年度に初めて中国が日本を抜いてオーストラリアの資源の最大の輸出先となっている。

石炭について、図表３-８に、日本、中国、韓国、インドの純輸入量の推移を示す。1990年代までは、アジアの石炭市場で、大量の石炭を輸入する国は日本だけであり、中国は純輸出国であった。中国は、2000年においては4,600万［t］、2005年においても3,500万［t］の純輸出国であった。しかし、上述のと

図表3-7　オーストラリア資源の輸出金額の推移（輸出先別）

(単位：10億A＄)

	中国	日本	インド	韓国	その他アジア	ヨーロッパ	その他	合計
1995〜96	1.05	9.18	0.82	4.71	7.22	3.00	7.80	33.73
1996〜97	1.21	9.08	0.79	5.24	7.21	2.55	7.55	33.59
1997〜98	1.50	10.55	0.92	4.52	8.29	4.32	9.40	39.47
1998〜99	1.63	10.01	1.20	4.42	7.22	5.24	8.68	38.36
1999〜00	2.04	11.34	0.95	4.65	9.51	4.05	10.74	43.25
2000〜01	2.77	15.03	1.31	5.96	12.15	4.74	13.10	55.04
2001〜02	2.99	14.86	1.73	6.16	10.14	5.51	12.77	54.15
2002〜03	3.57	14.36	1.98	5.74	9.07	5.84	11.58	52.13
2003〜04	4.55	12.53	4.09	5.18	7.53	4.62	9.96	48.46
2004〜05	6.79	16.96	5.16	6.21	10.63	5.40	11.80	62.94
2005〜06	10.97	23.85	6.42	8.34	13.21	9.41	14.31	86.52
2006〜07	13.20	24.93	8.84	9.55	16.53	10.78	16.19	100.03
2007〜08	19.57	27.19	8.44	10.90	16.92	12.43	16.93	112.39
2008〜09	33.16	44.00	13.90	17.09	17.46	16.25	17.69	159.54
2009〜10	36.81	31.17	14.87	13.33	15.43	9.82	12.61	135.00
2010〜11	49.94		14.28					

(出典)　Bureau of Resources and Energy Economics, Resources and Energy Statistics 2011 から著者作成。

おり、2011年には、日本を抜いて世界最大の石炭輸入国になっている。その結果、アジアの石炭市場の需要（＝輸入量）は急増しており、この４カ国の合計の需要量は、2011年には5.63億［t］と2000年（1.83億［t］）の３倍になっている。この４カ国の輸入量（2010年に5.0億［t］）に占めるオーストラリアからの輸入石炭（同1.8億［t］）は36％であるが、中国の輸入量の増加に伴い、アジア市場における需給はひっ迫化し、オーストラリアの石炭の地位はさらに高まっていくであろう。日本は、石炭の全量を輸入に頼っており、石炭輸入の59.8％をオーストラリアに依存しているため、オーストラリアの石炭をめぐる中国との競合の激化は、日本経済に大きな影響を及ぼすことになる。

　石油について、図表3-9に、日本、中国、韓国、インドの純輸入量の推移を示す。石油についても、1990年代までは、この４カ国の中では、大量の石油を輸入する国は日本だけであり、中国は純輸出国であった。しかし、中国の石油輸入は、高度成長を背景に急増しており、2009年には1.99億［t］に達し、

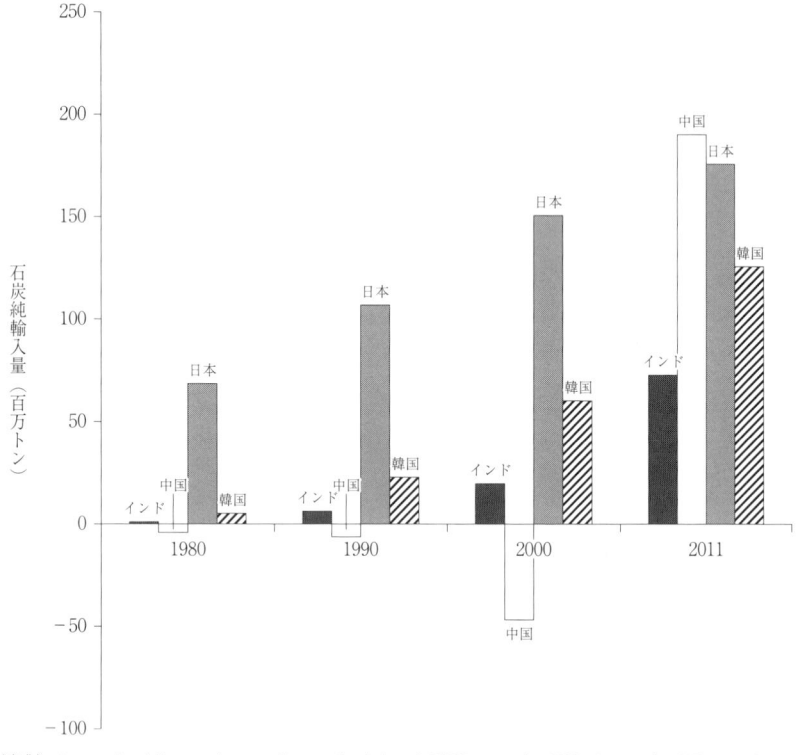

図表3-8　日本、中国、韓国、インドの石炭純輸入量の推移

(出典) International Energy Agency, Energy Statistics of OECD countries 2012、International Energy Agency, Energy Statistics of Non-OECD countries 2012から著者作成。
(注記) 石炭とは、原料炭、瀝青炭、無煙炭の合計である（亜瀝青炭、亜炭、泥炭を含まない）。

日本の輸入量（1.81億［t］）を上回り、中国がアジア最大の石油輸入国となった。2010年には、両者の差は拡大している（中国：2.35億［t］、日本：1.77億［t］）。

　しかし、石油については、オーストラリアの生産量は少なく、また、アジアの4カ国のオーストラリア依存度も小さいため、中国の石油輸入の増加が、オーストラリア産の石油の需給に直ちに大きな影響を与えることはないであろう。オーストラリアの石油生産量（2011年）は2,100万［t］と小さく、世界の石油生産に占めるシェアも0.5％に過ぎない（図表1-19）。日本は、石油輸

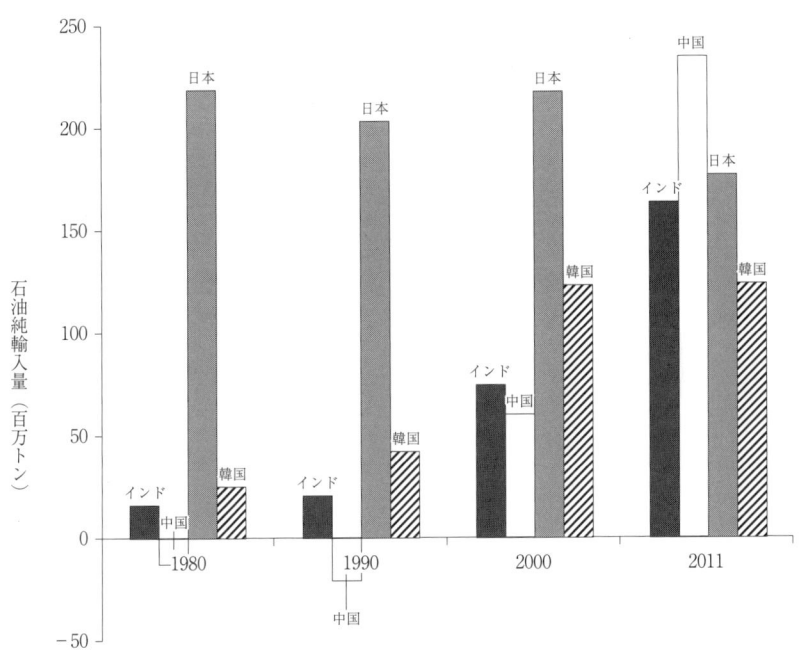

図表 3-9 日本、中国、韓国、インドの石油純輸入量の推移

(出典) International Energy Agency, Energy Statistics of OECD countries 2012、International Energy Agency, Energy Statistics of Non-OECD countries 2012 から著者作成。
(注記) 1．石油とは、原油、NGL（Natural Gas Liquids）、石油随伴物の合計である。
2．上記出典には、中国の石油輸入の数値は2010年までしか記載されていないが、他の資源との比較のため、2011年の欄に便宜的に2010年の数値を記載してある。

入の大半を中東諸国に依存しており（サウジアラビア、UAE、カタール、イランの4カ国で75.6％）、オーストラリアへの依存率は0.7％に過ぎない（図表2-6）。中国、韓国も同様に、石油輸入のオーストラリアへの依存度は小さく、2～3％程度にすぎない。ただし、中国の石油消費量（2011年）は、4.37億［t］と世界の石油生産量（2011年、40.0億［t］）の11％に達しており、このまま消費量の増加が続けば、遠からず、世界全体の石油需給のタイト化、石油価格のさらなる上昇を引き起こすであろう。その結果、オーストラリアの石油資源の開発が促進され、オーストラリアの石油生産量は増加するであろう。

天然ガスについて、図表3-10に、日本、中国、韓国、インドの純輸入量の

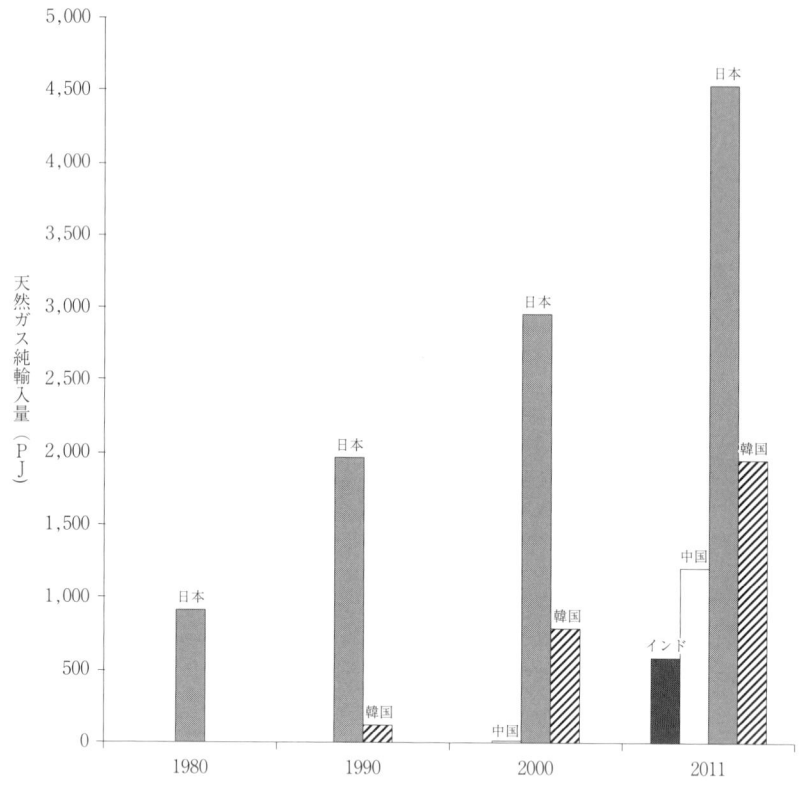

図表3-10　日本、中国、韓国、インドの天然ガス純輸入量の推移

(出典) International Energy Agency, Energy Statistics of OECD countries 2012, International Energy Agency, Energy Statistics of Non-OECD countries 2012 から著者作成。

推移を示す。中国の天然ガスの純輸入量は、2000年頃は、ほぼゼロであった。その後、中国の輸入が急増しているが、2011年においては、まだ日本の輸入量が圧倒的に多い。LNGについては、初期投資額が大きいため、輸入するには投資をすることが必要であり、さらに、長期契約、Take-or-Pay契約が条件になっているケースが、依然多い（第4章第3節参照）。中国が本格的に天然ガスへの直接投資を始めたのは、高度経済成長に入って以降であるので、まだ大量の長期契約のLNGを調達するに至らず、輸入の大半をスポットのLNG

に依存しているためである。ただし、中国はオーストラリアのLNGの権益確保に動いてはいるが、近い将来において、日本企業と競合関係になる可能性は小さいと、著者は考えている。第1に、中国企業は、投資に際し、短期間に償却をして資金の回収を急ぐ傾向にあり、LNGのように、長期にわたって投資を回収する必要のあるプロジェクトには積極的ではないからである。第2に、中国のように成長途上にあり、経済の動きが年々変化する国では、20年という長期間の需要想定の下で原料を調達することは、現実問題として、リスクが高いからである。中国の場合は、国内に大量の天然ガスを産するため、天然ガス需要が低下すると、国産天然ガスにシフトし、輸入量が激減する可能性がある。竹原は、2009年に「中国は日本や韓国に比べ、価格負担能力が弱く、アジア太平洋LNG市場において日本、韓国に次ぐ第3のプレーヤーにとどまる（中略）中国のLNG輸入が世界のLNG市場に大きな混乱をもたらす可能性は差し当たり低いと思われる」と述べている[6]が、正鵠を得た指摘である。中国は、経済成長を維持するために、天然ガス価格を政策的に低く設定しており、現在もその状況が続いている。

　中国は、天然ガス消費量の伸びが、石炭、石油よりもはるかに大きいことから、天然ガスの供給先を求めており、オーストラリアの天然ガスにますます積極的に触手を伸ばすであろう。中国は、直接投資をしなくても、スポット買いを多用することにより、結果としてオーストラリアの天然ガス需給のタイト化を促進する機能をはたすであろう。オーストラリアの天然ガス生産量は世界の1.4％のシェアを占めるにすぎない（図表1-19）。しかし、日本は天然ガス輸入の17.8％をオーストラリアに依存している（図表2-6）ため、中国の対オーストラリア天然ガスの動向を今後も注視していく必要がある。

(2)　金属資源

　中国は金属資源についても大生産国であるが、消費量の増加をまかなうために大量の金属資源を輸入しており、しかも輸入量が急増している。その結果、オーストラリアの金属資源をめぐり、日本と中国との競合が激化している。図

図表3-11　オーストラリアの資源（鉄・鉛・鉛・亜鉛の鉱石）のアジア市場（2010）

資源の種類	単位	中国の輸入量		オーストラリア輸出量		日本の輸入量	
		全体	豪州から	中国へ	全体	日本へ	豪州から	全体
鉄鉱石	mt	618.6	273.8		401.9	75.6		134.3
	%	100.0%	44.3%	68.1%	100.0%	18.8%	56.3%	100.0%
銅鉱石	kt	1,619	564.3		1,877	293.9		1,306
	%	100.0%	34.9%	30.1%	100.0%	15.7%	22.5%	100.0%
鉛鉱石	kt	885	166		301	33		94
	%	100.0%	18.8%	55.1%	100.0%	11.0%	35.1%	100.0%
亜鉛	kt	1,370	532		1,165	134		505
	%	100.0%	38.8%	45.7%	100.0%	11.5%	26.5%	100.0%

（出典）　Bureau of Resources and Energy Economics, Resources and Energy Statistics 2011から筆者作成。
（注記）　1．日本の輸入量は、図表2-6と異なっている。年（本図表：2010年、図表2-6：2011年）が異なっていること、出典が異なり鉱石の定義が異なるためである。
　　　　2．ktはkilo ton（千トン）、mtはmillion ton（100万トン）の略である。

表3-11に、2010年時点における、鉄鉱石、銅鉱石・鉛鉱石・亜鉛鉱石をめぐる、日本と中国の競合関係を示す。

鉄鉱石については、中国の総輸入量は6.19億［t］であり、うちオーストラリアからの輸入量（2.74億［t］）が44.3％を占めている。他方、日本の鉄鉱石輸入量は1.34億［t］であり、うちオーストラリアからの輸入量（7,560万［t］）が56.3％を占めている。両国とも、鉄鉱石の輸入をオーストラリアに大きく依存しているのである。オーストラリアの側から見ても、鉄鉱石輸出量（4.02億［t］）のうち68.1％が中国向け、18.8％が日本向けであり、総輸出量の実に86.9％が日本と中国向けである。つまり、オーストラリアの石炭輸出の大半は両国向けであり、オーストラリアから他国向けの石炭をこの両国に振り向ける余地はほとんどない。しかも、中国と日本は、世界第1、第2の鉄鉱石輸入国であり、世界全体の輸入量（2010年、10.4億［t］）の72％を占めているため、両国とも、オーストラリア以外の国からの輸入に切り替える余地もあまり残されていない。中国は急成長を維持するために、より多くのオーストラリアの鉄鉱石を必要としており、鉄鉱石のほぼ全量を輸入に頼る日本は、今後

図表3-12 オーストラリアの主な資源の輸出先に占める中国のシェアの推移

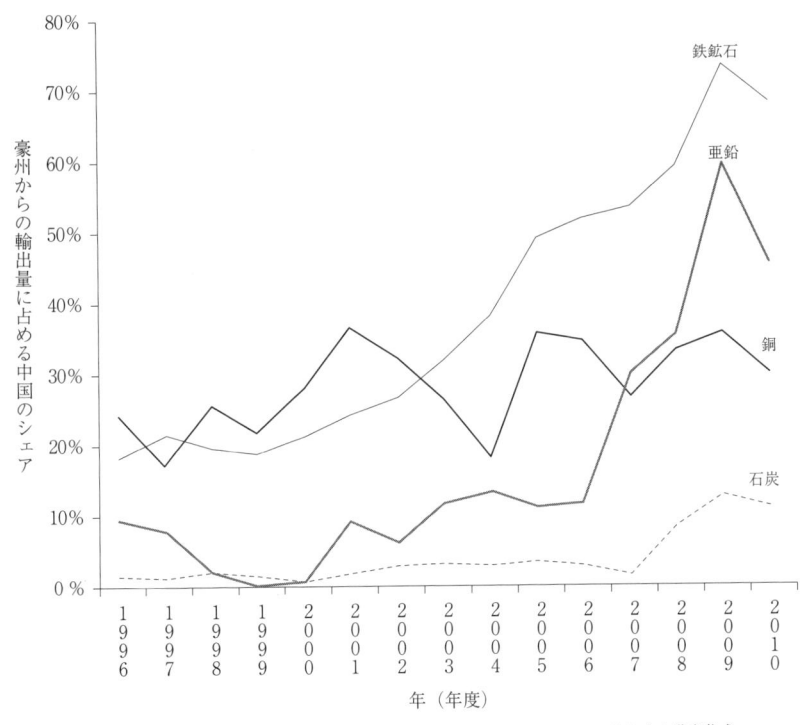

(出典) Bureau of Resources and Energy Economics, Resources and Energy Statistics 2011 から著者作成。
(注記) 1．銅、亜鉛は鉱石の値。
2．石炭は、燃料炭と原料炭の合計。
3．石炭は年度の値、他は年の値。

もオーストラリアの鉄鉱石を必要としている。図表3-12に示すように、オーストラリアの鉄鉱石輸出に占める中国のシェアは、ほぼ一貫して伸び続けている。オーストラリアの鉄鉱石をめぐり、日本と中国はさらに厳しい競合関係になっていくであろう。

銅鉱石・鉛鉱石・亜鉛鉱石についても、同様に、オーストラリア資源をめぐり、日本と中国は厳しい競合関係にあり、今後の中国の経済成長に伴い、競合関係がさらに激化することになる。

(3) R/P（可採年数）

　中国の資源輸入量の増大が、オーストラリアの資源需給、日本の資源確保に与える影響を検討する際に考えるべき重要な項目がある。資源のR/P（Reseves/Production）である。R/Pは、ある年の埋蔵量をその年の生産量で割った値であり、可採年数、つまりその時点の生産量で生産を続ける場合に何年で資源が枯渇するかという値である[4]。

　中国は、資源の大生産国であり、図表1-19に示したように、9つ主要資源のすべてで、生産量が上位7位に入っている唯一の国である。また、埋蔵量でも、石炭、鉄鉱石、銅、鉛、亜鉛で上位7位に入っている。しかし、中国の資源のR/P（2011年）は、図表1-28に示したように、他の資源生産国に比べると、極端に小さくなっている。たとえば、石炭については、他の主要な石炭埋蔵国は、ロシア：471、ウクライナ：390、オーストラリア：184をはじめ、すべて100以上であるが、中国はわずか33である。中国は、他の資源についてもR/Pが低く、鉄鉱石：19.2、銅：25.2、鉛：6.4、亜鉛：11であり、天然ガス：29.8、石油：9.9である。つまり、中国の主要資源は、数年から20～30年程度で枯渇することになる。

　しかも、中国では、資源の生産量の伸びが高いため、R/Pは急速に低下してきた。今後もR/Pの低下は続くであろう。図表3-13に、中国における主要資源のR/Pの推移と予想実可採年数を示す。中国のR/Pは、急速に低下していることが示されている。鉄鉱石については、2001年のR/Pは113.6であったが、その後の5年間で3分の1に低下し2006年には40.4になり、さらに次の5年間で半減して19.2になっている。この間、資源価格は上昇したため、これまで採算の合わなかった鉱山の採算が合うようになり、R（確認可採埋蔵量）は増加し、R/Pは改善するはずである。しかし、中国の経済成長に伴い消費量が増加しており、これが新鉱山の開発スピードをはるかに上回っているのである。銅鉱石については、R/P低下速度は緩やかである。銅鉱石の生産量は2001年の62万［t］から、2006年には76万［t］、2011年には119万［t］と伸びてきたが、確認可採埋蔵量も2001年の1,800万［t］から、2006年には2,600万［t］、2011

年には3,000万［t］と伸びてきた。このため、R/Pは2001年の29.0から2006年には、いったん、34.2に上昇しており、その後低下し、2011年には25.2となっている。このように、銅鉱石のR/Pは、他の資源に比べれば、緩やかに低下している。天然ガスについては、2007年頃には、外資の高度な技術の導入を伴う探鉱開発投資により、巨大新ガス田の発見が相次ぎ、中国は天然ガス探鉱開発のホット・エリアかと言われた[7]が、やはりR/Pは低下している。中国は、消費量の伸びがあまりにも大きいため、R（埋蔵量）が増加してもP（生産量）が大幅に増加するため、R/Pが減少することになるのである。

図表3-13　中国における主要資源のR/Pの推移と予想実可採年数

	R/Pの推移			生産量が増加するケース	
	2011	2006	2001	年間伸率	予想実可採年数
天然ガス	29.8	41.8	45.1	13.1%	13
石油	9.9	12.1	19.9	1.9%	10
石炭	33.0	48.0	105.0	7.6%	18
鉄鉱石	19.2	40.4	113.6	20.2%	9
銅鉱石	25.2	34.2	29.0	8.7%	14
鉛鉱石	6.4	10.5	16.1	10.1%	6
亜鉛鉱石	11.0	13.2	20.0	7.8%	9

（出典）下記資料から著者作成。
　　　　US Geological Survey, Mineral Commodity Summaries 2012, 2007, 2002（鉄鉱石、銅鉱石、鉛鉱石、亜鉛鉱石のR/P）。
　　　　BP Statistical Review of World Energy June 2012, 2007, 2002（天然ガス、石油、石炭のR/P）。
　　　　Bureau of Resources and Energy Economics, Resources and Energy Statistics 2011（鉄鉱石、銅鉱石、鉛鉱石、亜鉛鉱石の生産量）。
　　　　International Energy Agency, Energy Statistics of Non-OECD countries 2012（天然ガス、石油、石炭の生産量）。
（注記）1．R/Pは、各年における確認可採埋蔵量（Reserves）を年間生産量で割った値である。
　　　　2．年間伸率は2005～2011年の6年間の生産量の平均伸び率（％/年）である。
　　　　3．「予想実可採年数」は、生産量が増加することを織り込んだ可採年数である。
　　　　4．上記出典には、中国の石油の純輸入の数値は2010年までしか記載されていないが、他の資源との比較のため、2011年の欄に便宜的に2010年の数値を記載してある。

　今後も、この経済成長が続き、資源生産の伸びが続くと、R/Pは低下してゼロになる、つまり、遠からず中国国内の資源は枯渇することになる。この段階からは、中国は、日本と同様に、資源のほとんどを海外からの輸入に頼ることになる。2005年以降の資源生産の年平均伸び率が今後も続くと、何年でR/Pがゼロになるかを計算した結果を、図表3-13の右欄に示す。鉄鉱石については、2011年のR/Pは19.2であるが、資源生産の増加率20.2［％/年］が今後も続けば、9年で国内資源は枯渇することになる。つまり、9年後の2020年には、R/

Pがゼロになる。一般的に、R/Pが20年の場合、資源生産の増加率が年率10％なら12年、同20％なら9年で枯渇することになる。同表が示すように、2030年までに、国内の主要資源のほとんどは枯渇し、中国は主要資源の全量を輸入に依存することになる。これが、中国が、資源の輸入を急速に増加させている理由である。中国の資源状況は、国内資源を少しでも長持ちさせる必要があるという段階ではなく、資源の枯渇が目前に迫っているのである。中国は、今後も、資源生産から資源輸入へのシフトを強めていくと考えられる。今後、オーストラリアの資源をめぐり、日本と中国との競合がさらに激化していくことになる。

4　オーストラリア資源への投資

(1)　資源投資の増加

以上述べたように、中国の経済成長に伴う資源消費の伸びは著しく、国内資源の枯渇化も遠くない。このため、中国は海外資源、とくに、地理的に近く、資源生産量・埋蔵量の多いオーストラリアの資源の確保に力を入れている。

海外資源を確保する方法は、輸入と直接投資に大別されるが、直接投資のほうが、資源を確実に確保できる。このため、中国のオーストラリアの資源への直接投資は極めて活発になっている。図表3-14に、オーストラリアの資源分野への投資金額1,000万Ａ＄（約8億円）以上の国について、1995～96年度以降の各年度における投資額の多い国を1位から10位まで並べてある。中国の投資は、2003～04年度までは、全くランクに入らなかった。しかし、2003～04年度に初めてランクインして以降は8年連続で入っている。2005～06、2008～09、2010～11年度は、資源メジャー、石油メジャーを抱える英国、米国、スイスを抑えて、オーストラリア資源への最大の投資国になっている。中国の経済成長が本格化した2005～06年度以降は、2006～07年度を除き、中国の投資額は日本を上回っている。中国は資源輸入の面だけではなく、直接投資においても日本を凌駕している。

中国によるオーストラリアへの投資金額の推移を図表3-15に示す。2008～09年度には、263億Ａ＄（約2兆1,000億円）もの投資を行っている。中国の投

第3章 資源エネルギーをめぐる日豪関係に影響を与える要因　127

図表3-14 オーストラリア資源への海外から投資動向（国別）

年度	順位 1	2	3	4	5	6	7	8	9	10
1995～96	英国	米国	日本	オランダ	マレーシア	スイス	南ア	カナダ	NZ	フランス
1996～97	英国	カナダ	ドイツ	米国	日本	マレーシア	オランダ	スイス	香港	NZ
1997～98	米国	南ア	英国	カナダ	日本	オランダ	スイス	マレーシア	ドイツ	NZ
1998～99	英国	南ア	米国	スイス	カナダ	ドイツ	香港	日本	*	*
1999～00	英国	英国	スイス	米国	日本	オランダ	カナダ	スウェーデン	ドイツ	*
2000～01	英国	米国	日本	カナダ	スイス	南ア	ドイツ	オランダ	NZ	*
2001～02	米国	南ア	カナダ	英国	日本	フランス	ドイツ	マレーシア	*	*
2002～03	スイス	日本	英国	中国	カナダ	マレーシア	ドイツ	*	*	*
2003～04	米国	英国	英国	カナダ	カナダ	マレーシア	香港	*	*	*
2004～05	スイス	英国	カナダ	米国	日本	中国	SPR	ドイツ	SPR	香港
2005～06	中国	スイス	カナダ	米国	英国	南ア	日本	ドイツ	ドイツ	ブラジル
2006～07	NZ	米国	ロシア	中国	スイス	日本	カナダ	中国	ドイツ	日本
2007～08	英国	スイス	スイス	米国	ロシア	カナダ	香港	ドイツ	ウクライナ	香港
2008～09	中国	日本	中国	英国	フランス	インド	マレーシア	ブラジル	NZ	ブラジル
2009～10	中国	英国	中国	NZ	カナダ	オランダ	日本	韓国	インド	韓国
2010～11	米国	カナダ	インド	英国	日本	タイ	ロシア	スペイン	米国	

(出典) Foreign Investment Review Board, Annual Report から著者作成。
(注記)
1. 2003～04年度までは（認可された案件の）申請ベース、2004～05年度以降は、認可ベースである。
2. 香港は中国の一部であるが、出典とした統計は区分しているので、それにならった。
3. NZ：ニュージーランド、南ア：南アフリカ、SPR：シンガポール。
4. 出典で「その他」、「その他EU」等と記載されたバスケット項目は無視した。
5. 1,000万A$未満は省略した。*の欄は1,000万A$未満である。

資の特徴は、全分野の投資に占める資源分野への投資比率が高いことである。年度にもよるが60～100％が資源分野への投資である。このことは、中国が、オーストラリアを単なる資源供給国として見ているに過ぎないことを示してい

図表3-15　中国によるオーストラリア資源分野への投資動向

年度	全分野	資源	
	百万A＄	百万A＄	％
2001～02	—	—	
2002～03	—	—	
2003～04	1,100	971	88.3％
2004～05	264	39	14.8％
2005～06	7,259	6,758	93.1％
2006～07	2,640	1,203	45.6％
2007～08	7,479	5,311	71.0％
2008～09	26,599	26,254	98.7％
2009～10	16,282	12,186	74.8％
2010～11	14,976	9,758	65.2％

（出典）　Foreign Investment Review Board, Annual Report から著者作成。
（注記）　1．2003～04年度は（認可された案件の）申請ベース、2004～05年度以降は、認可ベースである。
　　　　2．2002～03年度、2001～02年度の投資額は、出典に表示されていない。「その他」に含まれている可能性がある。

る。日本の資源確保政策は、資源生産国との全般的な経済関係を強化し、両国間の相互依存関係を構築することを基本としている。経済関係を強化すれば、資源の供給削減等の措置は両国間の経済関係の悪化をもたらし、双方に不利益が生じる。このため、資源生産国は、日本への資源輸出を削減することを抑制することとなる。中国と日本では、対オーストラリア政策の基本的な考え方に相違がある。

(2)　資源投資の限界

　中国は、数多くのオーストラリアの資源プロジェクト、資源企業に対して投資を行ってきた。しかし近年、中国の資源投資政策の根本を揺るがす事例が出ている。第1章第2節3で簡単に触れたが、中国企業によるオーストラリアのレアアース企業への投資がオーストラリア外資審査会（FIRB）の個別審査を通らなかった事案である。この事案の概要は以下のとおりである。

　2009年、中国有色鉱業集団有限公司（China Non-Ferrous Metal Mining Co Ltd）とオーストラリアの資源開発企業Lynas Corporationは、中国有色鉱業集団がLynas株式の51.6％を取得することで合意し、FIRBに届け出た。しかし、FIRBの国益審査が長引き、結果として、中国有色鉱業集団は買収計画を放棄するに至った。Lynas社は、西オーストラリア州で、世界有数のレアアースの埋蔵量のあるMt. Weld鉱山の開発プロジェクトを進めている企業である。開発規模は、第1フェーズ：投資額5.4億US＄（約432億円）、生産能力1万1,000［t/年］、第2フェーズ：同2.5億US＄（約200億円）、1万1,000［t/年］（酸化物ベース）である。Lynas社はリーマンショックの影響等で資金繰りが

悪化し、2009年2月にプロジェクトを中断していたため、中国有色鉱業集団が出資をして傘下に収めようとしたのである。FIRBが難色を示した理由は、中国企業によるLynasへの投資は、中国以外の需要家に損害を与える可能があることにある。つまり、中国は、世界のレアアース生産の97％のシェアを占めているため、数少ない中国以外のレアアース鉱山であるMt. Weld鉱山の権益までも取得すると、世界の他の国のレアアース調達に支障をきたす恐れがあり、オーストラリアと資源輸入国の関係の悪化につながるからである。その背景には、中国企業は、社会主義体制の下で、すべて国営であるため、オーストラリア政府が、資源が他国政府の支配に属することを懸念したことがあると解される。本件は、オーストラリア政府が、世界中で資源調達に走る中国に対し、オーストラリア資源の権益の確保に歯止めをかけようとした画期的な事例である。

この案件を機に、FIRBの基本的なスタンスが変更されている。FIRBは、2009年9月に、海外国営企業による主要資源プロジェクトへの投資は最大15％、新規開発案件（Green field）への投資は最大50％が望ましいとし、2010年6月には、海外政府関係企業とは、政府の持ち分が15％超の組織であるとの定義を示している[8]。FIRBは、一般的な表現をとっているが、明らかに中国の国営企業を念頭に置いたものである。

その後、2010年11月に、Lynas社は日本商社の双日と提携をし、2011年3月には、双日および(独法)石油天然ガス・金属鉱物資源機構から2.5億US＄（約200億円）の出融資を受けて、年間約8,000～9,000トン（日本のレアアース消費量の約3割に相当）のレアアース製品の長期供給契約（10年）を締結するに至る[9]。

直接投資は、資源プロジェクトへの投資と資源企業への投資（買収ないし資本参加）に大別される。日本の直接投資は、日本企業とオーストラリア企業で設立する資源プロジェクト実施企業への投資が大半である。しかし、中国企業は、資源プロジェクトに出資をするオーストラリアの資源企業そのものへの投資（買収ないし資本参加）に強い関心を有している。つまり、中国企業は、開発段階に達したプロジェクトごとに参画するのではなく、将来のプロジェクト

全体を手中に収めようとしているように見える。本件のオーストラリア政府（FIRB）の判断は、中国企業（＝中国政府の）が資源を支配するという潜在的な危険性に気がついたことを示している。

5　将来の中国経済と資源ブーム

(1)　資源ブームの収束時期

　オーストラリアの資源ブームは、事実上、中国により支えられてきた。日本経済が停滞しても、リーマンショックを契機として世界経済が減速しても、オーストラリアの資源需要は、中国の需要に支えられて、順調に伸びてきた。2008年の北京オリンピック後には、中国経済は失速するとの予想もあったが、中国経済は成長を続けてきた。中国経済の成長およびこれにリンクするオーストラリアの資源ブームがいつ終わるかについての関心は高い。第2章第1節1に示したように、2012年8月には、ファーガソン豪資源・エネルギー大臣が、「資源ブームは終わった」との見解を示した[10]が、直後にギラード首相が「資源ブームは続く」とファーガソン発言を否定し[11]、オーストラリア準備銀行（RBA）のスティーブンス総裁も、資源ブームが終わった兆候は認識していない、鉱業分野に対する投資が引き続き力強く推移し、2013〜14年のどこかでピークを迎える[12]と発言するなど、政府は資源ブームの先行きに敏感になっている。

　中国の経済成長が失速すると、オーストラリアの資源にはどのような影響が及ぶであろうか。直接的影響は2つある。第1に、オーストラリアの資源輸出が激減することになる。中国は資源の大生産国であるため、資源消費の減少分の大半は輸入量の削減に依ることになる。このため、日本のような資源の全量輸入国と同様に、輸入量の削減量は極めて大きなものとなろう。第2に、中国企業による資源分野の直接投資の激減である。将来の経済成長が見込めなければ、対外直接投資はゼロに近くなるであろう。間接的な影響もある。現在、中国の市場に依存している日本、韓国の経済が悪化し、両国によるオーストラリア資源の輸入量が減少し、さらに両国からの直接投資も著しく減少するであろう。中国の景気失速は、米国、EUの経済にも悪影響を与える。その結果、世

界の工場である中国で生産された製品に対する需要が、欧米、日本、韓国で減少し、このことが、さらに中国経済にダメージを与えて、悪循環に陥る可能性がある。

中国経済の失速・減速により、オーストラリアの資源の需給は一気に緩み、資源価格は暴落することになろう。資源の確保という観点だけから見れば、日本は、安価で、大量のオーストラリアの資源を容易に確保できることになるであろう。しかし、その時点では、日本の経済が大量の資源を必要とする状態にはないであろうが。

(2) 資源制約と中国経済の限界

では、中国経済の失速ないし減速は、いつ起こるのであろうか。不動産取引が投機目的でなされている点など消費経済に着目して、中国経済はすでにバブル状態にあり、小さなきっかけで失速するとの見方がある。他方、1人当たりGDPが5,414US＄にすぎず、まだ経済成長の余地が大きいこと、労働コストが（諸説あるが）まだ安く、海外からの直接投資は増え続ける可能性があることから、当面は失速しないとの見方もある。ユーロ危機に伴うEU経済の不安定化も、中国経済への決定的なダメージにはなっていないことも、このような見方を支えている。

著者は、資源供給の限界が中国経済の成長を抑制する可能性があると考えている。その理由は以下のとおりである。

第1は、上述（第3章第1節3(3)）のように、R/Pの急激な減少である。現在の速度で成長を続け、国内資源の増産を続ける限り、遠からず、中国国内の資源は枯渇する。資源が現実に枯渇する前であっても、枯渇が視野に入った段階で、中国政府は、輸入資源の調達政策を強力に進めるであろう。著者は、中国はその段階に入っていると考えている。輸入資源の価格は国内資源に比較すると高く、他の工業国に対する中国の優位性が減殺されることになる。その結果、工業の相対的な優勢が小さくなり、中国経済の減速・失速の引きがねになるであろう。

第2に、中国の資源消費量が、現在のペースで伸びて、輸入量を増やせば、急騰している資源の国際価格をさらに上昇させることになる。

　たとえば、石炭5）6）の場合、中国の消費量（生産量＋純輸入量）は37.7億［t］、世界の消費量（62.0億［t］）の60.7％に達している。中国の消費量のうち国内生産量は35.8億［t］、輸入量は1.90億［t］である(13)。世界の石炭の貿易量は、2010年時点で10.7億［t］である(14)。2011年時点で、中国の石炭輸入量は世界の石炭貿易量の約20％を占めている。中国の石炭消費量の伸びは2009～2010年は33.3％、2010～2011年は23.1％と大きく、今後もこのペースで伸びれば、世界の貿易量に占めるシェアも急増するであろう。輸入量は、2011年以降、（少なくも積もって）年率20％で伸びれば、2016年には4.7億［t］と現在の世界の石炭流通量の44％、2020年には9.8億［t］と同じく92％なる。中国の石炭生産量も伸びるであろうが、R/Pが急激に小さくなるため、中国政府は野放図に石炭の生産量を増やすことはできないであろう。また、世界の石炭貿易量も伸びれば、中国の石炭調達は容易になるであろうが、中国が石炭生産量の50％以上を占めていることを考えれば、貿易に回る量はそれほど大きくならないであろう。予測される中国の輸入量は、常識では考えられない規模である。遠からず、石炭需給はひっ迫し、価格のさらなる急騰が起こり、中国は必要量の石炭を確保できない事態に陥る可能性がある。経済成長に必要な石炭を入手できなければ、中国経済は失速・減速することになる。

　鉄鉱石についても同様である。中国の2010年における鉄鉱石の生産量は10.7億［t］であり、世界の生産量（25.9億［t］）の約43％を占めている(15)。中国は鉄鉱石の輸入量も多く、2010年の輸入量は6.2億［t］であり、世界の輸入量（10.4億［t］）の約60％を占めている。輸入量の伸びは高く、2005年の2.75億［t］から2010年までの5年間に2.25倍、年率にして17.6％の伸びである(16)。国内生産は伸びているにもかかわらず、国内消費の伸びに追いついていないのである。鉄鉱石のR/Pが33.0と低く、しかもR/Pがこの10年で約4分の1に低下しているため、今後は、中国は国内生産を伸ばしていくことは容易ではない。現在でも、世界の貿易量に占める中国の割合が高いが、今後も、このペー

スで中国の輸入量が増えれば、わずか3年で10億［t］に達し、現在の貿易量のすべてが中国に輸入されることになる。世界の石炭貿易の需給はひっ迫し、同様に大量の鉄鉱石を輸入する日本（輸入量：1.34億［t］）との競合が厳しくなる。中国が石炭を確保できない可能性もあり、石炭と同様に、中国経済の失速・減速につながる要因になる。

　他の資源についても、それぞれの特殊事情はあるが、基本的な構造は石炭や鉄鉱石と似ている。これらのことから、中国の資源需要の増加が、中国経済の発展の抑止機能を果たすと考えられる。

6　中国の経済成長とオーストラリアの資源

　中国の経済成長は東アジアの資源需給をひっ迫化させ、オーストラリアの資源をめぐる日本と中国の競合関係を激化させており、今後もこの傾向は続くであろうことが明らかになった。

　中国は、資源の大生産国であり、かつては資源の輸出国であったが、経済成長に伴い、消費量が生産量を上回るようになり、輸入国となっている。資源を全量輸入する日本とは異なり、中国は、消費量の一部を輸入しているに過ぎないが、エネルギー消費量の規模が巨大であるため、輸入量の規模も大きく、多くの資源で、日本を上回る輸入国となっている。しかも、中国の経済規模が大きいうえに、経済成長率も大きいため、エネルギー消費の増加量も極めて大きく、輸入量の増加も極めて大きい。その背景には、中国の資源のR/Pが、他の資源生産国に比べると、極端に小さいだけでなく、急速に低下しており、多くの資源のが数年から20〜30年程度で枯渇することがある。中国政府は、すでに、国内資源の枯渇を懸念しているのであろう。

　その結果、両国にとり地理的に近く資源の豊富なオーストラリアをめぐり、日本と中国との競合が激化している。両国とも、資源を確保するために、プロジェクトへの直接投資に力を入れているが、中国企業はオーストラリアの資源企業そのものへの投資（買収）に強い関心を有している。しかし、最近に至り、オーストラリア政府はその国益に与える危険性に気づき、中国の直接投資の規

制に舵を切りつつある。

　中国の経済成長と密接にリンクしているオーストラリアの資源ブームは、いずれ、中国経済の減速ないし失速により、収束する時期が来る。その引き金となる要因の一つとして、中国の経済成長を支える資源の量的制約があると著者は考えている。オーストラリアの資源産業は、世界の生産工場と化した中国経済の失速・減速により、直接・間接の影響が複合し、大きなダメージを受けることが懸念される。その結果、日本はオーストラリア資源の入手が容易になるが、中国経済の失速・減速に伴う経済混乱に見舞われることになろう。

注
1） NGL（Natural gas liquids、天然ガス液）とは、天然ガスから分離された、常温で液体の炭化水素。常温で気体の天然ガスを、低温・高圧下で液化したLNG（Liquified Natural Gas）とは異なる。
2） 2011年の値は中国の通関統計、図表3-3の値はIEAの推定値である。出典が異なるため、両者の純輸入量の値は異なる。
3） 第2西気東輸パイプラインは、2008年2月に中国石油天然気集団公司（CNPC：PetroChina）により建設が始められ、2011に完成した。海外（トルクメニスタン）の天然ガスを中国新疆まで約2,000km、さらに新疆から広東省広州まで全長8,653kmのパイプラインを建設し、300億［m^3/年］の天然ガスを輸送する事業である[17]。
4） 確認可採埋蔵量（経済的、技術的に採取可能な資源量のうち確実性の高い量）を採った場合、R/Pは、経済情勢、技術進歩などにより変化する。R/Pが上昇する要因としては、景気低迷、資源価格の高騰、新鉱山の発見・開発、技術進歩（探査技術、回収技術、掘削技術の進歩）がある。景気の低迷や資源価格の高騰は、資源需要の減少をもたらし、生産量を減少させる。その結果、分母のPが小さくなり、R/Pが増加することとなる。資源価格の高騰は、それまで採算の合わなかった鉱山の開発を可能とし、その結果分子のRが大きくなる。技術進歩は、それまで技術的に採鉱できなかった資源の生産を可能とし、分子のRを増加させる。したがって、これらの要因によりR/Pの値が増えることとなる。したがって、R/Pは毎年変化する。
5） 原料炭、瀝青炭、無煙炭の合計である。亜瀝青炭、亜炭、泥炭を含まない。
6） 石炭の統計は、ソースにより値がかなり異なる。本節では、特記のない限り、IEAの統計により、消費量を推算している。生産量については、以下のような数

値がある。BP Statistical Review of World Energy June 2012によれば、石炭（燃料炭）の生産量（2011年）は、世界全体で3,955［mt oil eq］、中国は1,956［mt oil eq］であり、中国の生産量のシェアは49.5%である。Bureau of Resources and Energy Economics, Resources and Energy Statistics 2011によれば、石炭の生産量（2010年）は、世界全体で60.202億［t］、中国は30.185億［t］であり、中国の生産量のシェアは50.1%である。IEA, によれば、石炭（原料炭＋瀝青炭・無煙炭）の生産量（2010年）は、世界全体で56.2億［t］、であり中国は31.4億［t］であり、中国の生産量のシェアは55.9%である。

参考文献

（1） 日本貿易振興機構（JETRO）HP（http://www.jetro.go.jp/world/asia/cn/stat_01/）（2012年9月17日アクセス）
（2） Bureau of Resources and Energy Economics, Resources and Energy Statistics 2011
（3） Record China,〈石炭輸入量〉中国が日本を抜き世界一位に＝アジアの石炭市場に変化—SP華字紙（http://www.recordchina.co.jp/group.php?groupid=58282）（2012年12月2日アクセス）
（4） 竹原美佳「いま、中国のエネルギーで気になること——中国のエネルギー需給と輸入拡大への対応——」『石油・天然ガスレビュー』45（4）、53～70頁、2011
（5） 科学技術新振興機構「平成22年版中国の環境・エネルギー分野の現状と動向」133～134頁、2010
（6） 竹原美佳「中国のLNG輸入トレンドをよむ——日本への影響——」『石油・天然ガスレビュー』43（2）、33～56頁、2009
（7） 竹原美佳「中国は石油・天然ガス探鉱開発のホット・エリアか」『石油・天然ガスレビュー』42（1）、1～14頁、2008
（8） John Larum, Chinese Perspectives on Investing in Australia, Analysis of Lowy Institute for International Policy, 2011
（9） 双日、独立行政法人石油天然ガス・金属鉱物資源機構、「豪州ライナス社への出融資について」（ニュースリリース2011.03.30）、2011
（10） ロイター、オーストラリア、資源ブームは終わった＝豪資源・エネルギー相、2012年8月23日、(http://jp.reuters.com/article/topNews/idJPTYE87M00O20120823/)（2012年8月23日アクセス）
（11） Lanai Vasek and Ben Packham, Julia Gillard says resources growth will continue, The Australian, August 23 2012.（http://www.theaustralian.com.au/busi-

ness/mining-energy/australias-resources-boom-is-over-says-martin-ferguson-after-bhp-shelves-mine-expansion/story-e6frg9df-1226456301996)（Accessed on August 23, 2012）

(12) ロイター「豪中銀総裁、資源ブームが終わった兆候は認識せず」2012年8月24日（http://jp.reuters.com/article/idJPTYE87N00N20120824）（2012年10月7日アクセス）

(13) International Energy Agency, Energy Statistics of Non-OECD countries 2012

(14) Bureau of Resources and Energy Economics, Resources and Energy Statistics 2011

(15) US Geological Survey, Mineral Commodity Summaries 2012

(16) Bureau of Resources and Energy Economics, Resources and Energy Statistics 2011

(17) 石油天然ガス・金属鉱物資源機構「中国：見切り発車か？第2西気東輸パイプライン着工」『石油・天然ガスレビュー』42（3）、63～70頁、2008

第2節　東南アジアの経済成長

　地理的にオーストラリアの近くに位置し、経済成長を続け、オーストラリアの資源需給に影響を与えうる国は、中国、インドだけではない。東南アジア諸国も、検討対象とすべき国々である。ただし、東南アジア諸国の中には、インドネシア、マレーシアなど資源生産国が含まれるため、東南アジア諸国の経済成長がオーストラリアの資源需給に与える影響は減殺されることになる。

1　東南アジアの経済成長

　中国の陰に隠れて目立たないが、東南アジア諸国連合（ASEAN：Association of South-East Asian Nations）10カ国も経済規模が大きく、しかも高度経済成長を続ける地域である。ASEANは、タイ、インドネシア、シンガポール、マレーシア、フィリピン（以上が1967年の原加盟国）、ブルネイ（1984年加盟）、ベトナム（1995年加盟）、ラオス、ミャンマー（以上1997年加盟）、カンボディア（1999年加盟）の10カ国で構成される。ASEANは、人口5.98億人、GDP

図表3-16　ASEAN-5のGDP、一人当たりGDP

国	名目GDP（10億US＄）			実質GDP	1人当名目GDP（US＄）		
	2000	2011	2017予想	00/11の年平均伸率	2000	2011	2017予想
タイ	123	346	523	3.9%	1,983	5,394	7,868
インドネシア	165	846	1,812	5.3%	800	3,509	6,904
シンガポール	94	260	336	5.6%	22,791	*49,271	57,467
マレーシア	94	279	451	4.7%	4,030	*9,700	14,194
フィリピン	81	213	322	4.7%	1,055	*2,223	2,984
ASEAN-5	557	1,943	3,443	*	1,496	*4,467	7,259
ベトナム	31	123	206	7.1%	402	*1,374	2,149
中国	1,198	7,298	12,714	10.4%	946	*5,414	9,153

（出典）　IMF（International Monetary Fund）統計から筆者作成。
（注記）　1．2017年および2011年の*印の数値は、IMFによる予測。
　　　　　2．ASEAN-5とは、ASEANの原加盟国5カ国を意味する。
　　　　　3．*はASEAN-5の5カ国の平均物価上昇率の正確なデータを得られないので記載しないという意味である。

　（2011年）2.14兆US＄（日本のGDP［5.87兆US＄］の36％）の巨大経済圏である。原加盟国5カ国の経済規模だけで、ASEAN全体の約9割を占めるため、本書ではこの5カ国（以下「ASEAN-5」と記す）に焦点を当てて記述する。
　ASEAN-5の各国の経済規模を図表3-16に示す。5カ国のGDP（2011年）は1.94兆US＄（約165兆円）であり、そのうち、人口の多いインドネシアが43.5％を占めている。ASEAN-5の1人当たりGDP（同）は急速に伸びており、4,467US＄に達している。生活水準が向上し、家計の購買力は増加しており、経済成長に伴いエネルギー消費が増加する段階にある。各国の実質GDPの伸び率は、2011年までの11年間の平均で年率3.9～5.6％の水準である。年率10％の伸びを示す中国の影に隠れているが、驚異的な成長率である。しかも、リーマンショックで景気が落ち込んだ2008年から2009年にかけても、インドネシア、フィリピンのGDPは、それぞれ4.5％、0.9％伸びており、シンガポール、マレーシア、タイのGDPの落ち込みもマイナス2％程度に収まっている。1997年のアジア経済危機の時とは異なり、ASEAN各国の基礎的な経済力が強くなっていることが示されている。今後も、ASEAN-5の経済成長は続くであろう。

2　資源の供給量と資源産業の位置づけ

ASEAN-5では、資源、エネルギー消費量が増加している。しかし、ASEAN-5の中で、インドネシア、マレーシアは、世界有数の資源生産国でもある。したがって、その経済成長が国際的な資源需給に与える直接の影響は、ある程度は緩和されることになる。マレーシア、インドネシアを中心に資源の生産状況、資源産業の動向を示す。

(1)　インドネシア

インドネシアの資源産業（採石業を含む）の付加価値生産額を図表3-17に示す。資源産業の付加価値生産額（名目）は、近年急速に増加しており、2004年には205兆Rp（約1.71兆円）であったが、2011年には886兆［Rp］（約7.38兆円）に達している。その伸び率は、年率で23.4％である。資源産業の付加価値生産がGDPに占める割合は、名目ベースでは、2005年以降は11％前後でほぼ横ばいであるが、実質ベースでは、近年一貫して低下傾向にあり、2004年の9.7％から2011年には7.7％まで低下している。経済が成長することにより、2次産業、3次産業の比重が高まっていくため、実質ベースでのGDP寄与率が低下しているが、近年の世界的な資源価格の高騰が資源産業の名目GDP寄与率を下支えしているのである。インドネシアの資源産業の付加価値生産額（名目）7.38兆円、対GDP寄与率の11.9％は、オーストラリアの資源産業の同9.84兆円、8.8％（第1章第1節1（2））に匹敵する規模であり、依然、インドネシアにおける資源産業の地位は極めて高いと言えるであろう。

インドネシアは、現在では新興工業国として発展を続けているが、20年前までは、世界的な資源供給国として位置づけられていた。同国は、現在でも、主要資源の大生産国である。その生産等の状況は以下のとおりである（図表1-19、図表1-28、図表2-6）。

インドネシアはエネルギー資源が豊富である。インドネシアは、天然ガスの生産量も多く、2011年における生産量は756億［m^3］で、世界の2.3％を占め

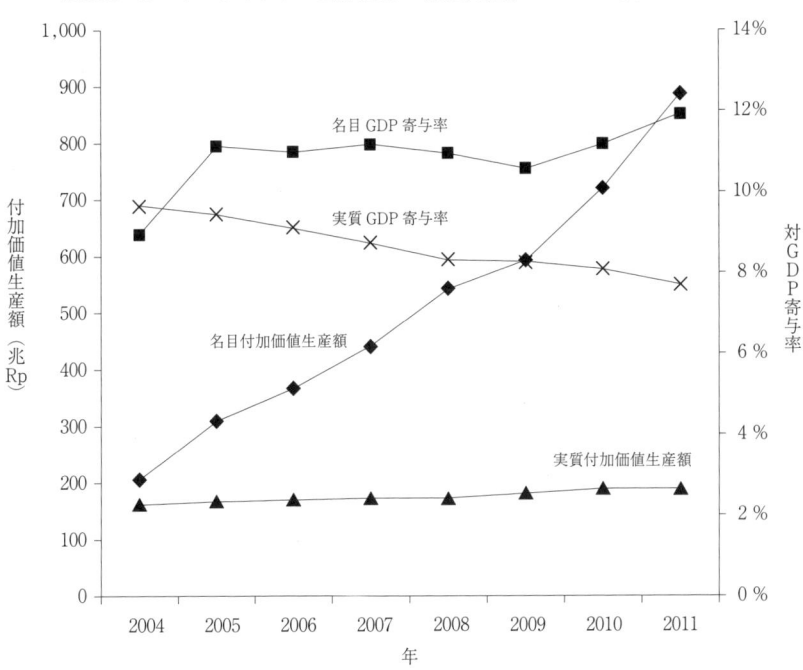

図表3-17 インドネシアの資源産業の付加価値額とGDPに占めるシェア

(出典) Badan Pusat Statistik (BPS), IndonesiaのHPから筆者作成。
(注記) 1．鉱業は、燃料鉱物、金属、採石業を含む。
2．2010年、2011年の数値は、未確定（Preliminary）の数値である。
3．実質GDPベースの値は、2000年基準である。
4．Rpはインドネシア・ルピアの略。

ている。日本は、2011年において、天然ガス輸入量の11.9％に相当する930万［t］のLNGをインドネシアから輸入している。石炭については、生産量（2011年）は1.97億［t］（世界シェア：5.1％）で、世界第5位である。生産規模は、オーストラリア（2.30億［t］、世界シェア：5.8％、世界第3位）に匹敵する水準である。日本はインドネシアから全輸入量の20.2％、3,540万［t］（2011年）の石炭を輸入している。日本にとって、インドネシアはオーストラリアに次いで第2の石炭供給国である。

しかし、石油については、事情が異なる。インドネシアは、かつてはOPEC

に加盟しており、世界有数の石油供給国であった。しかし、経済成長に伴い国内消費量が大きくなり、現在では石油の純輸入国となっている。日本は、非中東の石油供給国として、インドネシアを重視していた。日本のインドネシアからの石油輸入が全輸入量に占める割合は、1973年：4.7％、1980年：15.0％と高く、1990年でも12.6％であったが、インドネシアの経済成長に伴い低下し、2011年には3.5％となっている。インドネシアの石油生産量は減少傾向にあり、2001年の6,790万［t］から2011年には4,560万［t］まで減少している。生産量が減少しているにもかかわらず、R/Pは11.8と低い値になっており、将来的には、石油資源の枯渇化が懸念されている。しかし、今後しばらくは、依然、巨大な産油国であり続けるだろう。

　インドネシアは金属資源も豊富に産出する。銅鉱石の生産量（2010年）は87.2万［t］と大きく、世界第5位で、世界シェア5.5％である。インドネシアは日本に36.3万［t］の銅鉱石（精鉱を含む）を輸出しており、日本にとって第5位の銅鉱石の供給国である。ニッケル鉱石についても、生産量（2011年）は23.2万［t］で、世界第2位で、世界の14.6％のシェアを占めている。インドネシアのニッケル鉱石埋蔵量（2011年時点）は大きく、世界第6位で、390万［t］、シェアは4.9％である。インドネシアは日本にとって、最大のニッケル鉱石（精鉱を含む）の供給国であり、日本の輸入量の53.4％を占めている。

(2)　マレーシア、その他

　次に、マレーシアの資源産業（採石業を含む）の付加価値生産額を、図表3-18に示す。マレーシアの資源産業の、2011年における付加価値生産額（名目）は918億RM（約2.39兆円）であり、GDP寄与率は10.4％である。しかし実質ベースの付加価値生産額は、一貫して低下しており、その減少率は年率2.4％である。資源産業の付加価値生産のGDP寄与率（実質）も、急速に低下しており、2005年には13.3％であったが2011年には8.8％になっている。マレーシアは、1人当たりGDPが1万84US＄（2011年）となり、1万US＄を超えて先進国の水準に達しており、経済のソフト化が進んでいる。このため、サービ

図表3-18 マレーシアの資源産業の付加価値額とGDPに占めるシェア

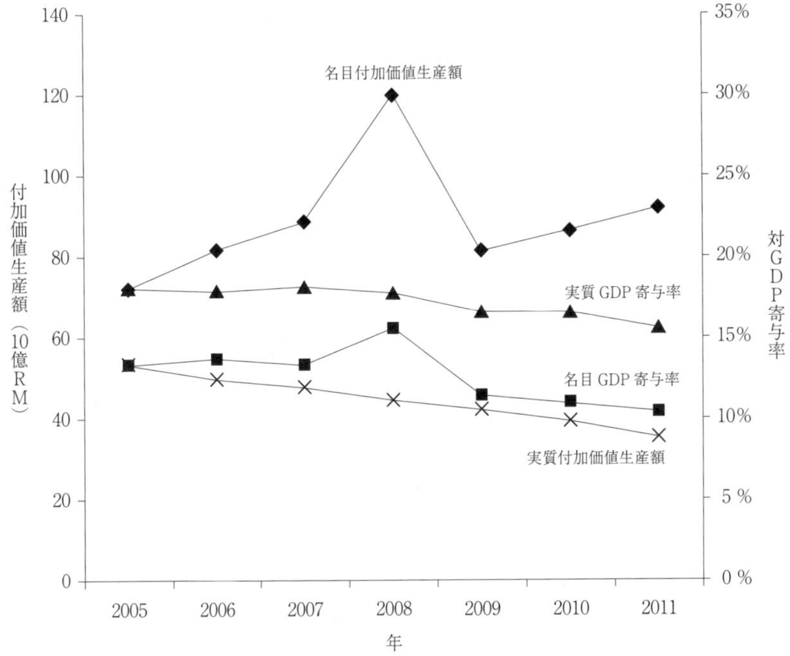

（出典） Department of Statistics, Malaysia, Annual National Accounts Gross Domestic Product (GDP) 2005-2011, 23 May 2012 から筆者作成。
（注記） 1．鉱業は、燃料鉱物、金属、採石業を含む。
    2．2010年、2011年の数値は、未確定（Preliminary）の数値である。
    3．実質GDPベースの値は、2005年基準である。
    4．RMはマレーシア・リンギットの略。

ス産業のGDP寄与率（実質）が、2005年の46.8％から2011年には54.2％まで上昇しており、資源だけではなく、製造業のGDP寄与率も低下傾向にある。しかし、インドネシアと同様にマレーシアにおいても、資源産業は、その規模から見て、依然として重要産業である。

　マレーシアも、かつては、世界的な資源供給国として位置づけられ、豊富な資源の輸出により外貨を稼ぎ、国内産業の振興を図ってきた。2011年には、1人当たりGDPがほぼ先進国の水準に達しているが、依然、資源の生産量は多い。ただし、マレーシアは、主要資源の生産量等で、インドネシアほど世界の上位

を占めることはない。

マレーシアは、天然ガスの生産量が多く、2011年において、618億［m^3］、世界の1.9％の天然ガスを生産している。マレーシアは日本にとって最大のLNG供給国である。日本は、天然ガス輸入量の19.1％に相当する1,500万［t］のLNGをマレーシアから輸入している（2011年）。マレーシアの天然ガスは、マレー半島沖合、ボルネオ島のSarawak州、Sabah州のガス田から生産されているが、沖合ガス田の埋蔵量が減退期に入り、生産量が減少しつつある。その結果、マレーシアの天然ガス生産量は2005年以降ほとんど伸びていない。BPの統計[1]でも、天然ガスの生産量は、2005年から2011年までの6年間は、611→633→646→647→641→626→618億［m^3］となっている。しかし、2012年2月に、Sarawak州沖合でPetronasが大型ガス田を発見したとの報告がなされている[2]。石油については、マレーシアもインドネシアと同様に、生産量は減少傾向にあり、2004年の3,550万［t］から2011年には2,660万［t］まで減少している。

タイも天然ガスの産出国である。2011年のタイの天然ガス生産量は、自国の消費量（466億［m^3］）の79％の370億［m^3］である。

フィリピンはニッケル鉱石の生産量（2010年）が17.3万［t］と大きく、インドネシアに次いで世界第3位に位置している。フィリピンは、日本にとって第3位のニッケル鉱石供給国であり、日本はニッケル鉱石輸入の19.7％、71.8万［t］をフィリピンに依存している。

3　資源消費量

ASEAN-5の経済成長は、同地域の資源の消費量の増加をもたらすことになる。その動向を見てみよう。

ASEAN-5の天然ガスの消費量の1980年以降の推移を図表3-19に示す。ASEAN-5の各国は、域内や近隣にインドネシア、マレーシア、ブルネイ、ミャンマーなどの有力ガス田を有する国が多いこともあり、経済成長に伴い、また、地球温暖化対策への必要性から、天然ガスの消費量を伸ばしてきた。し

図表 3-19　ASEAN-5 の天然ガス消費量の推移

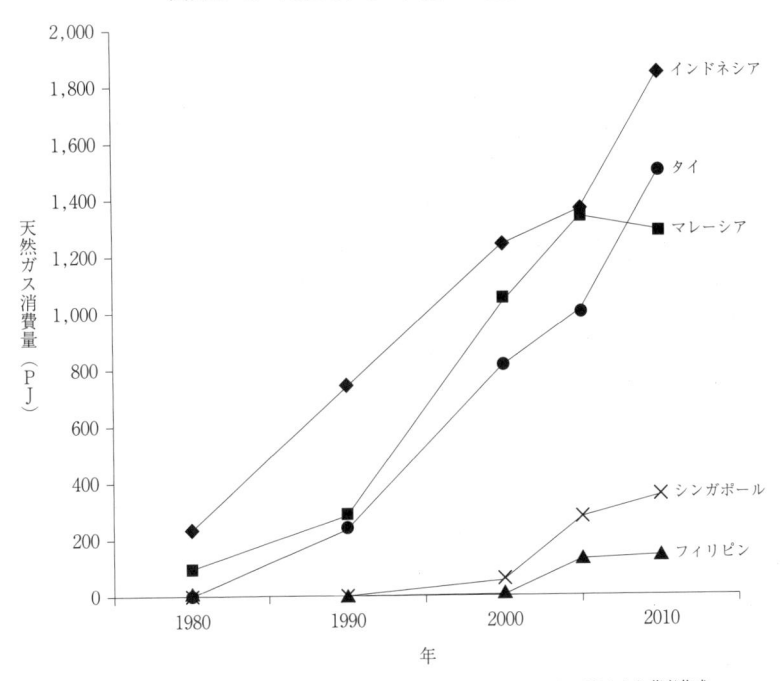

(出典)　International Energy Agency, Energy Statistics of Non-OECD countries 2012 から著者作成。
(注記)　消費量とは生産量に純輸入量を加えた値である。

かし、マレーシアでは、2005年以降、天然ガス消費量の伸びが止まっている。BP の統計[3] でも、天然ガスの消費量は、2005年から2011年までの 6 年間は、314→337→334→338→337→319→285億［m^3］となっている。その背景には、上述のとおり、マレーシアにおける天然ガス田の埋蔵量の減退がある。

マレーシアは天然ガスを LNG として日本へ輸出するとともに、国内需要にも振り向けてきた。しかし、国内ガス田の埋蔵量の減退に備えて、海外からLNG を輸入する政策を打ち出している。具体的には、Sarawak 州を中心とする LNG 輸出は維持しつつ、中東やオーストラリアから LNG を輸入し、マレー半島における国内需要に充てることとしている[4]。国営石油企業 Petronas はオーストラリアにおける炭層メタン液化事業に参画し、2015年から輸入するこ

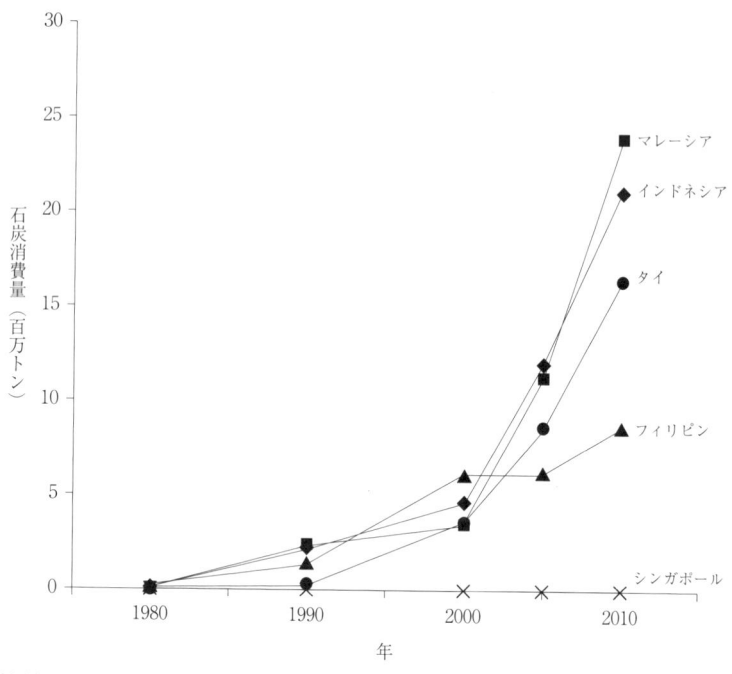

図表3-20　ASEAN-5の石炭消費量の推移

（出典）　International Energy Agency, Energy Statistics of Non-OECD countries 2012 から著者作成。
（注記）　消費量とは生産量に純輸入量を加えた値である。

ととしている。上述のとおり、2012年にSarawak州沖合で大型ガス田が発見されたが、すでにオーストラリアでの大規模投資を実施し、年間250万［t］のLNGを輸入する契約を締結しているので、基本政策は変更しないであろう。マレーシア以外の4カ国はいずれも、天然ガスの消費量を伸ばしており、今後もこの傾向が続くであろう。

　ASEAN-5の石炭の消費量の推移を図表3-20に示す。シンガポールを除く4カ国の石炭消費量は一貫して伸び続けており、とくに2000年頃からは、急速な経済成長を背景に、消費量の伸び率は高くなっている。インドネシア、マレーシア、タイの3カ国では、2005年から6年間で、石炭の消費量が1.8倍～2.1倍になっている。坂本[5]は、マレーシアとタイは、発電用燃料を、天然

第3章　資源エネルギーをめぐる日豪関係に影響を与える要因　145

図表3-21　ASEAN-5の石油NGL消費量の推移

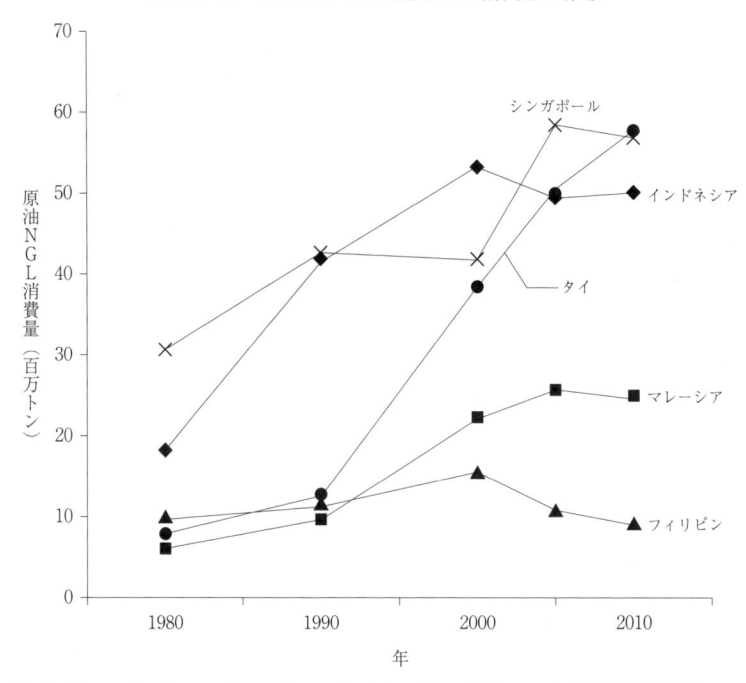

（出典）　International Energy Agency, Energy Statistics of Non-OECD countries 2012から著者作成。
（注記）　消費量とは生産量に純輸入量を加えた値である。

ガスから相対的に安価な石炭にシフトつつあると述べている。上述のとおり、マレーシアは、マレー半島沖合のガス田の生産量の低下を補うために、LNGを輸入する計画を進めているが、輸入LNGの価格は相対的に高いため、LNGの輸入量を一定限度内に抑えるべく、より安価な石炭の使用量を増やす必要に迫られている。タイも、国内の主要ガス田の生産量が、数年後には、減少期に入るため、従来のミャンマーからの天然ガスに加えて、LNGのスポット輸入を開始している。タイも、マレーシアと同様に、発電用として相対的に安価な石炭の消費量を増やす必要がある。ASEAN-5の石炭の消費量は、今後も増加していくであろう。

　ASEAN-5の石油の消費量の推移を図表3-21に示す。ASEAN-5の石油消

費量は、2000年頃までは増加の一途であった。しかし、ここ10年間では、インドネシア、マレーシア、フィリピンの消費量が横ばいあるいは微減状態である。この背景には、マレーシア、インドネシアでは、大規模な新油田の発見がなく、石油生産量が減少傾向にあること、経済成長の原資を稼ぐために一定量の石油の輸出が必要であることがある。また石油生産には、海外企業の権益が入っているため、一定量の石油が輸出に回ることも背景にある。

このように、ASEAN-5の資源消費量は、石炭、天然ガスを中心に、増加傾向にある。

4　国際市場への影響

ASEAN-5は、経済成長に伴い資源の消費量が増大しているが、インドネシア、マレーシアなどにおいて大量の資源を生産している。ASEAN-5の石炭、天然ガス、石油の純輸入量の推移を見る限り、国際的な資源需給、とくにオーストラリアの資源の需給に与える影響は小さいと言える。

(1)　資源需給への影響

図表3-22に、ASEAN-5の石炭の純輸入量の推移を、中国、インドと比較して示す。同図表において、「マイナス」は純輸出である（輸出量が輸入量を上回っている）ことを意味する。中国、インドは、急速に石炭の輸入量を増加させている。既述（第3章第1節2(1)）のとおり、中国は、世界の石炭生産量の49.5％（2011年）を占める世界最大のの石炭生産国であるが、他方、2011年には1.82億［t］を輸入し、日本（輸入量：1.75億［t］）を抜いて世界最大の石炭輸入国になっており、東アジアの資源需給の逼迫要因になっている。逆に、ASEAN-5は、同図表が示すように、石炭の輸出を急速に増やしている。ただし、5カ国の中では、インドネシアだけが純輸出1.75億［t］であり、他の国（シンガポールを除く）は純輸入である。マレーシアの石炭純輸入量は2005年の1,040万［t］から2011年には2,120万［t］まで、倍増しており、タイも同期間に石炭の純輸入量が倍増している（850万［t］→1,640万［t］）。し

第3章　資源エネルギーをめぐる日豪関係に影響を与える要因　147

図表3-22　アジアの主要国の石炭の純輸入量の推移

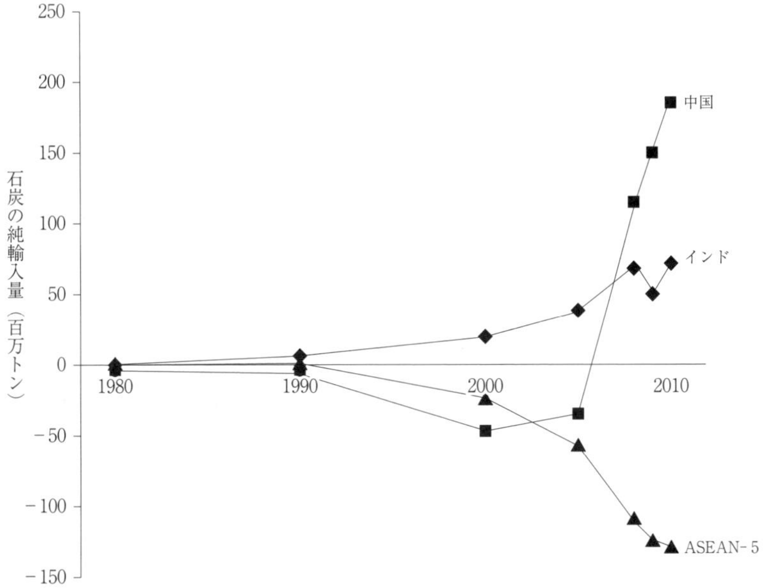

（出典）　International Energy Agency, Energy Statistics of Non-OECD countries 2012 から著者作成。

かし、インドネシアの純輸出量が倍増しているため、ASEAN-5全体では大きな輸出超過となっている。インドネシアの石炭の輸出先（2011年）は、中国（6,500万[t]）と日本（3,500万[t]）である。インドネシアからの石炭輸出の増加が、中国の石炭輸入の増大による東アジアの石炭需給の逼迫を緩和する機能を果たしているのである。

次に、図表3-23に、ASEAN-5の天然ガスの純輸入量の推移を、中国、インドと比較して示す。石炭と同様に、中国、インドは、急速に天然ガスの純輸入量を増加させているが、ASEAN-5は輸出超過の状態である。ただし、ASEAN-5の純輸出量は、2000年以降は、横ばいないし徐々に減少している。上述（第3章第2節2(2)）のとおり、マレーシアの主力ガス田の埋蔵量の減退の影響である。マレーシアとインドネシアの天然ガスのR/Pは、それぞれ39.4、39.2であること、天然ガスの取引形態が固定的であることから、輸出量が急速

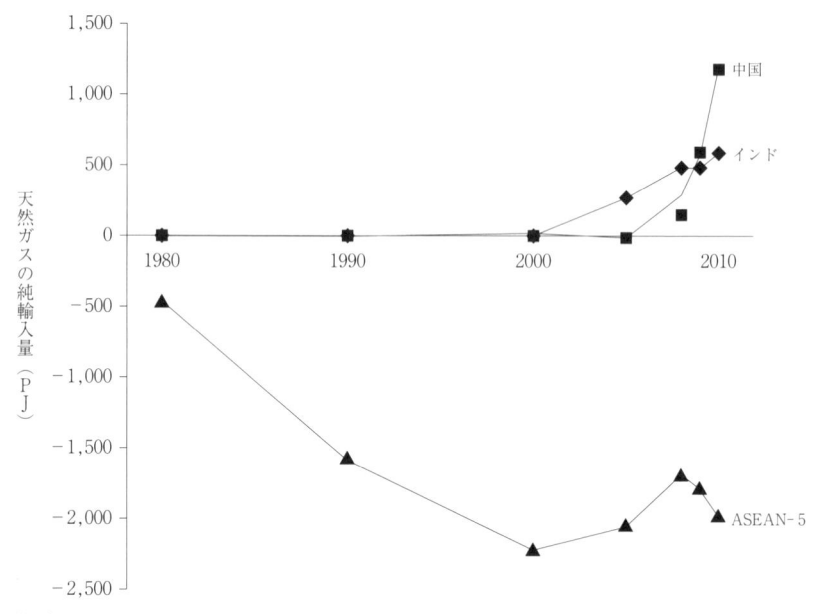

図表 3-23　アジアの主要国天然ガスの純輸入量の推移

（出典）　International Energy Agency, Energy Statistics of Non-OECD countries 2012 から著者作成。

に減退するとは考えられない。2011年において、日本の天然ガス輸入元の第1位はマレーシア（1,500万［t］）、第4位がインドネシア（930万［t］）で、両国からの輸入量が全輸入量の31％を占めている。日本は、これらの国からの天然ガスは、直接投資に裏打ちされた長期契約により、一定の輸入量を確保している。天然ガスでも、ASEAN-5の輸出が、中国の天然ガス輸入量の増加の日本への影響を緩和する機能を果たしている。

　石油の純輸入量の推移を、図表3-24に示す。石油については、ASEAN-5も、中国と同様に、かつては輸出国であったが、現在は純輸入国である。ASEAN-5の石油の純輸入量は、一貫して、増加してきたが、2005年頃からは伸びは止まっている。したがって、ASEAN-5が、東アジアの石油需給に与える影響は小さいと考えられる。オーストラリアは石油の産出量が小さいため、オーストラリアの石油資源の需給に与える影響もほとんどない。

第3章　資源エネルギーをめぐる日豪関係に影響を与える要因　149

図表3-24　アジアの主要国の石油・NLG の純輸入量の推移

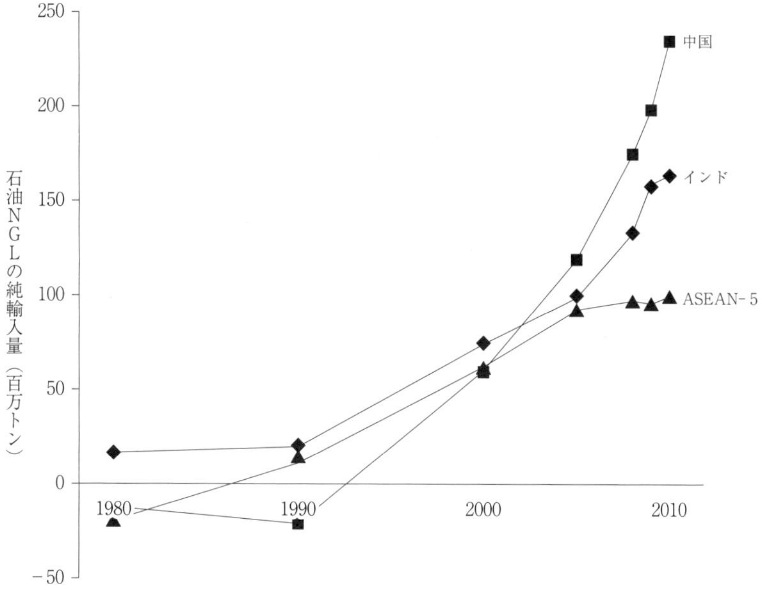

(出典)　International Energy Agency, Energy Statistics of Non-OECD countries 2012 から著者作成。

(2)　資源貿易

　オーストラリアの資源の ASEAN-5 への輸出動向から、日本によるオーストラリア資源確保への影響を考えてみる。第1章第3節の図表1-24で見たとおり、オーストラリアの主要資源の輸出量の大半は、日本、中国、韓国、インド向けである。ここでは、個々の資源ごとに、ASEAN-5 を中心とする東南アジア向け輸出の動向を見てみる。

　まず、燃料炭については、オーストラリアの輸出量（2010～11年度）1.43億［t］のうち ASEAN 向けは634万［t］にすぎない。原料炭については、オーストラリアの輸出量（同）は9,160万［t］であるが、ASEAN 向けはほぼゼロである。また、LNG については、オーストラリアから ASEAN への輸出はない。

原油については、オーストラリアの輸出量（同）1,960万［kl］の13.5％、265万［kl］がシンガポール向けである。シンガポール向け輸出量は、2003～04年度に395万［kl］であり、以降、増減しながらこの水準を維持している。シンガポールは人口が少ないうえに、すでに日本を超える先進国となっており、今後、大幅な石油需要の増加は考えられない。オーストラリアは石油の輸入国でもある。オーストラリアは原油生産国であるが、生産量が小さく、国内の石油需要をまかなうことができないため、原油およびガソリン、軽油などの石油製品を輸入している。2010～11年度には、原油3,180万［kl］を輸入しており、うちインドネシアから480万［kl］、マレーシアから590万［kl］、ベトナムから256万［kl］である。また、石油製品については、1,880万［kl］を輸入しており、うちシンガポールからが950万［kl］となっている。また、インドネシア、マレーシアからも少量を輸入している。オーストラリアは石油および石油製品の純輸入国であるため、ASEANと日本がオーストラリアの石油確保において競合することはない。

次に、金属資源である。鉄鉱石については、オーストラリアからの輸出の99.5％が中国、日本、韓国、台湾向けであり、ASEAN向けはほとんどない。銅鉱石は（2010年）、フィリピン向けに10.9万［t］が輸出されているが、輸出量188万［t］の5.8％にすぎない。また、亜鉛鉱石（金属成分ベース）（2010年）の輸出先の第4位がタイであるが、そのシェアは3.9％にすぎない。

このように、オーストラリアからASEANへの資源輸出は少なく、オーストラリア資源をめぐって、ASEANと日本が競合関係にはなく、今後もそのような懸念はほとんど考えられない。

5　資源権益をめぐるASEAN-5とオーストラリアの関係

ASEAN-5の資源需要の増加は、統計上の数値を見る限りは、オーストラリアの資源需給に与える影響は大きくないことが明らかになった。しかし、ASEAN-5の各国がオーストラリアの資源の権益確保に動けば、日本の資源確保と衝突することになる。そのため、ASEAN-5とオーストラリアの関係

を以下に示す。なお、関連する個別案件として、チモール海における国際共同石油開発およびインドネシアの輸出税についても、言及する。

(1) ASEAN-5によるオーストラリア資源への投資

ASEAN-5によるオーストラリアの資源への投資はあまり大きくない。図表3-14に示したように、ASEAN-5の中でマレーシアは、2003年までは、オーストラリアの資源分野への投資国としてリストアップアされてきた。しかし、近年は、マレーシア、シンガポール、タイが散発的に名前を連ねる程度であり、投資はあまり活発ではない。最近の主たる事例は下記のとおりである。

シンガポールでは、石油企業Singapore Petroleum Company（SPC）が、2007年に、オーストラリアTasmania州北方沖Bass BasinのT/47Blockの権益35％を獲得している。マレーシアでは、2011年1月に国営石油企業Petronasが、オーストラリアの資源企業Santos社がオーストラリア・クィーンズランド州で行っている炭層メタンの液化プロジェクト（GLNG）に参画している。同プロジェクトに投資している企業は、Santos（30％）、Petronas（27.5％）の他、Total社（27.5％）、韓国のKOGAS（15％）である。投資規模は185億US＄（約1兆5,000億円）、2015年から輸出を開始する計画である。タイでは、2010年に、工業省傘下の国営石油会社PTTが、オーストラリアの資源企業Straits Resourcesの石炭部門を買収している。

(2) オーストラリアによるASEAN-5への投資

両国の関係では、むしろASEAN-5最大の資源生産国インドネシアの資源プロジェクト権益をめぐり、オーストラリアの資源企業とインドネシアの資源企業のせめぎ合う事例が多い。事例は、オーストラリア企業がインドネシア資源に投資するケースとインドネシア企業が、オーストラリア企業の保有していたインドネシア資源の権益を取り戻すケースの2つに大別できる。最近では、両者のせめぎ合いに、中国の資源企業が加担するケースが目立つ。

第1に、オーストラリア企業のインドネシアへの投資である。オーストラリ

アの資源企業 Finders Resource 社が、2011年に、Maluku 州の Wetar 銅プロジェクトの権益（95％）を確保しており、2014年の本格生産の開始を視野に準備を進めている。埋蔵量は820万 t、銅の平均品位2.5％、初期投資コストは1.55億US＄（約122億円）とされている(6)。オーストラリアの資源企業 Victory West Moly 社は、2011年に、South Sulawesi 州の Toraja 地区にある銅・金探鉱プロジェクト権益の75％を取得している(7)。同社は2010年にも、South Sulawesi 州 Malili East Luwu に位置する USSU ニッケル探鉱プロジェクト権益の70％を取得している(8)。また、オーストラリアの金鉱石開発企業 Newcrest Mining 社は、2010年に、カナダの Southern Arc Minerals 社がインドネシアの Nusa Tenggara Barat 州 Sumbawa 島に持つ Taliwang 金・銅探鉱プロジェクト資本参加する形で、権益を確保している（以上、年はいずれも発表ベースである）。

インドネシアにおいて、オーストラリア企業と中国企業が共同で資源プロジェクトを進める例がある。オーストラリアの資源企業 Victory West Moly 社は、2011年に、スラウェシ島北部の Malala モリブデン・プロジェクトを、中国の広寿集団社と合弁で進めるべく準備中である(9)(10)。

第2に、インドネシア企業が、インドネシアで事業を進めるオーストラリアの傘下にある資源企業を買収した事例である。PT Bumi Resources は、インドネシアの主要資源企業の買収を繰り返して、企業規模を拡大してきた。その過程で、同社は、2001年にオーストラリアの資源企業 BHP Billiton からインドネシア第4位の石炭企業 PT Arutmin Indonesia の株式の80％を取得した1)。また、PT Bumi Resources は、2003年には BP とオーストラリアと英国の資源企業である Rio Tinto からインドネシア最大の PT Kaltim Prima Coal の株式の100％を買収して、インドネシアにおける最大の石炭生産企業となっている(11)。

インドネシアにおいて事業を進めるオーストラリアの資源企業をめぐり、中国・インドネシアの企業連合と他のインドネシア企業が、買収合戦を試みた例がある。中国の資源企業である中金嶺南有色金属とインドネシアの国営資源企業である PT Aneka Tambang（Antam）連合とインドネシア最大級の石炭企

業である PT Bumi Resorces は、2008年に、北スマトラ州で Dairi 鉛・亜鉛プロジェクトの80％の権益を有するオーストラリアの資源企業 Herald Resources をめぐり激しい買収劇を繰り広げた[12][13][14][15][16]。最終的には、PT Bumi Resources が、100％子会社の Calipso Investment Pte を通じて、Herald Resources の84.15％の持ち分を取得する[17]。なお、2012年時点では、プロジェクト企業である PT Dairi Prima Mineral の80％を PT Bumi Resources 側が、20％を PT Aneka Tambang 側が保有している。

このように、ASEAN-5のオーストラリアの資源の権益の確保の動きは活発ではない。ASEAN-5に資源生産国をかかえているため、ASEAN-5の各国が、必ずしも、オーストラリアで資源を確保する必要がないからである。むしろ、インドネシアの資源をめぐり、オーストラリア企業とインドネシア企業が競合している。その結果、オーストラリアの資源をめぐり、日本とASEAN-5は競合関係に立つことはない。

(3) 石油の共同開発

ASEAN においては、資源をめぐる動きで無視できない事案がある。現時点では、これらはオーストラリアの資源動向に直接の影響を与えていないが、記載しておく。

オーストラリアとインドネシア（現・東チモール）の間には、チモール海の油田、ガス田の権益を背景とする領海線をめぐる争い（Timor Gap）が存在する[18][19]。しかし、両国は、領海線の確定を棚上げして、石油の開発を優先することとしている。2003年4月に発効したされたチモール海条約（The Timor Sea Treaty）は、共同開発の海域の設定、共同開発機関の設立を規定している。同条約は石油による歳入の90％を東チモール、10％をオーストラリアが取得することも規定している。さらに、2007年2月に発効（2006年1月に調印）したチモール海における海事調停に関する条約（Treaty on Certain Maritime Arrangements in the Timor Sea：CMATS）は、領土問題の解決を50年間延期する旨を規定している。現在は、チモール海における Joint Petroleum Development Area（JPDA）と Greater Sunrise Field における2つの鉱区で、石油・ガスの共同生産が行われている。この問題は、生産される石油の帰属に関する問題であり、日本によるこの地域における資源確保に、直接的な影響を与えるものではない。

(4) インドネシアの資源輸出税

インドネシアは、2012年5月から、金属・鉱石65品目に20％の輸出税を課すこととした。内訳は、金属鉱物：21品目[2)]、非金属鉱物：10品目、岩石鉱物：34品目となっている。単に税収を増加させるためではなく、資源を鉱石のまま輸出するのではなく、精製・加工し、付加価値を高めて輸出することにより、産業構造の高度化を図り、さらなる経済成長のエンジンとしようとする政策である。現在は、資源産業への対内直接投資を誘致しているが、輸出税の導入により、下流の高付加価値産業への投資の誘致につなげる政策である。なお、インドネシア政府は、輸出税よりも強力な資源の輸出規制という直接的な政策も考えているとの情報もある。ただし、これらの政策はインドネシアの資源価格の上昇を招くため、資源貿易だけを考えれば他の資源生産国との競争条件が不利となる。しかし、インドネシア政府の意図は、資源の輸出を禁止してでも、資源産業の付加価値を上げたいというところにあるため、輸出税の導入に踏み切ったのであろう。

この輸出税の導入により、インドネシアからの資源の輸出量が減少すれば東アジア地域におけるオーストラリア資源の需給のタイト化をもたらす可能性がある。他方、資源価格の上昇が東アジアにおける資源需要を減少させて、オーストラリア資源の需給の緩和をもたらす可能性もある。

今後、輸出税導入の動きが、他の資源生産国に波及する可能性がある。資源生産国は、資源の精製・加工に伴う付加価値および雇用を、国内で確保したいと当然考えるであろうからである。輸出税の導入は資源ナショナリズムの1つであり、その広がりは、日本のような資源を持たない国において、資源を精製する鉄鋼、非鉄金属などの基礎産業の存続の基盤を揺るがすことになる。中国

によるレアアースの輸出規制に触発された可能性もある。しかし、著者はこのような資源の輸出税の導入は、中国の経済成長を背景とする資源需給のタイト化を背景とする、一時的なものであると考えている。遠からず到来するであろう中国経済の減速時には、需給バランスが緩み、他の資源生産国との競争条件が不利になり、輸出税という政策は機能しなくなると考えている。WTO体制の下では、輸入税、輸入規制が重点的に採り上げられているが、輸出税も自国産業の保護育成の手段としての機能を有するので、重点的な議論の対象となるべきである。

インドネシアの輸出税は、直接的には、日本のオーストラリア資源の調達に影響を与えるものではない。しかし、中長期的に見れば、国際市場に出てくる資源の量を減少させ、日本に大きな影響を及ぼすことになろう。

6　ASEANの経済成長とオーストラリアの資源

東南アジア、とくにASEAN-5の経済成長は著しく、資源消費量も石炭、天然ガスを中心に増加している。しかし、資源消費量の増加は、膨大な人口、世界第2の経済規模を擁する中国ほど大きなものではない。また、ASEAN-5は、インドネシア、マレーシアという資源生産国を擁しているため、資源の消費量の増加が直接に輸入量の増加につながるわけではない。今後も資源の輸入量が急増する可能性は小さいと考えられる。ASEANでは、オーストラリア資源の需給をタイト化するような状況にはない。むしろ逆にASEAN-5は、石炭や天然ガスを大量に輸出しており、中国やインドの資源消費の増大に伴う、東アジアの資源需給を緩和する機能を果たしている。

ASEAN-5の各国は、国営石油企業などを中心に、オーストラリアの資源開発プロジェクトに参画しているが、その規模は限定的である。むしろ、オーストラリア企業によるインドネシアの資源プロジェクトへの参画の方が活発であり、インドネシア企業との競合が顕在化している。

このように、ASEAN-5の経済成長は、中国の経済成長と異なり、オーストラリアの資源需給に大きな影響を及ぼしてはいない。ASEAN-5と日本は、

オーストラリアの資源をめぐり競合関係にたってはいない。なお、インドネシアによるの輸出税の導入は、これが他の資源国に波及すれば、日本の資源精製・加工産業に大きな影響を与える可能性がある。

注
1） PT Bumi Resources は、2004年に PT Arutmin Indonesia の株式を追加取得して、持ち分を99.99％としている。さらに、同社は、2007年に、PT Arutmin Indonesia の株式の30％をインドの Tata Power 社に売却し、2011年時点での持ち分は70％である。
2） 輸出税の対象となる金属鉱物は下記の21品目（いずれも精鉱（concentrates）を含む）である。なお、インドネシア政府は、石炭には課税しない方針を明らかにしている。
 1 硫化鉄鉱石（未処理：unprocessed）、2 鉄鉱石石（未凝結：unaglomerated）、3 鉄鉱石（凝結：agglomerated）、4 硫化鉄鉱石（焙焼：roasted）、5 マンガン鉱石、6 銅鉱石、7 ニッケル鉱石、8 コバルト鉱石、9 アルミニウム鉱石、10 鉛鉱石、11 亜鉛鉱石、12 クロム鉱石、13 モリブデン鉱石（処理済：processed）、14 その他のモリブデン鉱石、15 イルメナイト鉱石、16 チタン鉱石、17 ジルコニウム鉱石、18 銀鉱石、19 金鉱石、20 白金族鉱石、21 アンチモン鉱石。

参考文献
（1） BP Statistical Review of World Energy, June 2012
（2） 坂本茂樹「マレーシア：サラワク沖合ガス田発見〜マレーシア LNG 拡張の戦略」『石油・天然ガス資源情報』（独立行政法人石油天然ガス・金属鉱物資源機構）（http://oilgas-info.jogmec.go.jp/report_pdf.pl?pdf=1204_out_c_mlng_expansion%2epdf&id=4653）（2012年10月30日アクセス）
（3） BP Statistical Review of World Energy, June 2012
（4） 坂本茂樹「タイ・マレーシア：国営石油企業のガスを巡る海外進出と発電用燃料の選択」『石油・天然ガス資源情報』（独立行政法人石油天然ガス・金属鉱物資源機構）（http://oilgas-info.jogmec.go.jp/report.pl?baitai=1&page=5&sort=registday&sortidx=1）（2012年10月20日アクセス）
（5） 同上
（6） Finders Resources Limited, Annual Report 2011, 2012（http://www.findersresources.com/files/Announcements%202012/April%202012/Annual%20Re-

port%202011.pdf) (Accessed on October 20, 2012)
(7) Victory West Moly Limited, News release (27 Jnuary 2011): Victory West to acquire highly prospective Indonesian copper-gold project, 2011 (http://www.victorywest.com.au/_content/documents/401.pdf) (Accessed on October 21, 2012)
(8) Victory West Moly Limited, News release (12 November 2010): Victory West finalises the acquisition of the USSU Nickel Project, 2010 (http://www.victorywest.com.au/_content/documents/386.pdf) (Accessed on October 20, 2012)
(9) Victory West Moly Limited, News release (09 February 2011): Work to start at Malala molybdenum Project, 2011 (http://www.victorywest.com.au/_content/documents/407.pdf) (Accessed on October 20, 2012)
(10) Victory West Moly Limited, Annual Report 2012, 2012 (http://www.victorywest.com.au/_content/documents/489.pdf)) (Accessed on October 20, 2012)
(11) PT Bumi Resources Tbk, Annual Report 2011
(12) Antam & Nonfemet, Joint news rlease (07 March, 2008), Tang lodges bidder's statement for the recommendation ＄2.50 per Share Cash Offer for Herald Resources, 2008 (http://www.antam.com/index.php?option=com_jooget&Itemid=144&task=viewcategory&catid=85&startpage=7) (Accessed on October 20, 2012)
(13) Antam & Nonfemet, Joint news rlease (17 June, 2008), Tango annaouces a revised two-tire ＄2.65-＄2.65 recommended cash offer for Herald Resouces, 2008 (http://www.antam.com/images/stories/joget/file/press_release/tango_02_06_08.pdf) (Accessed on October 20, 2012)
(14) Antam & Nonfemet, Joint news rlease (08 July, 2008), Tango extends unconditional cash offer and urges shareholders to take no action in response to Calipo's offer (http://www.antam.com/images/stories/joget/file/press_release/tango_announcement_8jul08.pdf) (Accessed on October 20, 2012)
(15) Antam & Nonfemet, Joint news rlease (15 July, 2008), Tango does not extend its 2.80 unconditional cash offer for Herald Resources Limited (http://www.antam.com/images/stories/joget/file/press_release/Announcement_for_Tango_15_Jul_08.pdf) (Accessed on October 20, 2012)
(16) Antam & Nonfemet, Joint news rlease (17 June, 2008), Tangp announces increased ＄2.80 cash offer for Herald, 2008 (http://www.antam.com/images/stories/joget/file/press_release/asx_announce_17_june.pdf) (Accessed on October

20, 2012)
(17) PT Bumi Resources Tbk, Annual Report 2008
(18) 松野明久「ティモール・ギャップ水域境界線交渉」『季刊東チモール15』2004 (http://www.asahi-net.or.jp/~ak4a-mtn/news/quarterly/number15/15timorgap.html)（2012年11月4日アクセス）
(19) ステファニー・クープ「ティモール・ギャップ問題」『季刊東チモール15』2003 (http://www.asahi-net.or.jp/~ak4a-mtn/news/quarterly/number13/timorgap13.html)（2012年11月4日アクセス）

第3節　地球温暖化の潮流

　国際的な地球温暖化対策は、オーストラリアの資源需給に大きな影響を与える。地球温暖化政策の浸透は、化石燃料の使用量の減少、CO_2の発生量の多い化石燃料から少ない化石燃料への転換につながるからである。オーストラリアに資源の多くを依存する日本も、大きな影響を受けることになる。本節では、地球温暖化交渉の動向と各国の対応を明らかにし、オーストラリアの資源への影響を考える。本節において論じる資源は、石炭、石油、天然ガスである。

1　地球温暖化とエネルギー使用

(1)　地球温暖化とは

　地球温暖化とは、太陽エネルギーを受けた地表面から赤外線の形で放射される熱を、温室効果ガス（GHG：Greenhouse Gas）が吸収して再び地表面や下層大気を加熱することにより、地球の気温が上昇するという現象である。

　温室効果ガスの主なものは、産業活動や人々の生活に伴い発生する二酸化炭素（CO_2）、メタン（CH_4）、一酸化二窒素（N_2O）、フロン（CHF_3、CH_2F_2など多数）などの化学物質である。これら物質が地球温暖化に与える影響の強さ（地球温暖化係数）[1]には差があり、CO_2の地球温暖化係数は、他の温室効果ガスに比べると、それほど高くない。しかし、CO_2は大量に排出されるため、その地球温暖化への寄与は大きい。なお、水（水蒸気）の地球環境に与える影

響については、見解が割れている[2]。

現在地球の平均気温は約15℃であるが、過去100年間で0.3〜0.6℃上昇したとされており、現在のペースで温室効果ガスが増え続けると、2100年には約2℃上昇すると言われている[1]。地球温暖化により、多様な悪影響が生じるため、これを防止すべきであるとされている。政府の報告書[2]によれば、水資源への影響（例：深刻な水不足や水被害）、海面水位への影響（例：沿岸域の低地の水没）、自然生態系への影響（例：絶滅種の増加）、食料供給への影響（例：不作による食料不足）、人の健康への影響（死亡率や伝染病危険地域の増加）などの弊害が生じるとされている。

(2) 地球温暖化と化石燃料資源

温室効果ガスは、その種類により、発生形態が異なる。CO_2は化石燃料（石炭、石油、天然ガス）の使用により発生する。CH_4は農業（家畜消化管内発酵、水田土壌有機物発酵）、廃棄物の腐敗により、N_2Oは不完全燃焼、農業（家畜排せつ物、農用地土壌）により、フロンは冷蔵庫やエアコン等の冷媒関係の排出により、それぞれ発生する。しかし温室効果ガスの中で、現実に地球温暖化への寄与の大きな物質は大量に発生するCO_2である。たとえば、日本の場合、2010年における温室効果ガスの排出量をCO_2換算［mt］[3]で比較すると、CO_2は1,191.9、CH_4は20.4、N_2Oは22.1、フロン（HFCs、PFCs、SF_6の計）は23.6、合計1,258.0となっており、94.7％がCO_2によるものである[3]。CO_2の発生原因の95％が化石燃料の燃焼である。この傾向は世界全体でもほぼ同じであるため、地球温暖化対策＝排出CO_2の削減という構図で議論される（したがって、本書では、温室効果ガスの削減という言葉とCO_2削減という言葉を、厳密に区別せずに使用している）。排出CO_2を削減するためには、化石エネルギーの使用量そのものを減らせばよい。使用エネルギー量を維持したまま、排出CO_2を削減するためには、2つの方法がある。第1は、化石燃料の使用量を減らし、非化石エネルギー（水力、原子力、太陽・地熱・風力等の自然エネルギー）の使用量を増やすことである。第2は、化石燃料により単位エネル

ギー当たりのCO_2の排出量（CO_2排出原単位）が異なるため、原単位の大きな化石燃料の使用量を減らし、原単位の小さな化石燃料の使用量を増やすことである。たとえば、石炭の使用量を減らし天然ガスの使用量を増やす方法である。

2　気候変動枠組条約とエネルギー使用

(1)　現状：京都議定書

　国際的な地球温暖化対策の根拠となっている条約は、1992年に採択された気候変動枠組条約（United Nations Framework Convention on Climate Change）である。同条約参加国の意思決定機関として締約国会議（COP：Conference of the Parties to the Convention）があり、毎年1回開催されている。

　国際的な地球温暖化対策の骨格は、第3回締約国会議（COP 3）（1997年、於京都）で採択された京都議定書（Kyoto Protocol）（1997年12月採択、2005年2月16日発効）に定められている。同議定書は、先進国（38カ国と当時のEC（ヨーロッパ共同体））に対して法的拘束力のあるCO_2排出量削減目標を課している[4]。目標期間は、2008〜2012年の5年間であり、削減率は国により異なるが、1990年に比べて平均5％の削減率となっている。主な国の削減率は、日本6％、米国7％、EC（現EU）8％となっている。なお、オーストラリアは8％の増加が認められている。中国、韓国、インド、東南アジア諸国といった、急激な経済成長をとげたアジアの主要国は軒並み、削減対象国からはずされている。また、米国は批准手続きが進まず、削減義務を課されていない。オーストラリアの資源の主要輸出先の中では、日本だけがCO_2排出量削減義務を負っている。

　各国のCO_2排出量のシェア（2009年）を図表3-25に示す。すべての発展途上国およびCO_2の最大排出国である中国（排出量のシェア：23.6％）、第2の排出国である米国（同：17.9％）、第3位のインド（同：5.5％）が排出義務を免れているため、排出量の25.9％を占める国だけに削減義務を課すという構造になっている。実効性がないだけでなく、不公平な（正直者が馬鹿を見る）形になっている。その結果、世界のCO_2換算排出量は、1990年には2万966［mt］

第3章 資源エネルギーをめぐる日豪関係に影響を与える要因 161

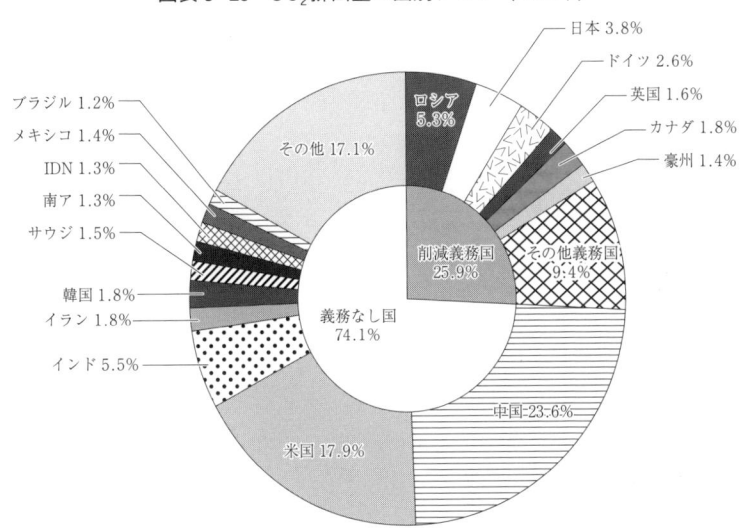

図表3-25 CO$_2$排出量の国別シェア（2009年）

- 日本 3.8%
- ドイツ 2.6%
- 英国 1.6%
- カナダ 1.8%
- 豪州 1.4%
- ロシア 5.3%
- その他 17.1%
- ブラジル 1.2%
- メキシコ 1.4%
- IDN 1.3%
- 南ア 1.3%
- サウジ 1.5%
- 韓国 1.8%
- イラン 1.8%
- インド 5.5%
- 米国 17.9%
- 中国 23.6%
- 削減義務国 25.9%
- その他義務国 9.4%
- 義務なし国 74.1%

（出典） International Energy Agency, CO$_2$ Emission from Fuel Combustion, 2011 Editions Highlight から著者作成。
（注記） 1．世界全体の総排出量には国際船用・航空機用輸送燃料（International marine bunkers と International aviation bunkers）を含めて計算している。
2．IDN はインドネシア、南アは南アフリカの略。

であったが、2009年には2万8,999［mt］と38.3%の増加となっている。

(2) ポスト京都議定書

京都議定書は2012年までの期限となっているため、2013年以降の温室効果ガス排出量削減の枠組みが、毎年のCOPで議論されてきた。COPは毎年11〜12月に開催されるのが通例であり、締約国内の批准手続きの期間を考えると、新しい枠組みは2011年のCOP 17（於南アフリカ・ダーバン）で合意される必要があった。しかし、利害関係は錯そうしているため、削減義務を伴う新しい枠組みについての合意は成立しなかった。今後については、中国、米国、インドなどの大量排出国にも（削減）義務を課す新しい枠組みを、遅くとも2015年中に作業を終えて、議定書として2020年から発効させ、実施に移すというスケジ

ュールが合意されるにとどまった。無規制状態に突入することを避けるために、京都議定書の延長が、第2約束期間（Second Commitment Period）（2013～2019年）の設定という形で、実施されることとなった。しかし、日本、ロシアは事実上参加しない（数値目標を設けない）こととし、カナダは京都議定書から脱退することとした。この3カ国のCO_2排出量（2009年）は、削減義務国の排出量の多い順の1位、2位、4位であり、量では42％を占めている。その結果、第2約束期間に参加する国のCO_2排出量は世界全体の15.0％にとどまる。京都議定書の枠組みは事実上崩壊したと言える。

オーストラリアの化石燃料資源の主要な輸出先である中国、韓国、インド、台湾に対してCO_2排出量削減義務が課されなかっただけでなく、日本も削減義務を負わなくなった。このような地球温暖化対策をめぐる動向は、オーストラリア資源の需要を増加させることになる。

(3) 地球温暖化対策の利害関係

国際的な地球温暖化対策の動向は、オーストラリアの資源需給に大きな影響を与えるため、地球温暖化対策の利害関係を整理する。ポスト京都議定書の枠組みがまとまらない原因は4点ある。

第1に、先進国と新興国の対立である。現在、削減義務を負っているのは、上述（第3節2(1)）のとおり、排出量全体の25.9％を排出するに過ぎない先進国だけである。中国、インドなどの大口排出国だけでなく、韓国、ブラジルなども削減義務を負っていない。先進国は、議定書を実効あるものとするためには、新興国も削減義務を負うべきであると主張している。しかし、中国、インドは高度経済成長の真ただ中にあり、エネルギー使用の増加（＝CO_2排出量の増加）は避けられないと考えている。また、経済成長が急速であるため、CO_2排出量の増加率が高く、削減することが事実上不可能である。削減率は1990年基準（1990年の排出量から何％削減できるか）で議論されている。しかし、たとえば中国の排出量は1990年には2,244［mt］であったが、2009年には6,877［mt］となっており、1990年比で1％の削減でも、現在の排出量を3分

の1にする必要がある。2005年（4,197 [mt]）を基準としても、約39％の削減である。20年間経済が停滞している日本や先進国と同列に論じることができない。

　第2に、米国の議定書不参加である。米国のCO_2排出量は、世界の17.9％を占めており、中国と並ぶ大口CO_2排出国である。しかし、米国は産業活動への影響を考えて、議会の中に強硬な反対があるため、批准できないのである。民主党の大統領時代においても、不参加の状態であるため、当面は、米国が参加する見通しは小さいであろう。

　第3は、発展途上国の問題である。発展途上国は、国内経済を拡大して国を豊かにするために、エネルギーを必要とする。エネルギー消費量に縛りをかけられると、先進国との経済格差、生活水準の格差を固定化されることになり、貧困からの脱出ができなると考えている。このため、CO_2排出量の削減を受け入れることを拒否する立場である。先進国は、CO_2排出量の削減のために、資金提供や技術供与（COP 15コペンハーゲン合意：2020年までに1,000億US＄）を行っているが、途上国は京都議定書の延長、つまり、先進国だけの削減義務を主張している。

　第4は、議論されている削減目標の規模が大きいことである。議論は、科学的な見解に基づき、産業化以前の水準からの世界全体の平均気温の上昇が2℃を超えないようにすべき（コペンハーゲン合意：2009年12月）との認識から出発している。そのためには、2050年までに世界全体の温室効果ガス排出量を50〜80％削減する必要がある。このため、気候変動に関する政府間パネル（Intergovernmental Panel on Climate Change：IPCC）は、ポスト京都議定書における排出削減目標値に関する議論において、先進国は2020年に25〜40％削減（1990年比）というシナリオを提示している[4]。日本も、鳩山首相（当時）は、2009年9月の国連総会で2020年までに25％削減（1990年比）をめざすと表明した（ただし、すべての主要国の参加による意欲的な目標の合意を前提としている）。2012年9月に、政府は新しいエネルギー政策「革新的エネルギー・環境戦略」を決定し、その中で、2030年までに20％（1990年比）と、削減目標を下

方修正したが、依然、大幅な削減率である。

このような大規模なCO_2排出量の削減を、省エネルギーだけで対応するのは不可能に近く、他のエネルギー源への転換で対応するのも容易ではない。とくに、中国やインドのような高度成長を続ける国については、排出量を現状維持とするのも容易ではなく、大幅な削減を強いるのはほとんど不可能である。

(4)　CO_2排出量削減の困難さ：エネルギー使用量

CO_2排出量削減の難しさを、日本の1次エネルギー供給量とCO_2排出量の推移に基づき考えてみる[5]。1次エネルギー供給量は、発電効率などを考慮しない数値であるため、最終消費量（需要量）とは異なるが、在庫の大幅な変動がない限り、ほぼ消費量に連動する。

図表3-26は、日本のCO_2排出量および1次エネルギー供給量（≒消費量）の推移（1990年、2005年、2009年）を示している。その他に、1990年以降2009年まで、日本が安定的な経済成長を続け、1次エネルギー供給量とCO_2排出量が、年率2％で伸びていたと仮定した場合、これらが2009年においてどの程度の規模になっていたのかを推算した値も載せている（*2009の列）。なお、1次エネルギー供給量については、その内訳（石油、石炭等の各エネルギー種のエネルギー量）も示している。

CO_2排出量を削減25％削減する場合、相応する化石燃料を削減する必要がある（第3節3のとおり、化石燃料の種類によりCO_2発生量は異なるが、概算のため、単純に一律と仮定する）。1990年のCO_2排出量（1,207 [mt]）を25％削減するためには、化石燃料（423 [mt oil（石油換算百万 [t]）]）を約25％削減し、317 [mt oil] にする必要がある。2009年における化石燃料が433 [mt oil] であるから、116 [mt oil] の化石燃料を減らすこととなる。116 [mt oil] という量は、2009年時点で使用している石炭の全量（113 [mt oil]）あるいは石油・LPGの合計（217 [mt oil] の約半分に相当する量である。この116 [mt oil] という量を省エネルギーだけで対応するのは、ほぼ不可能であろう。この量を非化石エネルギーに置き換える場合、原子力発電に依らざるを得ない。

第3章　資源エネルギーをめぐる日豪関係に影響を与える要因　165

図表3-26　日本の1次エネルギー供給の動向

(単位：CO_2排出量：mt、エネルギー量：mt oil)

年	1990		2005		2009		＊2009
CO_2排出量	1,207		1,355		1,209		1,758
1次エネルギー	508	100%	587	100%	528	100%	740
石油	265	52%	255	43%	217	41%	386
LPG	19	4%	18	3%			28
石炭	85	17%	123	21%	113	21%	124
天然ガス	54	11%	88	15%	103	19%	79
(化石燃料計)	(423)	(84%)	(484)	(82%)	(433)	(81%)	(616)
原子力	49	10%	69	12%	62	12%	71
水力	22	4%	17	3%	17	3%	32
地熱	0	0%	1	0%	1	0%	0
新エネルギー等	13	3%	16	3%	16	3%	19

(出典)　経済産業省：長期エネルギー需給見通しより、著者作成。
(注記)　1．CO_2排出量は、LULUCFを考慮しない数値である。
　　　　2．1次エネルギーとは各エネルギーの合計値である。
　　　　3．mt は million ton (100万トン) の略、mt oil は、million tons of oil equivalent (石油換算100万トン) の略。
　　　　4．＊2009年の列の数値は、1990年から毎年経済が安定成長し、1次エネルギー量、化石燃料の量、CO_2排出量のいずれもが、毎年2％の伸びをしていたと仮定した時の試算値である。

大型の水力発電所用のダムを建設できる場所はほとんどなく、太陽エネルギーなど新エネルギーに置き換えることもコスト的に容易ではないからである。しかし、原子力発電だけに置き換えるとすると、現在 (2009年) の発電量 (1次エネルギー・ベースで、62 [mt oil]) を3倍にする必要がある。技術的には対応できるかもしれないが、原子力発電事故後の国内世論を考えると、事実上不可能であろう。

　日本について、1990年と2009年を比較すると、1次エネルギー量は若干増えている (508 [mt oil]→528 [mt oil]) が、増加分の多くは化石燃料と原子力で分担して負担している。このため、化石燃料の量もCO_2排出量も比較的小さな増加にとどまっている。2009年はリーマンショックの影響が残っている時期であり、経済が落ち込み、1次エネルギー量も減少していた時期であるからでもある。それでも、上記のように、CO_2排出量の削減は困難である。2005年における1次エネルギー量、化石燃料の量、CO_2排出量は、いずれも、1990年

比で約10数％も伸びており、このペースで、2009年まで伸びていたとすると、CO_2排出量の25％削減（1990年比）ということは、より困難になっていたであろう。

中国、インド、東南アジア諸国のように、毎年10％近い経済成長をしている国であれば、CO_2排出量削減の困難さは日本の比ではない。日本でも、1990年から毎年経済が安定成長し、1次エネルギー量、化石燃料の量、CO_2排出量のいずれもが、毎年2％伸びていたと仮定すれば、2009年には、表中の「*2009」に示す1次エネルギー供給量になる。次に、この仮定の数値に基づいて検討する。1990年のCO_2排出量を25％削減するためには、化石燃料を約25％削減し、317［mt oil］にする必要がある。*2009年における仮定の化石燃料が616［mt oil］であるから、299［mt oil］の化石燃料を減らすこととなる。この量は、*2009年時点における仮定の石炭と天然ガスの合計（203［mt oil］）の約1.5倍あるいは同石油・LPGの約4分の3に相当する量である（2009年に現実に使用している石油・LPGの量（217［mt oil］）の約1.5倍である）。この299［mt oil］という量の削減を省エネルギーだけで対応することは考えられない。この量を原子力発電だけに置き換えるとすると、*2009年における発電量（1次エネルギー・ベースで、73［mt oil eq］）を約4倍にする必要がある。やはり考えられない数値である。

わずか年間2％程度の経済成長率と仮定しても、このような数値であるから、高度成長を続ける中国、インド、東南アジア諸国に対する削減率は、先進国とは別のスキームで考える必要がある。科学的知見から産出された削減率にこだわる限り、無規制状態が長く続き、地球温暖化の事態は、急速に、著しく悪化することになる。

しかし、現実には、化石燃料の使用量は無制限に増えていくことはないと考えられる。後述（第3節3）のように、化石燃料の需要が増えると、資源の需給がひっ迫し、化石燃料価格が上昇し、化石燃料の使用量が減少（あるいは、使用量の伸び率が減少）し、CO_2排出量の伸びも抑制されて、一定の均衡に達するであろう。しかし、その均衡量・価格に至るまでに長期間を要すれば、そ

の間に環境の悪化をもたらすことになる。

著者は、現実的な規制とエネルギー需給の実態を考えた国際的な対応が必要であると考えている。

3　地球温暖化の将来

無規制状態が長くと、地球温暖化の事態は、急速に著しく悪化することになると述べた。ここでは、どのような事態になるかを検討する。

図表3-27は、主な国あるいは国のグループ（以下、3では、単に「国」と記す）のCO_2排出量のこれまでの推移と今後の見通しを示している。主な国ごとに1990年から2009年までの間の平均のCO_2排出量の年間増加率が、今後も継続するとして、2020年、2030年の排出量を試算している。CO_2排出量の年間増加率は、中国：5.6％、インド：5.1％、米国：0.3％、日本：0.1％、韓国：4.1％、インドネシア：5.0％となっている。この前提は、CO_2排出量の削減義務が、京都議定書の削減義務国にのみ課せられ、米国、中国、インドなどの大口排出国および韓国やブラジルなどの主要工業国、発展途上国は削減義務を負わないという条件にほぼ一致する。つまり、一部の先進国（2013年から議定書に不参加の日本、ロシア、カナダを含む）だけが削減努力を続けるという、京都議定書の状態で試算したものである。

これによると、世界全体のCO_2排出量は、1990年の２万966［mt］から、2009年には２万8,994［mt］まで増加しており、2030年には５万4,331［mt］に達することとなる。つまり、2030年には、2009年時点の２倍近いCO_2が排出されることになる。世界の排出量のうち、中国が占める割合は、2009年には23.6％であるが2030年には41.0％になり、京都議定書の排出削減義務国の占める割合は、2009年の25.9％から2030年には12.6％まで低下する。インド（5.5％→8.4％）、主要10カ国（2009年のCO_2排出量が、200［mt］以上の国：イラン、韓国、サウジアラビア、メキシコ、インドネシア、南アフリカ、ブラジル、トルコ、台湾、タイ）（12.7％→15.8％）もシェアは上昇する。なお、米国（17.9％→10.2％）、発展途上国（10.9％→8.8％）のシェアは低下することになる。つ

図表3-27 主な国等のCO_2排出量の推移と見通し(従来の排出量の増加率が継続するケース)

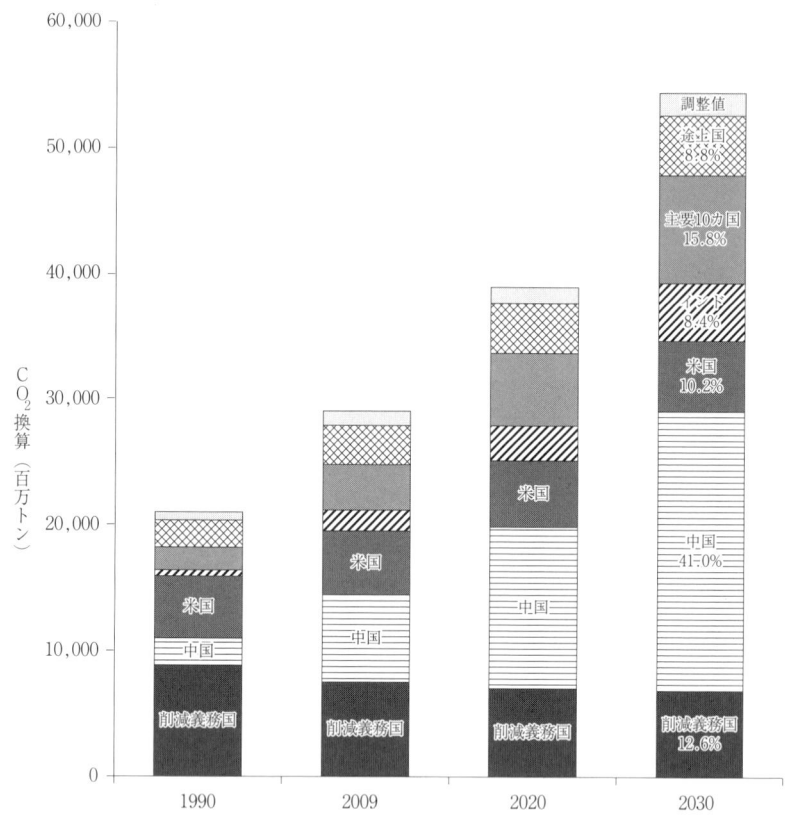

(出典) International Energy Agency, CO_2 Emission from Fuel Combustion, 2011 Editions Highlight から著者作成。

(注記) 1. 各国(国のグループ)1990年から2009年までの間の平均のCO_2排出量の増加率が、今後も継続するとして、2020年、2030年の排出量を計算している。
2. 削減義務国とは、京都議定書でCO_2排出量の削減義務を負う国である。
3. 主要10カ国とは、削減義務国以外で、2009年におけるCO_2排出量が、200[mt]以上の国(中国、米国、インドを除く)である。
4. 調整値とは、国際船舶用・航空機用輸送燃料(International Marine Bunkers と International Aviation Bunkers)分である。

第3章 資源エネルギーをめぐる日豪関係に影響を与える要因　169

図表3-28　主な国等のCO$_2$排出量の推移と見通し（排出量の増加率が2分の1のケース）

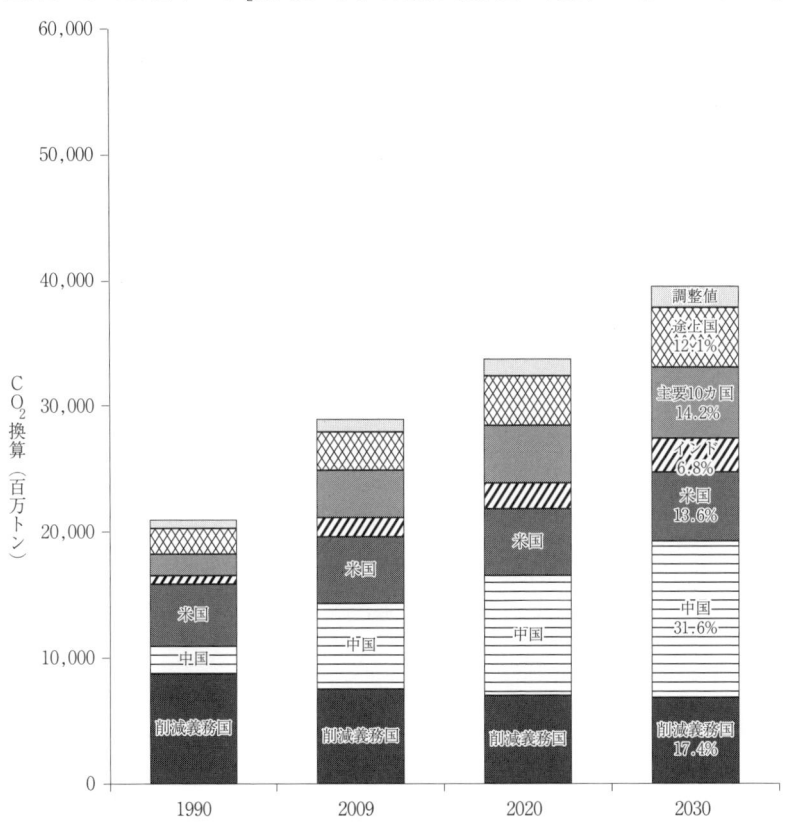

（出典）　International Energy Agency, CO^2 Emission from Fuel Combustion, 2011 Editions Highlight から著者作成。
（注記）　1．図表3-27と同じ方法で計算した。ただし、中国、米国、インドおよび主要10カ国の排出量の増加率は、1990年から2009年までの年平均の排出量のCO$_2$増加率の2分の1になるとの前提で計算した。
　　　　2．図表3-27の注記の2〜4を参照。

まり中国、インド、主要10カ国という、CO$_2$排出量が大きいが削減義務を負わない国により、地球温暖化は進行することになる。

　図表3-28は、主な国のCO$_2$排出量の今後の推移を、中国、米国、インドおよび主要10カ国の排出量の増加率を、1990年から2009年までの年平均CO$_2$増加率の2分の1になるとして、計算してある。つまり、従来の議論のように、

経済成長を続ける国に対してCO_2排出量の削減を求めるのではなく、排出量の伸びを抑制することを求めるケースに相当する。

これによると、世界全体のCO_2排出量は、2030年には3万9,511［mt］に達すると見込まれる。2030年には2009年の36％増のCO_2が排出されることになるが、京都議定書の状態が続くときに比べれば、排出量は1万4,820［mt］も少なくなる。中国が占める割合は31.6％にとどまる。

上述（第3節2(4)）のとおり、経済成長を続ける巨大排出国に削減義務を課すことは難しい。しかし、上記の試算は、ある程度のCO_2排出量の増加を認めるという、先進国とは異なるコンセプトの規制をかけるだけでも、かなりの量のCO_2排出を抑制できることを示している。全く受け入れ不可能な案で議論をして、無規制状態を続けるよりも現実的ではなかろうか。

4　資源需要の変化

(1)　試算の前提

国際的な地球温暖化対策により、オーストラリアの資源の需要量がどのように変化するかを一定の前提の下で検討する。具体的には、オーストラリアの主要輸出先国の化石燃料資源の消費量が、CO_2排出量の削減の程度により、どのように変化するかを試算する。試算の前提は、次のとおりである。

主要輸出先国として、日本、中国、韓国、インドの4カ国を採る。図表1-24で見たように、化石燃料資源の輸出量の大半は、この4カ国向けで占められているからである（天然ガス：96％、石油：48％、燃料炭：78％、原料炭：72％）。

消費エネルギー量を変えないこととする。上述（第3節2(4)）のように、急速に経済成長している中国、インドに、エネルギー消費量の「削減」を課すことは、ほとんど不可能であるからである

各国のCO_2削減対策として、「省エネルギー」と「燃料転換」の2つを採る。省エネルギーとは、全ての化石燃料の消費量を一律に減らすという方法とする。省エネルギーの場合には、化石燃料による発生エネルギーは低下するので、消

費エネルギー量を変えないためには非化石燃料（原子力）によるエネルギー増産を伴うことになる。燃料転換とは、消費エネルギー量を変えずに、化石燃料のCO_2発生係数（単位エネルギー当たりのCO_2排出量）の大きい燃料から小さい燃料に転換するという方法である。下記の換算係数が示すように、化石燃料のCO_2発生係数には差がある。石炭は、1［GJ］のエネルギーを得るために発生するCO_2の量は0.0906［t］であり、石油（0.0686［t］）の1.32倍、天然ガス（0.0510［t］）の1.78倍のCO_2を発生することになる。燃料転換の方法は、化石燃料によるエネルギー消費量を削減せずに、CO_2排出量を削減することが可能である。また、化石燃料間の燃料転換は、原子力発電による発電を増やす必要もない。

CO_2削減率を「2009年」の10％削減という条件で試算することとする。気候変動枠組み条約の締約国間で議論されている1990年を基準とする削減率は、日本でも困難であり、中国、インドは不可能であるからである。

燃料転換は、3つのパターンで試算する。①石炭を天然ガスに転換、②石炭を原油に転換、③原油を天然ガスに転換の3つである。現実には、この3つのパターンが組み合わされることとなるが、ここでは、単純化された3つのパターンで試算する。

計算の基礎となる換算係数は、以下のとおりである。原料炭と一般炭では、また、天然ガスとLNGでは、換算係数が異なるが、試算では、それぞれ一般炭、天然ガスの係数を用いることとする。

化石燃料	単位発熱量	CO_2発生係数（単位燃料重量）	CO_2発生係数（単位エネルギー）
一般炭	25.7［GJ/t］	2.33［$t\text{-}CO_2$/t］	0.0906［$t\text{-}CO_2$/GJ］
原油	38.2［GJ/kl］	2.62［$t\text{-}CO_2$/kl］	0.0686［$t\text{-}CO_2$/GJ］
天然ガス	43.5［GJ/$10^3 m^3$］	2.22［$t\text{-}CO_2/10^3 m^3$］	0.0510［$t\text{-}CO_2$/GJ］

なお、以下の試算の説明において、石炭、原油、天然ガスの「消費量」は

CO_2排出量から逆算して算出している。このため、「消費量」とは、CO_2発生要因となる化石燃料の消費量の意味であり、統計値の消費量の数値とは食い違いがある。とくに、石炭は、原料炭があることなどから、統計値と食い違いが大きい。

(2) 試算の結果：省エネルギー

試算の結果を図表3-29に示す。まず、省エネルギーの効果についてである。中国について言えば、2009年における化石燃料の消費量は、石炭24.7億［t］、原油3.66億［kl］、天然ガス760億［m^3］で、化石燃料のエネルギー量の合計は8万700［PJ］である。2009年の消費量を基準にして、一律に10％の省エネルギーを実施すると、中国の各化石燃料の消費量は、石炭は2.5億［t］減少して22.2億［t］、原油は0.37億［t］減少して3.3億［kl］、天然ガスは76億［t］減少して684億［m^3］になる。同様に他の3カ国についても計算すると、4カ国合計で、各化石燃料の消費量の減少は、石炭は3.2億［t］の減少、石油は0.78億［kl］、天然ガスは248億［m^3］となる。石炭は現在の日本の消費量の2倍近い量の減少となる。中国はエネルギー消費量が大きいうえに、化石燃料エネルギーの約79％を石炭に依存しているため、単純な省エネルギーであっても、石炭消費量の減少量が非常に大きくなる。エネルギー消費量を維持するために、減少する1万2,300［PJ］分のエネルギーを、非化石資源（現実には原子力発電）で補う必要がある。現在の日本の原子力エネルギー供給（1次エネルギー・ベースで、2,248［PJ］）の約5倍に相当する規模である。わずか10％のCO_2排出量の削減であっても、省エネルギーだけで対応するには、高いハードルがある。

(3) 試算の結果：燃料転換

次に燃料転換の効果である。図表3-29において、中国における燃料転換のケースを見てみる。第1に、石炭から天然ガスに燃料転換をするケースであれば、石炭の消費量を現状の24.7億［t］から6.8億［t］減らして17.9億［t］に、

図表3-29 化石燃料の消費量の変化予測

対応		種類	石炭	原油	天然ガス	化石燃料計
		単位	mt	m-kl	bm^3	$10^{18}J$
2009年		日本	168.4	187.8	91.9	15.5
		中国	2,468.2	365.5	76.0	80.7
		韓国	108.4	69.5	32.4	6.9
		インド	463.7	153.0	47.1	19.8
		計	3,208.6	775.8	247.5	122.9
省エネルギー CO_2:10%削減 エネルギー:10%削減		日本	151.6	169.0	82.7	14.0
		中国	2,221.3	328.9	68.4	72.7
		韓国	97.5	62.6	29.2	6.2
		インド	417.3	137.7	42.4	17.8
		計	2,887.8	698.2	222.7	110.6
エネルギー転換 CO_2:10%削減 消費エネルギー量:維持	石炭→天然ガス	日本	61.5	187.8	155.0	15.5
		中国	1,792.9	365.5	475.0	80.7
		韓国	58.6	69.5	61.8	6.9
		インド	308.0	153.0	139.1	19.8
		計	2,221.0	775.8	831.0	122.9
	石炭→原油	日本	△24.0	317.3	91.9	15.5
		中国	1,252.6	1,184.0	76.0	80.7
		韓国	18.8	129.8	32.4	6.9
		インド	183.4	341.7	47.1	19.8
		計	1,430.9	1,972.8	247.5	122.9
	原油→天然ガス	日本	168.4	25.9	234.0	15.5
		中国	2,468.2	△657.6	973.7	80.7
		韓国	108.4	△5.9	98.6	6.9
		インド	463.7	△82.9	254.1	19.8
		計	3,208.6	△720.5	1,560.3	122.9

(出典) International Energy Agency, CO_2 Emission from Fuel Combustion, 2011 Editions Highlight から著者作成。

(注記) 1. mt は million ton（100万トン）の略、m-kl は million kilo litre（100万キロリットル）、J は joule（ジュール）、bm^3 は billion cubic meter（10億立方メートル）の略。△はマイナスを意味する。
2. 数値がマイナスの部分は、該当資源のすべてを転換しても、CO_2の10%削減を実現できないことを意味する。マイナスの値を加えた合計値は意味のない数値であるが、参考までに記載してある。
3. 【重要】本図表の消費量の数値は、CO_2排出量から計算しているため、CO_2発生要因となる化石燃料の使用量である。統計に示されている消費量の値とは一致しない。

天然ガスの消費量を760億［m³］から3,990億［m³］増やして4,750億［m³］にすれば、エネルギー消費量を維持したまま、CO_2排出量を10％削減できることになる。第2に、石炭を原油に転換するケースでは、両燃料のCO_2発生係数の差が相対的に小さいため、大量の燃料転換が必要となる。石炭の消費量を現状から12.1億［t］減らして12.5億［t］に、原油の消費量を現在の3.65億［kl］を3.2倍に拡大して11.8億［kl］にする必要がある。いずれのケースにおいても、石炭の消費量を大量に減らす必要がある。中国は世界最大の石炭の生産国であり、30億［t］にのぼる生産量を有しているため、石炭の消費を大量に減らすという選択をとることは難しいであろう。第3に、原油を天然ガスに転換するケースでは、原油消費量を現在の3.65億［kl］から10.2億［kl］減らす必要がある、つまり、原油を天然ガスに転換するという方法ではCO_2排出量を10％削減することはできない。中国は、化石燃料エネルギーの79％を石炭に依存しているので、原油と天然ガスの間のやりくりだけでは、対応することができないのである。

インドや韓国でも、原油から天然ガスへの転換では、CO_2排出量の10％削減を達成することができないことが示されている。両国とも、化石燃料の中では石炭への依存率が高いからである（韓国：41％、インド：60％）。他方、日本は、石炭から原油への転換では対応できない。石炭への依存度が低いので、石炭をいくら減らしても、CO_2排出量の10％削減を達成できないのである。

いずれの国においても、CO_2排出量の10％削減を燃料転換だけで達成するためには、かなりドラスティックな転換をする必要がある。転換をする場合には、CO_2発生係数の差の大きい石炭・天然ガス間の転換が最も合理的な方法となる。しかし、燃料転換は、大規模な設備投資を伴うため、長期のリードタイムが必要になる。たとえば、日本が石炭から天然ガスへの転換をする場合、天然ガスの消費量を約69％増やすことになるとの結果になっている。LNG関連設備は、生産・受け入れの両国で、膨大な設備投資が必要である。ここでは、2009年の消費量の10％の削減というマイルドな条件で試算しているにもかかわらず、このような結果になっている。これまで、締約国間で議論されてきた1990年比

図表3-30　化石燃料間の燃料転換によるCO₂排出量の変化

(単位：百万[t]、CO_2)

対応		国	計	石炭	原油	天然ガス
現状（2009）		日本	1,088.4	392.4	492.0	204.0
		中国	6,877.2	5,750.8	957.6	168.8
		韓国	506.6	252.5	182.1	72.0
		インド	1,585.8	1,080.4	400.8	104.6
		計	10,058.0	7,476.1	2,032.5	549.4
省エネルギー CO₂：10％削減 エネルギー：10％削減		日本	979.6	353.2	442.8	183.6
		中国	6,189.5	5,175.7	861.8	151.9
		韓国	455.9	227.3	163.9	64.8
		インド	1,427.2	972.4	360.7	94.1
		計	9,052.2	6,728.5	1,829.3	494.5
エネルギー転換 CO₂：10％削減 エネルギー：維持	石炭→天然ガス	日本	979.6	143.4	492.0	344.2
		中国	6,189.5	4,177.4	957.6	1,054.5
		韓国	455.9	136.6	182.1	137.2
		インド	1,427.2	717.6	400.8	308.8
		計	9,052.2	5,175.0	2,032.5	1,844.7
	石炭→原油	日本	979.6	△55.8	831.4	204.0
		中国	6,189.5	2,918.6	3,102.1	168.8
		韓国	455.9	43.9	340.1	72.0
		インド	1,427.2	427.3	895.3	104.6
		計	9,052.2	3,334.0	5,168.8	549.4
	原油→天然ガス	日本	979.6	392.4	67.9	519.4
		中国	6,189.5	5,750.8	△1,722.9	2,161.6
		韓国	455.9	252.5	△15.4	218.8
		インド	1,427.2	1,080.4	△217.3	564.1
		計	9,052.3	7,476.1	△1,887.7	3,463.9

(出典) International Energy Agency, CO₂ Emission from Fuel Combustion, 2011 Editions Highlight から著者作成。
(注記) △はマイナスを意味する。数値がマイナスの部分は、該当資源のすべてを転換しても、CO₂の10％削減を実現できないことを意味する。マイナスの値を加えた合計値は意味のない数値であるが、参考までに記載してある。

　25％削減という目標値は、少なくとも、燃料転換だけでは対応が困難である。また、2009年以降も、中国、インドは高度成長を続けているため、2009年の10％削減という条件でも対応不能な状態になっていると推察する。

　燃料転換の結果、CO_2発生係数の小さい天然ガス、石油の需給のひっ迫、石

炭需給の緩和が引き起こされる。オーストラリア資源の市場における需給については後述する。

なお、試算の各ケースにおいて、CO_2排出量が各化石燃料にどのように配分されるかを、参考までに、図表3-30に示してある。

5　オーストラリア資源への影響

CO_2排出量を2009年比で10％削減するための対策により、オーストラリアの資源輸出先国の化石資源需要量が変化する。この変化が、オーストラリア資源需要にどの程度の影響を与えるかを、図表3-31に示す。同図表は、図表3-29を国別に書き換えたものである。

石炭については、この4カ国の輸入量（2010年）は5.18億［t］であり、そのうちの45.3％、2.35億［t］がオーストラリアからの輸入量である。化石燃料の10％の省エネルギーのケースでは、4カ国の石炭消費量は、32.1億［t］から28.9億［t］へと約3.2億［t］減少する（統計値とは食い違う、第3節4(1)参照）。また、石炭から天然ガスへの転換のケースでは22.2億［t］へ9.9億［t］の減少となる。石炭から原油への転換のケースでは、32.1億［t］から14.3億［t］へ17.8億［t］分を減少することとなる（正確には、日本は対応できないので、17.8億［t］以上の減少となる）。東アジアにおける5.18億［t］規模の石炭貿易市場で、石炭消費量の数億トン規模の大幅な減少は、当然、その市場の半分を占めるオーストラリア炭の需要量の大幅な減少を招くことになる。中国は、国内炭の生産量が大きいため、オーストラリアから中国への輸出量は完全にゼロとなるであろう。日本や韓国は、石炭の国内生産量は極めて小さい[5]ので、その輸入量はゼロとはならないが、オーストラリアからの輸入量を維持する保証はない。少なくとも、東アジアの輸出市場の需給は著しく緩和し、価格は大幅に下落することになる。その結果、オーストラリアの石炭プロジェクトの多くは、立ちいかなくなるであろう。

原油については、4カ国の合計輸入量は7.32億［kl］であるが、オーストラリアからの輸入量は950万［kl］にすぎない。したがって、原油から天然ガス

図表3-31 化石燃料の消費量変化とオーストラリア資源の需給

種類	国		日本	中国	韓国	インド	計
石炭 [mt]	輸入量（2010）		185.4	163.1	113.5	56.1	518.0
	豪州からの輸出（2010）		90.4	26.3	36.3	25.2	234.9
	消費量（2009）	現状	168.4	2,468.2	108.4	463.7	3,208.6
		省エネルギー	151.6	2,221.3	97.5	417.3	2,887.8
		石炭→天然ガス	61.5	1,792.9	58.6	308.0	2,221.0
		石炭→原油	△24.0	1,252.6	18.8	183.4	1,430.9
		原油→天然ガス	168.4	2,468.2	108.4	463.7	3,208.6
原油 [m-kl]	輸入量（2010）		183.0	253.1	126.6	169.6	732.3
	豪州からの輸出（2010）		2.0	3.6	3.9	0.0	9.5
	消費量（2009）	現状	187.8	365.5	69.5	153.0	775.8
		省エネルギー	169.0	328.9	62.6	137.7	698.2
		石炭→天然ガス	187.8	365.5	69.5	153.0	775.8
		石炭→原油	317.3	1,184.0	129.8	341.7	1,972.8
		原油→天然ガス	25.9	△657.6	△5.9	△82.9	△720.5
天然ガス [bm^3]	輸入量（2011）		107.0	30.9	49.3	17.1	204.3
	豪州からの輸出（2011）		19.0	5.0	1.1	0.2	25.3
	消費量（2009）	現状	91.9	76.0	32.4	47.1	247.5
		省エネルギー	82.7	68.4	29.2	42.4	222.7
		石炭→天然ガス	155.0	475.0	61.8	139.1	831.0
		石炭→原油	91.9	76.0	32.4	47.1	247.5
		原油→天然ガス	234.0	973.7	98.6	254.1	1,560.3

(出典) International Energy Agency, CO_2 Emission from Fuel Combustion, 2011 Editions Highlight、BP Statistical Review of World Energy 2012（天然ガス）、International Energy Agency, Energy Statistics of Non-OECD Countries, 2012 Editions（石炭、原油）、Bureau of Resources and Energy Economics, Resources and Energy Statistics 2011（豪州からの輸出）から著者作成。

(注記) 1. mt は million ton（100万トン）の略、m-kl は million kilo litre（100万キロリットル）、bm^{3}は billion cubic meters（10億立方メートル）の略。
2. △はマイナスを意味する。数値がマイナスの部分は、該当資源のすべてを転換しても、CO_2の10%削減を実現できないことを意味する。マイナスの値を加えた合計値は意味のない数値であるが、参考までに記載してある。
3.【重要】本図表の消費量は、CO_2排出量から計算しているため、CO_2発生要因となる化石燃料の消費量である。統計に示されている消費量の値とは一致しない。
4. 豪州からの輸出の計は、4カ国以外への輸出を含む。
5. 原油の比重は0.939として換算している。
6. 石炭→天然ガスは石炭から天然ガスへの燃料転換を意味する。石炭→原油、原油→天然ガスも同様である。

への燃料転換のケースでは、原油消費量は減少するが、オーストラリアへの影響はほとんどない。4カ国は、中東からの原油輸入量を削減することにより対応するからである。石炭から原油への転換のケースでは、4カ国の原油消費量

は7.76億［kl］から19.7億［kl］に増加する。このケースでも、オーストラリアの原油生産能力には限界がある（生産量2,900万［kl］）ため、4カ国は中東からの輸入を増加させるであろう。しかし、この地域の原油需要が増えれば、オーストラリアの開発中、計画中の油田の開発にとって大きな追い風になることは間違いない。

　天然ガスついては、4カ国の輸入量は2,040億［m^3］であり、そのうち253億［m^3］（12.4％）がオーストラリアからの輸入量である。石炭から天然ガスへの転換、原油から天然ガスへの転換により、4カ国の消費量は、それぞれ8,310億［m^3］、1兆5,600億［m^3］に増加する。このような大規模な転換は考えられないが、いずれのケースにおいても、オーストラリア天然ガスへの需要は大幅に増加することとなる。

　このように、CO_2排出量の削減のための燃料転換は、オーストラリアの資源需要に大きな影響を与えるのである。

6　地球温暖化とオーストラリアの資源

　国際的な地球温暖化対策の構築（ポスト京都議定書）は、暗礁に乗り上げている。発展途上国だけでなく、中国、インドなど大量のCO_2排出国が、削減義務を負うことを拒否している。検討されている案によれば、CO_2排出量の削減量が大きく、化石資源エネルギーの消費量の大幅な削減を伴うため、経済成長を著しく阻害するからである。先進国も義務から離脱しつつある。制度が不公平で実効性がないからである。

　しかし、地球温暖化は進行しており、CO_2排出量の削減義務は、多くの国で受け入れ可能な形で、再度導入されることになろう。CO_2排出量の削減対策として、省エネルギー、原子力発電へのシフト、化石燃料間の燃料転換などがある。いずれも化石燃料の消費量の変化を伴うため、化石燃料の需給に影響を与える。オーストラリアの資源の需給は、その主要輸出先である日本、中国、韓国、インドのCO_2削減対策に大きく左右されることになる。

　本節では、省エネルギー、燃料転換によりCO_2排出量を10％削減する場合

第3章 資源エネルギーをめぐる日豪関係に影響を与える要因　179

について、エネルギー消費量を変えないなどの仮定を設けて、石炭、原油、天然ガスの需要の変化を試算した。化石燃料の省エネルギーで対応するケースでは、化石燃料需給に与える影響は、省エネルギー率の分にとどまるが、多くの原子力発電所の建設が必要となる。燃料転換で対応するケースでは、石炭消費量の大幅な減少と天然ガス消費量の大幅な増加が必要となる。その結果、オーストラリアの石炭の需給は緩和し、多くの石炭プロジェクトは苦境に陥るであろう。他方、オーストラリア天然ガスの需給はひっ迫し、開発中・計画中のプロジェクトの生産・開発は進むであろう。

ただし、CO_2排出量の10％削減であっても、これを燃料転換だけで達成するためには、資源の消費量は大きく変化するため、大規模な設備投資を伴い、長期のリードタイムが必要になる。このため、現実には、燃料転換だけでCO_2排出量の削減を行うのは難しいと考えられる。

具体的に採るべき対策については、第4章第1節において、中国やインドなどの急成長国の産業構造の高度化、成長スピードのコントロールなどに言及しつつ述べる。

注
1） 地球温暖化係数とは、同じ量の物質が地球に与える放射エネルギーの積算値（$CO_2=1$）である。係数は化学物質の赤外線吸収力や大気内での寿命などから計算される。気候変動に関する政府間パネル（IPCC：Intergovernmental Panel on Climate Change）第2次評価報告書の値によると（100年間での計算）、CH_4：21、N_2O：310、CHF^3：1万1,700、CH_2F_2：650となっている。
2） 水蒸気（水）は、幅広い波長域で赤外線を吸収するため、非常に大きな温室効果を有しており、しかも地球上に大量存在する。気温上昇があっても、大気の相対湿度が維持されると、大気中の水蒸気量は増え、気温上昇が加速されるという考えもある。しかし水蒸気の地気球温暖化への影響についての定説はない。
3） 温室効果ガスの排出量（CO_2換算）の数値は、森林や土地利用変化による吸収量（LULUCF：Land Use, Land Use Change and Forestry）を除いた数値である。
4） 京都議定書は、削減目標の対象となる温室効果ガスとして、CO_2、CH_4、N_2O、フロンガス（HFC、PFC、SF_6）の合計6種類を指定し、森林等によるCO_2吸収

量を算入すること、排出量取引、グリーン開発メカニズム（先進国と途上国の間の共同プロジェクトで生じた削減量を先進国が獲得）などを規定している。
5) 日本の石炭産業は、最盛期（1961年）には、炭鉱数：622、従業員数：約30万人、産炭量：5,541万［t］であった。しかし、海外炭との価格差が大きく、生産規模を徐々に縮小し、2000年台前半に事実上消滅した。その後は、一部の炭鉱で、細々と生産をしているが、その生産量は2010年では約115万［t］であった。国内に埋蔵石炭があるため、石炭の国際価格が上昇し、高止まりの状態が長く続けば、生産が復活する可能性もある。しかし、生産再開までには多額の設備投資、長期のリードタイムが必要となる。本書の試算は、石炭需給が緩み、価格が低下するケースを考えているため、国内炭の生産を考えることはできない。

参考文献

（1） 環境省 HP（http://www.env.go.jp/earth/ondanka/knowledge.html）（2012年8月31日アクセス）
（2） 文部科学省 環境省 気象庁「温暖化の観測・予測および影響評価統合レポート：日本の気候変動とその影響」2009
（3） 温室効果ガス・インベントリ・オフィス（環境省）「日本国温室効果ガスインベントリ報告書」2012
（4） Intergovernmental Panel on Climate Change（IPCC）, Fourth Assessment Report: Climate Change 2007（AR 4）, 2007.12
（5） 並河良一「地球温暖化政策とアジア大洋州の天然ガスの市場の関係」『オーストラリア研究』23、15～26頁、2010

第4節　原子力事故の影響

　日本の原子力発電所の事故は、オーストラリアの資源需給にどのような影響を与えるであろうか。事故を契機に、原子力発電所の建設・稼働にブレーキがかかれば、化石燃料の需要が増えることになる。原子力による発電量のすべてを、水力発電や太陽光発電などの再生可能エネルギーだけで、まかなうことは容易ではないからである。日本は、原子力発電の発電量の減少に相応する化石燃料の確保を迫られることになるだけでなく、東アジアにおける化石燃料需給

のタイト化に伴う価格上昇という間接的な影響も受けることになる。

　本節では、原子力発電所事故に伴う、各国の対応の変化を評価し、それがオーストラリアの資源需給に与える影響を考える。本節において論じる資源は、石炭、石油、天然ガスである。なお、原子力発電原料であるウランの需要への影響についても言及する。

1　日本のエネルギー供給に与える影響

(1)　原子力発電所事故の概要

　2011年3月11日、東北地方三陸沖を震源とするマグニチュード9.0の地震が発生し、最大震度7の揺れが観測され、また、この地震に伴い、東北地方太平洋沿岸で、非常に高い津波が観測された[1]。この地震・津波により、東京電力福島第1発電所では、3月13日には全ての電源を喪失し、実効的な原子炉冷却が著しく困難になり、炉心の損傷、原子炉建屋の水素爆発、放射性物質の大量放出という事態に至り、国際原子力事象評価尺度（INES：International Nuclear Event Scale）で「レベル7」という極めて深刻な事故となった[2]。その結果、広範な地域が放射性物質により汚染され、多数の住民が避難生活を余儀なくされている。

　同事故により、国民に原子力発電に対する不信感が強くなり、稼働中の原子力発電所が定期修理に入る一方で、定期修理中の原子力発電所の稼働再開が困難になり、2012年5月には、すべての原子力発電所が稼働しない状態に至った。しかし、2012年夏季における近畿地方の電力不足への懸念から、福井県に立地する関西電力大飯原子力発電所の3号機、4号機は2012年7月から再稼働している。

　しかし、今後、多くの原子力発電所が再稼働するかどうかは、不透明である。また、少なくとも、新規の原子力発電所の建設は困難であろう。原子力発電所の稼働状況、建設動向は、日本のエネルギー供給構造に大きな影響を与えることになる。

(2) 日本の原子力発電所の動向と化石燃料

　日本のエネルギー政策の基本は、エネルギーの安定的な確保である。石油危機以降の基本政策は、エネルギー供給国・供給地域の多様化（脱中東依存・脱OPEC依存）とエネルギー源の多様化（脱石油依存）である。具体的には、石油から原子力、石炭、天然ガスへのシフト政策である。石炭と天然ガスは、中東以外の比較的政情の安定した国に産出するために重視された。1990年台後半からは、地球温暖化問題が顕在化し、石炭、天然ガス等の化石燃料資源に対する評価が下がり、CO_2を排出しない原子力に対する期待が高まっていた。長期的に見れば、図表3-32に示すように、エネルギー供給量（≒需要量）は増加してきたが、石油から原子力、石炭、天然ガスへのシフトが進み、石油依存率は1980年の64.7％から2010年には40.1％に低下している。他方、原子力への依存度は1980年の4.9％から2010年には11.3％に上昇した。日本の商業用原子力発電所は15カ所、計50基であり、その総出力は4,615万kwである（2012年4月20日現在）[3]。全基がフル稼働すると、年間発電量は1,455［PJ］となり、発電効率を考慮すると[1]、日本の1次エネルギー供給量（2010年度：2万2,091［PJ］）[2]の約16％をカバーすることができる規模である[3]。

　事故後、2012年5月からは原子力発電なしで、同7月からは大飯原子力発電所の2基（出力は各117.5万［kw］）だけで、つまり、ほとんど原子力に依存することなく、国内電力の供給、1次エネルギー供給をまかなうことができた。日本のエネルギー供給の設備能力にはある程度の余裕があるためである。今後も原子力発電に依存しないのであれば、経済成長に伴い増加するエネルギー需要に対応するために、化石燃料の輸入が増加することとなる。

　2012年9月に、政府は新しいエネルギー政策「革新的エネルギー・環境戦略」を決定した[4]。それによると原子力については、2030年代には原子力発電の稼働ゼロが可能となるように、あらゆる政策資源を投入する旨述べている。また、原子力発電所の新設・増設を行わないとしているが、安全性を確認した原子力発電所は重要電源として活用するとも述べている。同戦略は、原子力発電の稼働ゼロに言及しているが、その達成目標が20年以上先であること、原子力

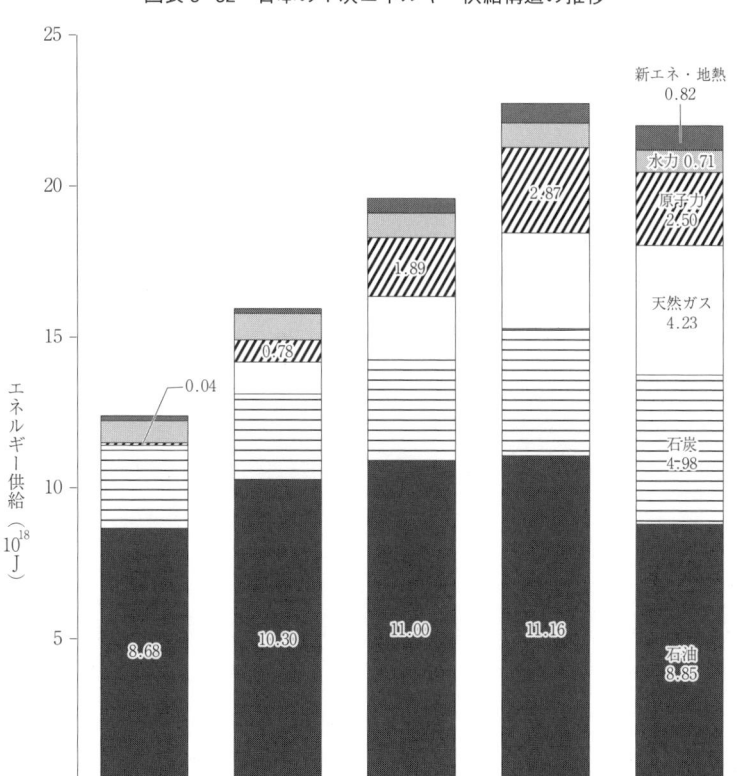

図表 3-32　日本の 1 次エネルギー供給構造の推移

エネルギー供給（10^{18} J）

年	石油	石炭	天然ガス	原子力	水力	新エネ・地熱
1970	8.68					0.04
1980	10.30			0.78		
1990	11.00			1.89		
2000	11.16			2.87		
2010	8.85	4.98	4.23	2.50	0.71	0.82

（出典）　資源エネルギー庁「平成22年度（2010年度）エネルギー需給実績（確報）」（平成24年4月13日公表）および資源エネルギー庁「エネルギー白書2010」より著者作成。

発電所の稼働を明記していることから、むしろ停止している多くの原子力発電の再稼働に政策的な根拠を与えている。また、原子力発電所の新設・増設を行わないとするものの、地方経済への配慮から建設中の原子力発電所[4]は建設を続ける姿勢を示しており、既に骨抜きが始まっている。さらに、原子力発電所の再稼働・停止の計画については述べられておらず、2020年の原子力発電依存率は、2010年の依存率と2030年の依存率を機械的に結んで、その大まかな通過点として算出と記述されているにすぎない。

図表3-33　革新的エネルギー・環境戦略の要点

		慎重ケース		成長ケース	
			増減		増減
マクロ経済条件（実質GDP年間成長率）	2010年代 2020年代	1.1% 0.8%		1.8% 1.2%	
年間消費エネルギー［石油換算万kl］	2010年 2015年 2020年 2030年	39,000 37,400 35,900 31,800	 △1,600 △3,100 △7,200	39,000 38,100 37,300 34,400	 △900 △1,700 △4,600
総発電量［億kWh］	2010年 2015年 2020年 2030年	11,000 10,750 10,500 9,900	 △250 △500 △1,100	11,000 11,100 11,200 10,900	 100 200 △100

（出典）　エネルギー環境会議（国家戦略室）「革新的エネルギー・環境戦略（2012年9月14日公表）」から著者作成。
（注記）　1．図表に示す消費量は、発電効率などを考慮した値であり、一次エネルギー供給とは異なる。したがって、図表3-26とは異なる数値になっている。
　　　　　2．増減は2010年比。
　　　　　3．△はマイナスを意味する。

　2012年7月の大飯原子力発電所3，4号機の再稼働に際しては、立地県である福井県および近畿圏の自治体の長の意向が議論となった。自治体には原子力発電所の再稼働に関する直接的な権限はない[5]。現実には、自治体の長の反対を押し切っての再稼働は政治的・社会的に難しいが、原子力発電所の地域経済に及ぼす利益を考えれば、稼働を拒否する首長は少ないであろう。したがって、政府の意向により再稼働は徐々に進められることになろう。その結果、事故前と変わらない状態が、当面は続くことになり、日本の化石燃料需要が大きく伸びるという可能性は小さいであろう。

　革新的エネルギー・環境戦略は、図表3-33に示すように、エネルギー消費量の削減目標を示している。原子力発電分に相応するエネルギー量は、省エネルギーと再生可能エネルギーで埋め合わせる計画である。そのために巨額の予算（2030年までに総額122兆円）を投じる予定としている。個別エネルギー源（資源）の消費量は示しておらず、各化石燃料の消費量をどの程度にするかについても明記していないが、化石資源エネルギーの増加は考えていないようで

ある。

　つまり、当面は原子力発電の再稼働により、中長期的には再生可能エネルギーの導入により、対応することとし、化石資源の使用量が増加することはないであろう。

2　海外の原子力政策への影響

(1)　原子力発電の現状

　原子力発電所の事故後、日本以外の国における原子力発電への対応はどのように変化したのかを見てみよう。

　まず、現状である。図表３-34に示すように、2011年12月31日で、世界30カ国に、429基の原子力発電機があり、その総出力は363［GW］で（3.63億［kW］）ある。建設中の原子力発電機が65基あり、その合計出力は62［GW］（6,200万［kW］）となっている。2011年の原子力発電の発電量は2,518［TWh］（2.518兆［kWh］）であり、総発電量の12.3％を占めている。原子力発電機の数は、米国が104基と圧倒的に多く、フランス、日本、ロシア、韓国の順となっており、発電量（2011年）が多い国もこの５カ国である。この図表にはないが、発電に占める原子力発電の比率が高い国（依存率50％以上）は、フランス（77.7％）、ベルギー（54.0％）、スロバキア（54.0％）であり、ウクライナ（47.2％）がこれに続く。この１年間で、世界の原子力発電機の数は６基減少し、出力は6.5［GW］（650万［kW］）減少している。原子力発電機が増えた国は、中国３基、ロシア、インド、パキスタン、イラン各１基であり、このうちイランは初めての原子力発電である。減少したのは日本４基（福島第１発電所の事故機）、ドイツ８基、英国１基である。

　オーストラリアの資源の主要輸出先国（日本、中国、韓国、インド）の原子力発電について、2011年12月31日と2010年12月31日との比較結果を、図表３-35に示す。この図表は、福島原子力発電事故の前後の比較でもある。2011年末におけるこの４カ国の原子力発電機の数は107基で、世界全体の約４分の１、建設中の原子力発電機の数は40基（出力39.7［GW］（3,970万［kW］））であり、

図表 3-34 世界の原子力発電所の状況

2011年12月31日

国 名	出力 MW	基数	増減	国 名	出力 MW	基数	増減
アメリカ	101,463	104		スイス	3,263	5	
フランス	63,130	58		フィンランド	2,376	4	
日本	44,215	50	△4	ハンガリー	1,889	4	
ロシア	23,643	33	1	スロバキア	1,816	4	
韓国	18,751	21		パキスタン	725	3	1
インド	4,391	20	1	ブルガリア	1,906	2	
カナダ	12,604	18		ブラジル	1,884	2	
イギリス	9,953	18	△1	南アフリカ	1,830	2	
中国	11,816	16	3	メキシコ	1,300	2	
ウクライナ	13,107	15		ルーマニア	1,300	2	
スウェーデン	9,326	10		アルゼンチン	935	2	
ドイツ	12,068	9	△8	イラン	913	1	1
スペイン	7,567	8		スロベニア	688	1	
ベルギー	5,927	7		オランダ	482	1	
チェコ	3,766	6		アルメニア	375	1	
				合 計	363,409	429	△6

(出典) International Atomic Energy Agency, Nuclear Technology Review 2012 および2011 から著者作成。
(注記) 1．増減は、2010年12月31日から2011年12月31日までの間の基数の増減。△は減少数。
2．MW は、Mega Watt（電気出力）の略。
3．△はマイナスを意味する。

世界（65基）62％を占めている。建設中の原子力発電を有するのは中国26基（出力26.6［GW］（2,660万［kW］））、インド7基、韓国5基、日本2基である。日本の2基は、中国電力・島根原子力発電所3号機と電源開発・大間原子力発電所1号機であるが、このまま建設が続けられる。事故前と事故後で比較すると、日本の原子力発電機の数、出力、発電量が減少したが、他の3カ国のそれは増加している。中国、韓国、インドの3カ国は、事故による影響がほとんどなく（あるいは、顕在化せず）、事故前のトレンドがそのまま維持されている。つまり、原子力発電事故は、日本を除けば、オーストラリアの資源の輸出先の化石資源の需要動向に特段の変化をもたらさなかったのである。

図表3-35　オーストラリアの資源輸出先の原子力発電の動向

		世界	4カ国					その他
			計	日本	中国	韓国	インド	
発電機の基数	2010末	441	107	54	13	21	19	334
	2011末	435	107	50	16	21	20	328
	増減	△6	0	△4	3	0	1	△6
出力［GW］	2010末	375.3	79.8	46.8	10.1	18.7	4.2	295.5
	2011末	368.8	79.2	44.2	11.8	18.8	4.4	289.6
	増減	△6.5	△0.6	△2.6	1.7	0.1	0.2	△5.9
建設中基数	2010末	67	41	2	28	5	6	26
	2011末	65	40	2	26	5	7	25
	増減	△2	△1	0	△2	0	1	△1
建設中出力［GW］	2010末	64.1	40.2	2.7	28.2	5.6	3.8	23.9
	2011末	62.0	39.7	2.7	26.6	5.6	4.8	22.3
	増減	△2.1	△0.6	0.0	△1.6	0.0	1.1	△1.6
発電量［TWh］	2010末	2,630	514	280	71	142	20	2,116
	2011末	2,518	416	156	83	148	29	2,102
	増減	△112	△98	△124	12	6	9	△14
発電の原子力依存度	2010末	13.5%	8.5%	29.2%	1.8%	32.2%	2.9%	
	2011末	12.3%	6.5%	18.1%	1.9%	34.6%	3.7%	
	増減	△1.2%	△2.0%	△11.1%	0.1%	2.4%	0.9%	

(出典)　International Atomic Energy Agency, Nuclear Technology Review 2012 および2011 から著者作成。
(注記)　1．増減は、2010年12月31日から2011年12月31日までの間の基数の増減。△は減少数。
　　　　2．GW は Giga Watt、TWh は Tera Watt hour の略。
　　　　3．△はマイナスを意味する。

(2) 事故後の原子力発電政策の転換（アジア）

原子力発電事故が原子力政策に与えた影響を国別に述べる。まず、オーストラリアの化石資源の輸出先（潜在的な輸出先を含む）であるアジアについてである。

日本については、上述のとおり（第4節1(2)）、2030年には原子力発電ゼロという目標を打ち出したが、原子力発電の再稼働により、当面は、従来と変わらないエネルギー消費構造が維持されるであろう。

中国は、第12次5カ年（2011～2015年）において、石炭に過度に依存したエネルギー供給構造からの脱皮を図るために、原子力発電を推進している。第11次5カ年（2006～2010年）では「積極的に原子力発電を推進する」としていた

が、第12次計画では、福島原子力発電事故を受けて[6]、「安全確保を前提条件として原子力発電を高効率に推進する」とされた[5][6]。同計画では、2020年までに原子力発電の出力を4,000万［kW］にするとしているが、2011年末の出力（1,180万［kW］）と建設中の出力（2,660万［kW］）を合わせれば3,840万［kW］となっており、目標はほぼ確実に達成されるであろう。また、中国工程院（The Chinese Academy of Engineering）は、福島事故の直前の2011年2月に、「エネルギー中長期発展戦略研究」を公表し、その中で、原子力発電の出力を2020年に7,000万［kW］（発電量に占めるシェア：4.6％）、2030年に2億［kW］（10％）、2050年に4億［kW］（16％）としている[5]。この報告は事故後も明示的には修正されていない。このように、福島事故により「安全性」という言葉は入ったが、建設計画には影響がなかったのである。中国は今後も、エネルギー供給構造に占める化石燃料とくに石炭の割合を減らすために、原子力発電の導入を進めていくことになる。原子力発電所事故は、中国の化石資源の需要を増加させるという効果を生じなかったのである。

　韓国は、2011年末で、世界第5位の原子力発電機を21基（出力1,880万［kW］）有しており、さらに5基が建設中である。韓国は電力の34.6％を原子力発電に依存しているため、事実上、原子力発電を続ける以外の選択肢はない。したがって、福島事故の直後から安全点検を行い、3月中には原子力委員会が「第1次国家エネルギー基本計画（2008～2030年）」[7]に基づいた現行の原子力政策を継続することを確認し、4月にはキム・ファンシク国務総理が原子力政策を放棄することはないと発言している[8]。また、韓国知識経済部（MKE：Ministry of Knowledge Economy）が2010年に定めた「第5次電力需給基本計画（2010～2024年）」は、2024年までに発電に占める原子力発電の比率を48.5％に引き上げるとしており、これが事故後に修正されることはなかった。韓国においても、福島事故は原子力発電政策に影響を与えることはなく、事故の故に化石資源の需要が増加するということはなかった。

　インドは、2011年末で、原子力発電機を21基（出力440万［kW］）有しており、さらに7基が建設中である。発電量に占める割合は3.7％と小さいが、福島事

故後も、インド政府は原発推進の姿勢を崩していない[9]。報道によれば[10]、タミルナブ（Tamil Nadu）州政府は、2012年3月に、福島事故の影響を受けて2011年9月から建設を中断していたクダンクラム（Kudankulam）原子力発電の建設・稼働の容認に転じた。

インドネシアは、原子力発電を有していない。同国は、東南アジアで最大の経済規模を有し、急速な経済成長を続けており、2004年に石油の純輸出国から純輸入国に転落している。インドネシアでは、石炭、天然ガスは輸出しているが、さらなる経済発展に備えて、原子力発電所の建設を検討してきた（100万kW×2基）。同原子力発電所は、立地予定地の住民の反対などで着工が遅れてきた中で、福島事故が生じたため、その建設計画は大きな影響を受けた。福島事故の影響について、㈳日本原子力産業協会国際部は、その報告書[11]の中で、「インドネシアの原子力発電導入計画にはかなりの遅れが予想される（中略）他の新興国の計画や国際的な安全向上対策を見ながら、慎重に原子力発電計画を進めることになろう」と評価している。

以上、オーストラリアの化石資源の主要輸出先国の原子力発電政策について見てきた。中国、韓国、インドでは、事故による政策変更はなされなかった。また、事故当事国である日本も、言葉の上では原子力発電ゼロとしているが、既存の原子力発電を再稼働させ、建設も続けるとしており、少なくとも当面は、従来と変わらない実態が続くであろう。原子力発電事故がオーストラリア資源の市場に与える影響はほとんどないと言えるであろう。

(3) 事故後の原子力発電政策の転換（欧米）

第1章第3節の図表1-24に示したように、オーストラリアは、大量の化石資源を欧米諸国に輸出しているわけではない。しかし、欧米のエネルギー需給動向は、世界全体の化石資源の需給を通じて、アジアの資源需給に影響を及ぼすこととなるため、検討することとする。欧米先進国の中で、米国とドイツは、福島事故後に、正反対の原子力発電政策をとっている。

米国では、福島事故後は、むしろ、原子力発電所建設への積極的な動きが見

られる。2011年8月に、原子力発電所（アラバマ州ベルフォンテ（Bellefonte）原子力発電所）の建設（再開）が、（州政府により）承認された。また、2012年2月には、米国原子力規制委員会（NRC：Nuclear Regulatory Commission）はサザン電力（Southern Nuclear Operating Company）のボーグル（Vogtle）原子力発電所3、4号機に対する新規建設・稼動の包括承認を与えた。新規の建設・稼動承認は、1978年以来34年ぶりとなる。さらに、NRCは、2012年3月には、サウスカロライナ電力ガス社（South Carolina Electric & Gas）のバージルCサマー（Virgil C. Summer）原子力発電2、3号機にも新規建設・稼動についての包括承認を与えた。世界最大の原子力発電を有する米国のこのような動きは、他国の原子力発電の推進政策を後押しすることになろう。

　ドイツでは、福島事故の影響を受けて、原子力発電を抑制する方向に戻ることととなった。ドイツでは、2002年に、当時の社会民主党（SPD）と緑の党の連立政権が原子力法を改正し、2022年頃までに脱原発を実現するとした。しかし、2010年9月に、ドイツ政府は政策を変更し、2010年12月に原子力法を改正し、原子力発電の稼動期間を12年延長することとした。しかし、福島事故を受けて、政府は原発の稼動期間延長を一時停止することとした[12][13]。その結果、ドイツの原子力発電機は、2010年末の17基（出力2,049万［kW］）から、2011年末には9基（1,207万［kW］）に半減している。発電量に占める原子力発電の割合も、2010年の28.4％から2011年には17.8％に低下している。

　スイスは、5基の原子力発電を有し、電力供給の40.9％を原子力発電に依存している。しかし、福島事故後、廃炉となる原子力発電に代わり新設予定であった2基の原子力発電の建設を中止し、2034年までに脱・原子力発電を実現する方針としている。

　ベルギーは、2011年末時点で7基の原子力発電を有しており、原子力発電依存率は54.0％である。しかしベルギーは、2011年10月に、十分な量の代替エネルギーが見つかるという条件の下で、2025年までに、脱原子力発電を実現するとの合意が、主要政党間でなされた。これは、2003年に、原子力発電の計画的な停止を決めていたことの再確認であるとされている[14]。

イタリアは、1987年に国民投票で原子力発電の廃止を決め、現在は原子力発電を有しない。現政権は、原子力発電の再開を検討していた矢先に福島の事故が発生したため、国民投票における圧倒的な反対を経て、再開計画を凍結した。

ヨーロッパ（ロシア、ウクライナを除く）では、2011年末で、16カ国（計140基）で原子力発電所が存在するが、このうち3カ国（計21基）が、脱原子力発電を決めている。建設段階の原子力発電機は4カ国計6基（ブルガリア2基、フィンランド1基、フランス1基、スロバキア2基）である。ヨーロッパでは、原子力発電事故が同地域の化石燃料資源需給に与える影響は少なく、結果としてアジアの化石燃料資源需給への波及も小さいであろう。

3　ウラン需給への影響

事故は、原子力発電の燃料であるウランの需給にも影響を及ぼす可能性がある。

オーストラリアは、化石資源、金属資源だけでなく、ウランの大生産国でもある。オーストラリアのウランの生産量（2011年）は、5,983［tU］であり、図表3-36に示すように、カザフスタン、カナダに次いで世界第3位である。その確認可採埋蔵量（2011年）は、図表3-37に示すように、1,666万［tU］で世界の31％を占め、世界第1位である。オーストラリアは国内に原子力発電所を有しないため、生産量はほぼ輸出量と同じである。輸出金額（2010〜11年度）は6.10億A＄（約488億円）であるが、既述（図表1-1）のとおり、エネルギー量で見ると3,551［PJ］であり、オーストラリアのエネルギー輸出の25.9％を占めている。その主要な輸出先は、図表3-38に示すとおり、EU、日本、米国であり、この3カ国向けでウラン輸出量の88.4％を占めている（2008年）。事故前は、将来のウラン需給のタイト化を見越して、オーストラリアのウラン鉱山への投資は急増していた。第1章第3節の図表1-27に示したように、オーストラリアのウラン鉱山への投資額は、2006〜07年度の17.5億A＄（約1,400億円）から2010〜11年度には45.4億A＄（約3,630億円）に伸びている。

オーストラリアのウランの主要輸出先3カ国のうち、米国は、福島事故以降、

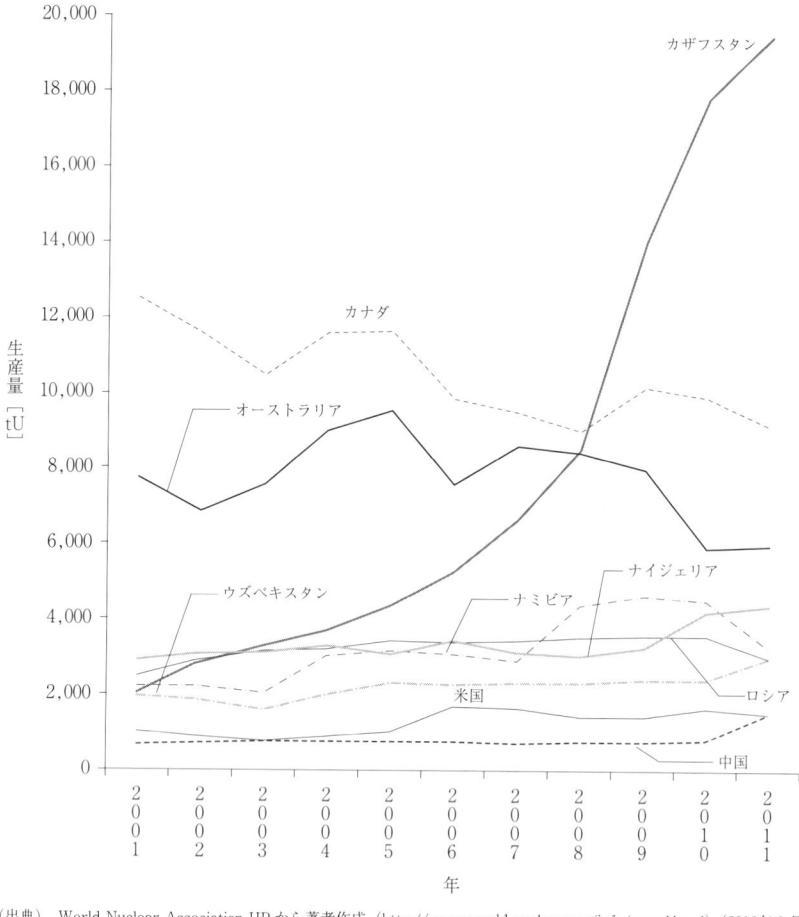

図表 3-36　国別ウランの生産量の推移

（出典）　World Nuclear Association HP から著者作成（http://www.world-nuclear.org/info/uprod.html）（2012年9月16日アクセス）。
（注記）　tU は ton Uran の略。ウラン換算の重量。

新原子力発電の建設・稼働の承認を出すなど、原子力発電に積極になっている。しかし、日本は、当面は、原子力発電所の再稼働・建設継続の方針を有するが、2030年には原子力発電ゼロの方針である。福島事故後、2012年2月に、三井物産は49％のシェアを有していた Honeymoon ウラン鉱山（南オーストラリア

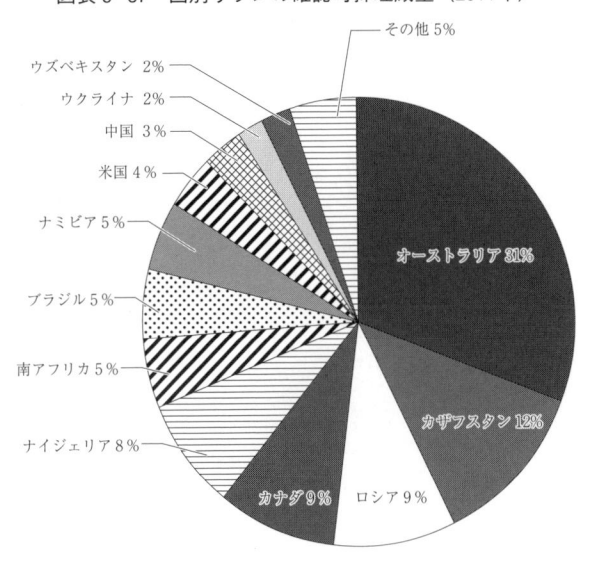

図表 3-37　国別ウランの確認可採埋蔵量（2011年）

その他 5%
ウズベキスタン 2%
ウクライナ 2%
中国 3%
米国 4%
ナミビア 5%
ブラジル 5%
南アフリカ 5%
ナイジェリア 8%
カナダ 9%
ロシア 9%
カザフスタン 12%
オーストラリア 31%

（出典）　World Nuclear Association HP から著者作成（http://www.world-nuclear.org/info/uprod.html）（2012年9月16日アクセス）。

州）プロジェクトからの撤退を表明している。EU では、ドイツ、スイス、ベルギーが原子力発電全廃の方針である。したがって、中長期的には、オーストラリアはウランの輸出先国の開拓が必要となる。しかし、上述（3-33）のとおり、多くの国は原子力発電事故後も、その原子力発電政策に大きな変更を加えることはなく、積極的に原子力発電所の建設を進めることとしており、世界全体のウラン需要は増加していくことになろう。オーストラリアは輸出先国を開発するのに、それほど、苦労をすることはないであろう。

　ただし、オーストラリアのウラン輸出を律する要因は、国際市場の動向というよりは、第1章第2節で示したように、国内のウラン輸出規制である。第1に、新規の鉱山からのウラン輸出を禁止する「3鉱山政策」は、ウランの生産量に事実上の制限をかけていた。図表 3-36 に見るように、この10年間、オーストラリアのウランの生産量が横ばいないし下降傾向にあるのは、同政策の影

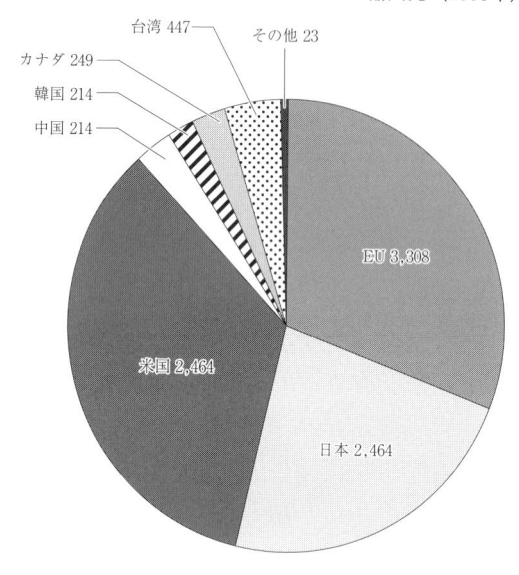

図表3-38　オーストラリアのウランの輸出先（2008年）

- 台湾 447
- その他 23
- カナダ 249
- 韓国 214
- 中国 214
- EU 3,308
- 米国 2,464
- 日本 2,464

（出典）　World Nuclear Association HP から著者作成（http://www.world-nuclear.org/info/uprod.html）（2012年9月16日アクセス）。
（注記）　数値は輸出量（U_3O_8ton）。

響である。第2に、オーストラリアのウラン輸出原則（平和目的、核兵器不拡散条約加盟、保障協定）が、輸出先の選択肢を狭めていた。しかし、2007年に、ラッド労働党政権は、3鉱山政策を廃止し、ウランの輸出を認めることとした。また、2011年12月、ギラード労働党政権は、核兵器不拡散条約に加盟していないインドへの輸出開始を表明した。開発許認可権限を有する各州の対応は割れているが、連邦レベルでの国内規制は緩みつつあるように見える。

4　原子力事故とオーストラリアの資源

福島事故が、世界の原子力発電計画、オーストラリアの資源にどのような影響を及ぼしたかを検討した。オーストラリアの化石資源の主要輸出先であるアジア（中国、韓国、インド）では、原子力発電計画にほとんど影響を及ぼさなかった。今後も原子力発電所の建設が進められる。日本も、2030年に原子力発

電ゼロとしたが、停止していた原子力発電の再稼働、建設中の原子力発電の建設継続を決めている。米国は、新規の原子力発電の着工・稼働を認めるなど、事故前よりも原子力発電に積極的に取り組んでいる。他方、ヨーロッパではドイツ、ベルギー、スイスは脱・原子力発電政策を採っており、また、経済成長速度が低いため、アジアのように原子力発電所が急増することは考えられない。福島事故により、世界の原子力発電計画が縮小され、化石燃料の需給がひっ迫に向かうという事態は生じていないし、今後も生じることはないであろう。オーストラリアの資源需給の逼迫という事態も生じないであろう。

　ウランについては、福島事故にもかかわらず、世界の需要は今後も増加する。ただし、オーストラリアの主要需要先国のうち日本とヨーロッパは、中長期的には、ウラン需要の伸びは期待できず、新たな輸出先の開拓が必要となるであろう。

注
1）　発電効率は、発電量に対応する1次エネルギー量（1kwh＝8.8MJ（電力事業連合会のHP））から計算した40.9％を使用している。
2）　1次エネルギー国内供給量2万2,091［PJ］は、総供給量（2万3,123［PJ］）から、輸出と在庫調整量を差し引いたものである。国内のエネルギー需要に対応する値は1次エネルギー国内供給量である。
3）　目安を示すために、出力に年間稼働時間を単純にかけた数値である。実際の設備、運転、保守、発電効率の変化などを考慮していないので、現実の発電能力とは異なる。
4）　建設中の2基の原子力発電とは、大間原子力発電所1号機（電源開発㈱、青森県大間町、出力138万kW）、島根原子力発電所3号機（中国電力㈱、島根県松江市、出力137万kW）である。敦賀原子力発電所3号機、4号機（日本原子力発電㈱、福井県敦賀市、各153.8万kW）は、進捗度が低いため、除外している。
5）　自治体の長には、原子力発電の稼動に関する直接的な法的権限はないが、関与できる間接的な条項はないわけではない（原子力災害対策特別措置法第7条の防災業務計画など）。しかし現実には、このような間接的な条項に基づいて稼動を止めることは無理であろう。また、個別の発電所と立地自治体の間で環境保護に関する各種協定が締結されているが、稼動を止める法的な根拠とはならないであろう。

6） 第12次計画は2011年に始まる5カ年計画であるが、第11期全国人民代表大会第4回会議（2011年3月5日～14日）で公表されたものであり、福島事故を織り込んだ計画である。

参考文献

（1） 気象庁「災害時地震・津波速報　平成23年東北地方太平洋沖地震」気象庁 HP（http://www.jma.go.jp/jma/kishou/books/saigaiji/saigaiji_201101/saigaiji_201101_01.pdf）（2012年9月12日アクセス）
（2） 国会、東京電力福島第1発電所事故調査委員会報告書、2012
（3） 電気事業連合会 HP（http://www.fepc.or.jp/nuclear/state/setsubi/index.html）（2012年9月13日アクセス）
（4） 国家戦略室：エネルギー・環境会議、革新的エネルギー・環境戦略（2012年9月14日）、2012
（5） 李纓「中国の原子力の現状と未来への展望」『日中科学技術』137/138、6～7頁、2011
（6） 宮尾恵美「中国：原発の積極的推進から安全第一へ」『外国の立法』247-2、39～40頁、2011
（7） （財）石油活性化センター、海外石油事情：韓国のエネルギー需給と資源確保、2010
（8） 藤原夏人「韓国：政府は原子力推進政策を継続」『外国の立法』247-2、34～38頁、2011
（9） 国立国会図書館調査および立法考査局「その他の国・地域等の動向：特集　福島原発事故をめぐる動向」『外国の立法』247-2、2011
（10） T. Ramakrishnan, Jayalalithaa gives go-ahead for Kudankulam project, The Hindu (2012.03.19), 2012
（11） （社）日本原子力産業協会国際部、インドネシアの原子力発電の導入準備状況、2011（社）日本原子力産業協会 HP（http://www.jaif.or.jp/ja/asia/indonesia_data.pdf#search）（2102年9月16日アクセス）
（12） 渡辺富久子「ドイツ　脱原発が加速」『外国の立法』247-2、25～29頁、2011
（13） 渡辺富久子「ドイツ　脱原発のための原子力法改正」『外国の立法』248-2、16～17頁、2011
（14） Robert-Jan Bartunek, Belgium agrees on conditional nuclear exit plans, Reuters Edition US（2011.10.31), 2011

第4章　資源エネルギーをめぐる日豪関係の評価と政策

第1節　オーストラリア資源の需給

　前章第1節から第4節で、オーストラリアの資源の需給に影響を与える4つの事象、中国の経済成長、東南アジアの経済成長、地球温暖化政策、原子力発電事故について検討した。本節では、これらの要素を総合して、オーストラリア資源の需給への影響を考える。

1　資源の需給に影響する個別要因

　4つの事象のそれぞれが、オーストラリア資源の需給に与える影響は次のとおりである。

　第1に、中国の経済成長である。中国経済は成長速度が速いだけでなく、その規模が巨大であるため、また資源多消費型の経済構造、産業構造を有するため、世界の資源需給に与える影響は極めて大きい。現実に、近年、資源の国際需給とくにオーストラリア資源の需給をタイト化させて、資源価格の上昇の大きな要因になっている。中国の経済成長が今後も続けば、この傾向は、さらに強まるであろう。また、中国企業は、オーストラリアの資源プロジェクトに対する直接投資を積極的に進めている。その結果、オーストラリアにおける権益確保をめぐり、日本との強い競合関係を生じている。このように、中国の経済成長は、日本によるオーストラリア資源の確保戦略に大きな影響を与える。

　第2に、東南アジアの経済成長である。ASEAN-5の経済規模は中国に比べれば小さく、しかも、インドネシア、マレーシアは、依然、主要資源の輸出

国である。このため、東南アジアの経済成長が、資源需給に与える影響は限定的である。ASEAN-5の各国とオーストラリアの間の資源貿易量は小さく、ASEAN-5によるオーストラリアの資源プロジェクトへの投資もそれほど活発ではない。東南アジアの経済成長が、日本のオーストラリア資源の確保戦略に大きな影響を及ぼすことは、少なくとも当面は、考えられない。

第3に、地球温暖対策である。国際的な地球温暖化対策が講じられれば、化石エネルギーの使用量の削減を通して、オーストラリアの資源の需給の緩和につながる。京都議定書の延長は事実上放棄されたが、中国、インドなどの温室効果ガスの排出量は大きく、このままでは、地球環境に重大な影響が生じることになる。このため、遠からず、温室効果ガスの削減を義務付ける国際的な枠組みは再構築されることになるであろう。そのような枠組みは、オーストラリアの化石燃料資源の需給に大きな影響を及ぼすことになろう。

第4に、原子力発電事故の影響である。原子力発電所の建設計画が縮小されれば、化石燃料資源の需要が増加する。その結果、オーストラリアの化石燃料資源に対する需要量も増えることになる。しかし、オーストラリアの化石資源の大口輸入国である中国、韓国、インドでは、現行の原子力政策を維持するとしている。事故の当事国である日本においても、長期的には原子力発電依存をゼロとしているが、当面は、原子力発電を使用し続ける方針である。したがって、原子力発電事故そのものは、オーストラリア資源の需給にはほとんど影響を与えていない。

つまり、オーストラリアの資源需給に影響を与える4つの要因のうちでは、東南アジアの経済成長と原子力発電事故の影響は小さく、中国の経済成長と地球温暖化対策の動向の2つの要因が重要である。

2 資源の需給推計

中国の経済成長がオーストラリアの資源需給に与える影響について、第3章第1節では、過去および現在の状況に焦点を当てて論じた。本節では、中国の経済成長が、オーストラリア資源の将来の需給に与える影響を、いくつかの仮

第4章 資源エネルギーをめぐる日豪関係の評価とその政策　199

図表4-1　推計の前提（経済成長率と1次エネルギー供給量変化の組み合わせ）

ケース	経済成長率［％／年］				1次エネルギー供給量/GDP［PJ/billion US＄2005］						
	インド	中国	日本	韓国			2010	2015	2020	2025	2030
A	7.5	7.5	3.0	5.0	改善なし	インド			23.3		
B	5.0	5.0	2.0	2.5		中国			25.5		
C	2.5	2.5	1.0	1.0		日本			4.54		
D	0.0	0.0	0.0	0.0		韓国			10.3		
E	-2.5	-2.5	-1.0	-1.0							
〈A〉	7.5	7.5	3.0	5.0	改善あり	インド	23.3	20.1	16.9	13.7	10.5
〈B〉	5.0	5.0	2.0	2.5		中国	25.5	21.8	18.0	14.2	10.5
〈C〉	2.5	2.5	1.0	1.0		日本			4.54		
〈D〉	0.0	0.0	0.0	0.0		韓国	10.3	8.85	7.42	5.98	4.54
〈E〉	-2.5	-2.5	-1.0	-1.0							

（出典）　International Energy Agency, CO$_2$ Emission from Fuel Combustion, 2012 Editions Highlight から著者作成。
（注記）　1．アジア主要4カ国とは、インド、中国、日本、韓国である。
　　　　　2．PJ は、Petajoule の略。
　　　　　3．GDP は実質で、2005年基準である（GDP using 2005 exchange rate）。

定を設けて、定量的に考えてみる。需給動向をより正確に推計するため、オーストラリア資源の大口需要国であるインド、日本、韓国の経済成長についても、同様にいくつかの仮定を設けて、中国の経済成長と組み合わせて考えることとする。

(1)　推計の前提

　中国、インド、日本、韓国のアジア主要4カ国の (1) 経済成長率と (2) 単位 GDP 当たりの1次エネルギー供給量[1]をとり、両者を組み合わせたいくつかのケースを設定して推計する。各ケースにおける推計の前提となる数値を、図表4-1にまとめて示す。

　推算は、A～E、〈A〉～〈E〉の10のケースで行う。〈 〉付きのケースでは、単位 GDP 当たりの1次エネルギー供給量が減少するとして試算しており、〈 〉がついていないケースでは、それが変化しないとして試算している。A と〈A〉は4カ国の経済成長率が高いケース、B と〈B〉は安定的な経済成長のケース、C と〈C〉は経済成長が低いケース、D と〈D〉は経済成長がない（変化しな

い）ケース、Eと〈E〉はマイナス成長のケースである。〈D〉は、各国のGDPに変化がなく、単位GDP当たりの1次エネルギー供給量の改善もないことを仮定しており、現在と全く同じ状況が続くというケースということになる。各ケースにおいて、図表4-1に示すような数値を選択した根拠を以下に示す。

中国、インド、日本、韓国の4カ国を採るのは、既に述べた（図表1-24）とおり、オーストラリアの資源の大半はこの4カ国に輸出されているからである。天然ガスの輸出量の96％が日本、中国、韓国向け、燃料炭の輸出量の78.0％が日本、中国、韓国向け、原料炭の72.4％がインド、日本、中国、韓国向けで占めている。

第1に、経済成長率である。GDPはUS＄に換算した2005年基準の実質ベースの数値をとる。経済成長率については、ここ10年程度の経済成長率を基礎にして、各国とも5つのケースを設定している。

中国については、2000〜2010年、2005〜2010年の年平均のGDP成長率はそれぞれ10.0［％/年］、10.7［％/年］である。しかし、中国のGDPの伸びは低下しつつあり、中国政府は2012年の経済成長目標は7.5［％/年］としている。現実に、2012年7〜9月期のGDPは前年同期比で7.4％となっている。中国経済が今後も10％を超える成長を続けるとの見通しは少ない。このため、推計の仮定として、GDPの伸び率を、最大ケースで7.5［％/年］とし、以下、2.5ポイントずつ減らした5つのケースを設定する。中国の経済成長がマイナスに転じることは、当面は考えられないが、20年という長期のスパンで推計するため、バブル状態にあるともいわれる経済が崩壊する可能性もあり、マイナス2.5［％/年］というケースでも推計する。

インドについては、2000〜2010年、2005〜2010年の年平均のGDP成長率はいずれも10.8［％/年］である。インドにおいてもGDPの伸びの低下は顕著であり、実質ベースでは、2011年度（2011年4月〜2012年3月）は6.8［％/年］、2012年度第1四半期（2012年4〜6月）は5.5［％/年］同第2四半期は5.3［％/年］となっている。推計の仮定として、中国と同様に、GDPの伸び率を最大ケースで7.5［％/年］とし、以下、2.5ポイントずつ減らしたケースを設定する。

インドについても、同様に、マイナス2.5［％/年］というケースでも推計する。

韓国については、2000〜2010年、2005〜2010年の年平均のGDP成長率はそれぞれ4.1［％/年］、3.8［％/年］である。韓国政府の2012年の成長目標は3.0［％/年］であり、その達成が可能であると見込まれる。推計の前提としては、過去の推移からすれば若干高いが、後述の日本の成長率を高く設定することとの整合をとるため、5.0、2.5、1.0、0.0、マイナス1.0［％/年］の5つのケースをとることとする。

日本については、2000〜2010年、2005〜2010年の年平均のGDP成長率はそれぞれ0.71［％/年］、0.12［％/年］である。実質的には、ほとんど伸びておらず、今後についても、大きく伸びる要因を見出すことはできない。しかし、経済成長は日本政府の最大の政策課題であることから、2012年末に発足した安倍内閣は、財政措置、大幅な金融緩和など抜本的な施策を講じることとしている。このため、推計の仮定として、GDPの伸び率を、ある程度高い目に設定することとし、最大で3.0％［％/年］とし、以下、1ポイントずつ減らした5つのケースを設定する。日本と韓国のGDPは、中国経済が減速すれば、マイナス成長に落ち込む可能性は否定できず、マイナス1.0［％/年］のケースもとることとする。ただし、現実には、20年間を通して、マイナス成長が続くことは考えられない。

第2に、単位GDP当たりの1次エネルギー供給量（TPES/GDP：Total Primary Energy Supply/Gross Domestic Products）である。一国の経済が成長すれば、消費するエネルギー量は増加する。しかし、経済成長がエネルギー消費量の増加に与える影響は、各国の産業構造、エネルギー消費構造により、大きな相違がある。まず、産業構造つまりGDPを構成する各産業の付加価値生産額の比率は、TPESに影響を与える。たとえば、エネルギー多消費型産業の占める比率が高い国では、エネルギーを大量に消費して、初めて経済成長が可能になる。他方、エネルギーの消費量の少ない知識集約型の産業や、サービス産業の比率の高い国では、経済が成長してもエネルギー消費がそれほど増えることはない。一般に、先進国ではTPES/GDPは低く、高度成長を続ける発展

図表4-2　単位GDP当たりの1次エネルギー消費量の推移

(単位：PJ/billion US $ 2005)

	中国	日本	韓国	インド	世界
2000	29.70	5.09	11.61	32.14	10.57
2001	27.54	5.00	11.34	31.04	10.43
2002	27.45	4.99	11.01	30.75	10.44
2003	28.51	4.88	10.93	29.09	10.51
2004	30.17	4.90	10.73	28.49	10.62
2005	29.39	4.79	10.42	27.07	10.51
2006	28.60	4.69	10.06	26.04	10.36
2007	26.66	4.54	9.96	25.05	10.20
2008	26.32	4.41	9.94	24.96	10.24
2009	26.19	4.49	10.01	24.67	10.41
2010	25.51	4.54	10.29	23.26	10.49

(出典)　International Energy Agency, CO Emission from Fuel Combustion, 2012 Editions Highlight から著者作成。

途上国では高くなる。また、同じ国内でも、産業構造の高度化、経済のソフト化が進めば、TPES/GDPは低下していく。次に、エネルギー消費構造もTPES/GDPに影響を与える。エネルギー消費構造とは、産業の生産効率とも言い換えられる。たとえば、省エネルギー機器の導入が進み、同じ製品・サービスを生産するのに必要なエネルギー量が小さい国は、TPES/GDPは低くなる。

　図表4-2に、中国、インド、日本、韓国のアジア主要4カ国および世界の、2000年から2010年の間のTPES/GDPの推移を示す。日本のTPES/GDPが、2010年で4.54と、他国に比べて著しく低いこと、中国(25.51)とインド(23.26)は、日本の5～6倍の水準にあることが示されている。いずれの国においても、TPES/GDPは徐々に低下しているが、中国とインドの低下率が大きい傾向にある。世界全体のTPES/GDPは、この10年間、ほとんど変化していない。

　推計は、TPES/GDPが2010年から変化のないケースと低下する（改善される）ケースの両方について行う。TPES/GDPが改善されるでは、ケース2030年までに、中国とインドは2010年における世界平均の値（10.49）に、韓国は日本の水準に達するとの前提を置いている。日本TPES/GDPは、既に世界のトップ水準にあるため、変化しないとする。

(2)　1次エネルギー供給量への影響

　アジア主要4カ国の経済成長が1次エネルギー供給量に与える影響の推算結果を、図表4-3に示す。4カ国の2010年における1次エネルギー供給量の合

第4章 資源エネルギーをめぐる日豪関係の評価とその政策　203

図表4-3　アジア主要4カ国の経済成長と1次エネルギー供給量の予測

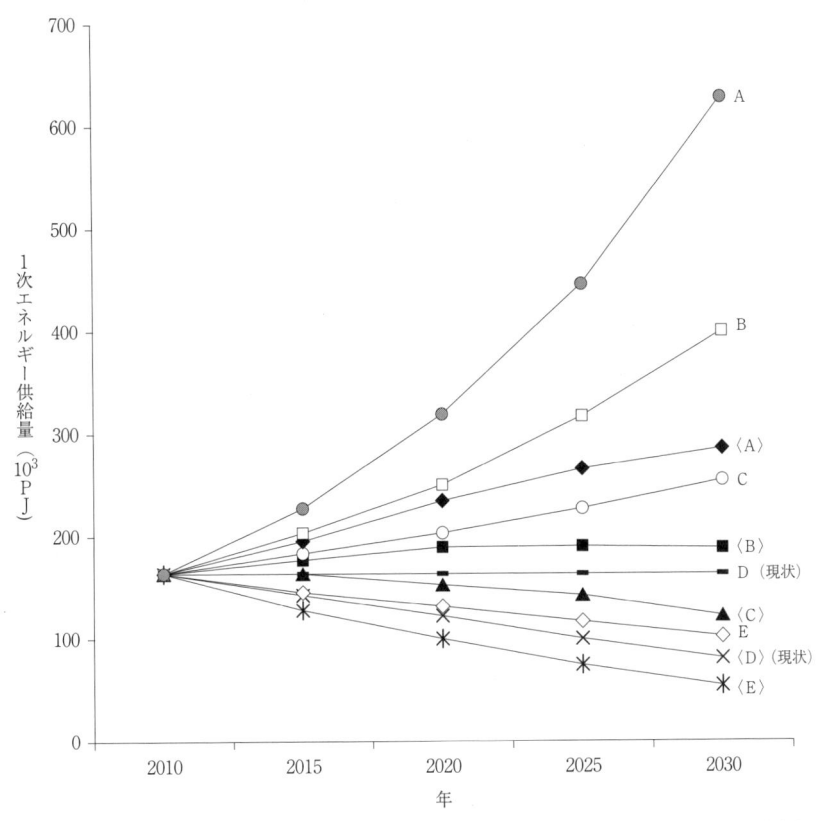

(出典) International Energy Agency, CO_2 Emission from Fuel Combustion, 2012 Editions Highlight から著者作成。
(注記)　1．アジア主要4カ国とは、インド、中国、日本、韓国である。
　　　　2．系列の意味は図表4-1を参照。各系列は経済成長率の違いである。〈　〉付きの系列は、TPES/GDPが、年ごとに改善されることを前提とするケースである。インドと中国は2030年までに世界の平均値 (10.491) まで、韓国は日本と同じレベル (4.543) まで改善されると仮定している。〈　〉の付いていない系列は、TPES/GDPが、2010年以降において、改善されないケースである。
　　　　3．図中の「現状」とは、GDPが変化しないという意味である。

計は16.4万［PJ］である。ケースA（高度成長）で、いずれの国においてもTPES/GDPの改善がない場合には、1次エネルギー供給量は、2020年に31.8万［PJ］、2030年に62.8万［PJ］まで増加する。高度成長であっても、TPES/GDPが改善されれば、つまりケース〈A〉の場合には、1次エネルギー供給

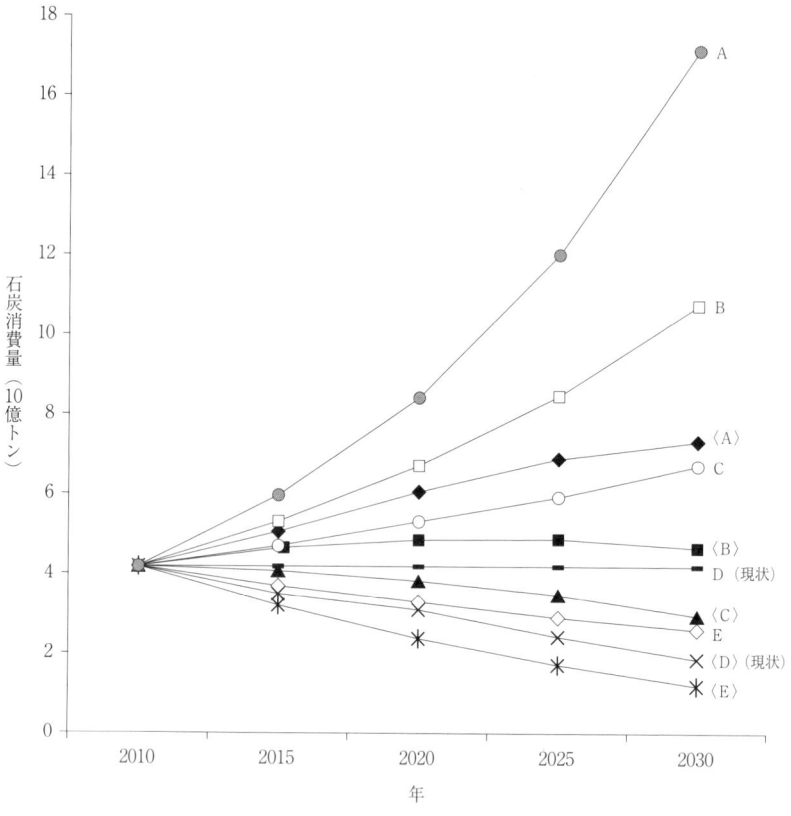

図表 4-4　アジア主要 4 カ国の経済成長と石炭消費量の予測

(出典) International Energy Agency, CO$_2$ Emission from Fuel Combustion, 2012 Editions Highlight および International Energy Agency, Energy Statistics of Non-OECD countries 2012 から著者作成。
(注記) 1. アジア主要 4 カ国とは、インド、中国、日本、韓国である。
2. 石炭には原料炭を含む。
3. 系列の意味の詳細は図表 4-1 を参照。各系列は経済成長率の違いである。〈 〉付きの系列は、TPES/GDP が、年ごとに改善されることを前提とするケースである。インドと中国は2030年までに世界の平均値 (10.491) まで、韓国は日本と同じレベル (4.543) まで改善されると仮定している。〈 〉の付いていない系列は、TPES/GDP が、2010年以降において、改善されないケースである。
3. 図中の「現状」とは、GDP が変化しないという意味である。
4. 化石燃料の構成比が変わらず、TPES/GDP の改善率が、石炭にも単純に反映されるとの前提で計算している。

量は、2020年に23.4万［PJ］、2030年に28.6万［PJ］になる。TPES/GDP改善の効果は、かなり大きいことを示している。ケース〈C〉のように低成長で、しかもTPES/GDPが改善される場合には、1次エネルギー供給量は、2020年に15.2万［PJ］、2030年に12.2万［PJ］と、2010年時点よりも低くなる。

　経済成長率が1次エネルギー供給量に与える影響は、個々のエネルギー資源の消費量にも反映される。以下では、中国を含む4カ国の経済成長が、石炭と天然ガスの消費量に与える影響を推計する。1次エネルギー供給に占める個々のエネルギー資源の比率が変わらないとして推算する。このため、1次エネルギー消費量の図表（図表4-3）と石炭、天然ガスの消費量の図表（図表4-4、図表4-8）は同じ形となる。

(3)　石炭の需給への影響（需要と供給）

　以下では、東アジア地域の市場における、石炭の需要、石炭の供給について試算を行い、続く2(4)において、その結果に基づき、この地域の需給、オーストラリア石炭の需給について検討する。

　第1に、石炭の需要である。アジア主要4カ国の経済成長が石炭消費量に与える影響の推算結果を、図表4-4に示す。4カ国の2010年における石炭（原料炭を含む）消費量の合計は41.8億［t］である。ケースA（高度成長で、TPES/GDPの改善がない）の場合には、石炭の消費量は、2020年に84.3［t］、2030年に171.2億［t］まで増加する。高度成長のケースでは、TPES/GDPが改善されても（ケース〈A〉）、石炭の消費量は、2020年に60.5億［t］、2030年に73.3億［t］となる。世界全体の石炭の生産量は、2010年時点では56.2億［t］、2011年（IEAの推定値）は61.4億［t］である[2]。高度成長ケースの場合、2020年には、4カ国の石炭消費量だけで、2011年時点の世界の石炭生産量を超えることとなる。

　消費量の国別内訳をみると、図表4-5に示すように、いずれのケースでも、その約8割は中国によるものである。中国の石炭消費量は、TPES/GDPが改善されない場合には2020年において67.9億［t］、改善されても2030年には

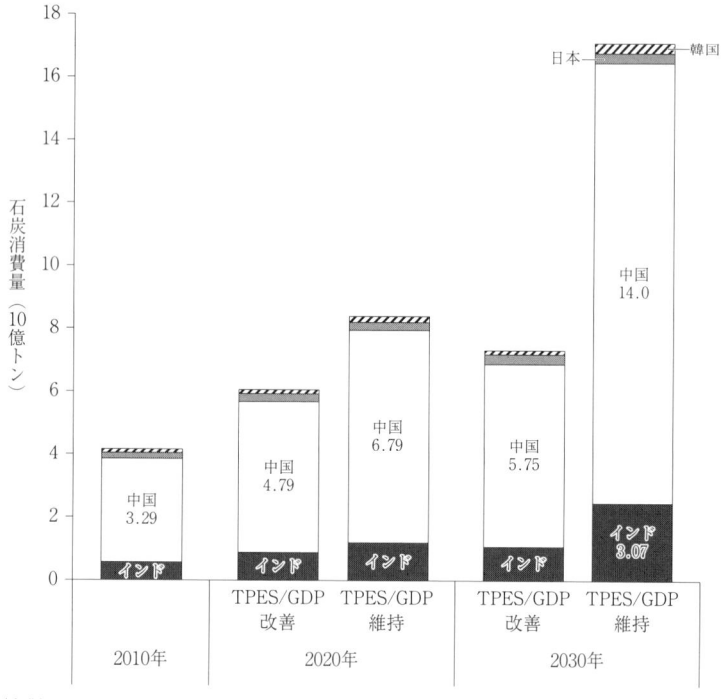

図表4-5　アジア主要4カ国の経済成長と石炭消費量の予測（高成長率ケース）

石炭消費量（10億トン）

2010年: 中国 3.29、インド
2020年 TPES/GDP改善: 中国 4.79、インド
2020年 TPES/GDP維持: 中国 6.79、インド
2030年 TPES/GDP改善: 中国 5.75、インド
2030年 TPES/GDP維持: 中国 14.0、インド 3.07、日本、韓国

(出典)　International Energy Agency, CO₂ Emission from Fuel Combustion, 2012 Editions Highlight および International Energy Agency, Energy Statistics of Non-OECD countries 2012 から著者作成。

(注記)　1．アジア主要4カ国とは、インド、中国、日本、韓国である。
2．石炭には原料炭を含む。
3．予測は、図表4-1のケース〈A〉とAの条件で試算している。したがって、「高成長率」とは、実質GDPが、インドと中国では年率7.5%、日本では3.0%、韓国では5.0%である。また、TPES/GDPが、年ごとに改善されるケースでは、インドと中国は2030年までに世界の平均値（10.491）まで、韓国は2030年までに日本と同じレベル（4.543）まで改善されると仮定している。
4．化石燃料の構成比が変わらず、TPES/GDPの改善率が、石炭にも単純に反映されるとの前提で計算している。

57.5億［t］となり、中国1国で、2010年の世界の石炭消費量（56.2億［t］）を超えることになる。中国の経済成長には陰りが出ており、GDPが今後10年、20年も年平均で7.5％の伸びを示すことはないであろう。しかし、2011年における中国の1人当たりGDPが、5,416US＄であることを考えれば、GDPの伸びる余地はあるとも考えられる。中国の1人当たりGDPは、高度成長ケース

図表4-6　アジア主要4カ国の経済成長と石炭消費量の予測（低成長率ケース）

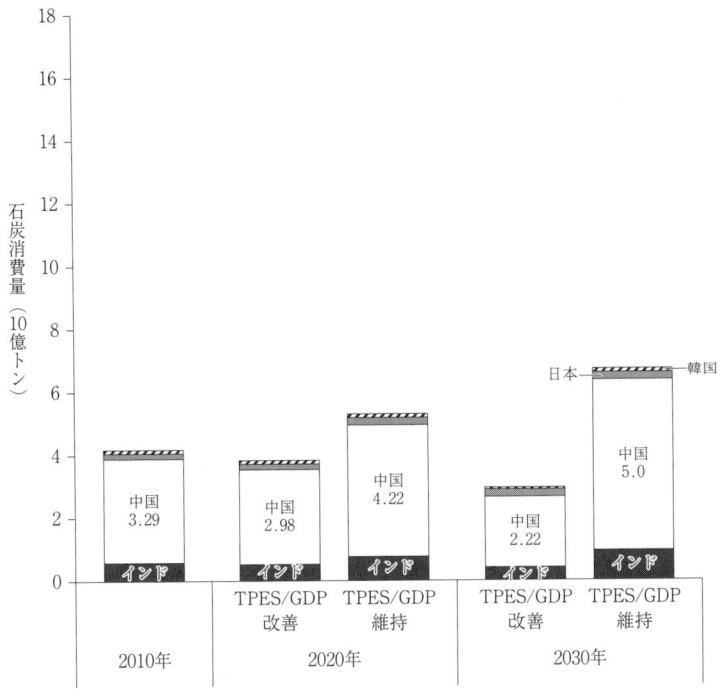

（グラフ：縦軸は石炭消費量（10億トン）、0〜18）

- 2010年：中国 3.29、インド含む合計約4.2
- 2020年 TPES/GDP改善：中国 2.98、インド含む合計約3.8
- 2020年 TPES/GDP維持：中国 4.22、インド含む合計約5.4
- 2030年 TPES/GDP改善：中国 2.22、インド含む合計約3.0
- 2030年 TPES/GDP維持：中国 5.0、インド含む合計約6.6（日本・韓国含む）

（出典）International Energy Agency, CO_2 Emission from Fuel Combustion, 2012 Editions Highlight および International Energy Agency, Energy Statistics of Non-OECD countries 2012 から著者作成。

（注記）
1. アジア主要4カ国とは、インド、中国、日本、韓国である。
2. 石炭には原料炭を含む。
3. 予測は、図表4-1のケース〈C〉とCの条件で試算している。したがって、「低成長率」とは、実質GDPが、インドと中国では年率2.5％、日本と韓国では1.0％である。また、TPES/GDPが、年ごとに改善されることを前提とするケースでは、インドと中国は2030年までに世界の平均値（10.491）まで、韓国は2030年までに日本と同じレベル（4.543）まで改善されると仮定している。
4. 化石燃料の構成比が変わらず、TPES/GDPの改善率が、石炭にも単純に反映されるとの前提で計算している。

で仮定した年率7.5％で伸びれば、2030年までの20年間に4.25倍になり、現在の韓国の水準（2万4,852US＄）に達することになる。

　安定成長で、TPES/GDPが改善される場合（ケース〈B〉）には、4カ国の石炭消費量は、2020年に48.1億［t］、2030年に46.5億［t］となる。ケース〈C〉のように低成長で、TPES/GDPが改善される場合には、4カ国の石炭消費量は、

2020年に38.2億［t］、2030年に29.4億［t］と、2010年時点よりも低くなることとなる（図表4-6）。安定成長のケースでも、消費量に占める中国のシェアは8割前後で推移し、圧倒的である。中国の消費量は、その成長率を2.5％に見積っても、TPES/GDPの改善がなければ、2030年には54.0億［t］に達する。

以上の推算結果は、経済成長率の違いにより、また、TPES/GDPの変化により、石炭消費量には大きな差異が生じることを示している。

第2に、石炭の供給（生産）である。主要4カ国を含む東アジアの石炭市場において、今後、どの程度の量の石炭が供給（生産）されるかを考えてみる。この地域における主要石炭生産国は、インドネシア、インド、中国、オーストラリア、ベトナムである。中国が、主要生産国の生産量の約76％を占めている。中国とインドは石炭の純輸入国であり、石炭を大量に輸出しているのは、インドネシアとオーストラリアだけである。日本は、輸入石炭の59.8％をオーストラリアに、20.2％をインドネシアに依存している。中国は、輸入石炭の80％をオーストラリア、インドネシア、ベトナムに依存しており、インドは同じく70％をインドネシアに依存している。つまり、東アジアの石炭市場では、域内で石炭の生産、消費が行われている。

主要石炭生産国について、今後の生産動向を試算してみる[3]。試算には、いくつかの前提を置いている。2000年から10年間の石炭生産量の平均伸び率が今後も続くこと、2011年時点の確認可採埋蔵量を固定し、同埋蔵量に至るまでは生産を続け、同埋蔵量に達した時点で生産を中止することとして試算をしている。現実には、埋蔵量が少なくなると、購入先が徐々に他の生産国からの輸入に切替えるため、また、生産国としても生産期間を延長するために、生産量を落としていくことになる。確認可採埋蔵量は、石炭需給の逼迫による価格上昇に伴い、増加する。しかし、ここでは、単純化した前提を設定することにより、誤差はあっても、需給の大きな流れを把握することとする。

試算結果を図表4-7に示す。2010年における4カ国の生産量は41.6億［t］、ベトナムを入れると42.0億［t］である。石炭の生産量が、過去10年間と同じ伸び率で増加していけば、2020年には生産量は91.5億［t］になる。しかし、

図表4-7　東アジア市場における石炭生産量（試算）

生産量年間伸び率		インドネシア	インド	中国	オーストラリア	計
		15.3%	5.5%	8.5%	3.8%	
生産量 [mt/年]	2010	170	533	3,140	314	4,157
	2015	347	697	4,713	379	6,135
	2020	707	911	7,073	457	9,148
	2025	0	1,192	10,616	551	12,359
	2030	0	1,559	0	664	2,223
生産累計 [mt]	2010〜15	1,500	3,671	23,304	2,075	30,550
	2010〜20	4,212	7,774	53,568	4,197	69,752
	2010〜25	5,529	13,142	98,989	6,756	124,417
	2010〜30	5,529	20,161	114,500	9,842	150,033
確認可採埋蔵量 [mt]		5,529	60,600	114,500	76,400	

（出典）　International Energy Agency, Energy Statistics of Non-OECD countries 2012、International Energy Agency, Energy Statistics of OECD countries 2012およびBP Statistical Review of World Energy June 2012から著者作成。

（注記）　1．本図表は、下記の前提に基づく単純な試算である。前提には大胆な仮定を置いている。前提の詳細は、本文参照。
・生産量は2000〜2010年の間の平均増加率で増加する。
・確認可採埋蔵量を2011年時点の数値で固定する。
・確認可採埋蔵量に達するまでは、生産を続け、生産量の累積値が確認可採埋蔵量に達した時点で生産は終了する。
2．確認可採埋蔵量は、無煙炭、瀝青炭、亜瀝青炭、亜炭の合計である。生産量は、原料炭、その他瀝青炭、亜瀝青炭の合計である。

インドネシアでは2022年に、中国では2027年に、生産量の累計が埋蔵量を上回り、石炭資源が枯渇することとなる。その結果、2027年からの石炭生産量は激減することとなり、2030年における東アジア市場における石炭生産量は22.2億[t]になる。

(4)　石炭の需給への影響（需給バランス）

ここでは、東アジア地域地域の需給、オーストラリア石炭の需給について検討し、(5)においてさらに、採るべき対応を考える。

第1に、東アジア地域における石炭需給を考える。2010年時点では、主要生産国の生産量41.6億[t]は、主要4カ国の石炭消費量41.8億[t]にほぼ見合う値となっている。

まず、高度成長の場合について検討する。2020年における生産量は91.5億［t］であり、ケースＡ（高度成長で、TPES/GDP の改善がない）の場合における2020年の消費量84.3億［t］をカバーできることになる。また、2025年における生産量は123.6億［t］であり、インドネシアの石炭資源の枯渇にもかかわらず、ケースＡの消費量120億［t］を上回っている。しかし、2030年においては、最大の石炭供給国である中国の生産がゼロであるため、主要生産国の生産量はわずか22.2億［t］であり、ケースＡの171億［t］、ケース〈Ａ〉の73.4億［t］はもちろん、ケース〈Ｅ〉（マイナス成長で TPES/GDP が改善するケース）を除くすべてのケースに対応できない。

次に、安定成長の場合には、ケース〈Ｂ〉、ケースＢのいずれであっても、2025年までは、生産量を伸ばしていけば、生産量が消費量を大幅に上回る。しかし、中国の石炭資源が枯渇する2030年時点では、生産量が極端に減少するため、消費量を賄うことはできなくなる。

現実には、このような極端な需給変化は起こらず、石炭資源枯渇の10年以上まえから、徐々に需給がタイトになるであろう。その後、さらに、需給ギャップが生じ、価格が高騰し、その結果、需要が減少し、需給はバランスすることになろう。しかし、その均衡価格は、かなり高い価格水準になるであろう。その結果、主要４カ国とくに中国の経済成長率は低下することになる。

第２に、オーストラリアの石炭需給についてである。上述のとおり、東アジアの石炭の主要生産国のうち中国は純輸入国であり、しかも石炭資源の枯渇の可能性がある。インドネシアも資源枯渇の可能性がある。インドの石炭の埋蔵量は大きく R/P も高いが、2010年時点ですでに純輸入国である。インドは、過去10年間、年率5.5％で石炭の生産量を伸ばしており、今後もこの傾向が続くとすれば、生産量は2020年で9.1億［t］、2030年で15.6億［t］になる。高度成長で TPES/GDP が変わらないケースを除けば、インドは、石炭を輸出できる可能性がある。しかし、その輸出量は、中国の資源の枯渇を埋めるには、あまりにも不足している。したがって、主要４カ国の高度成長が続く限り、オーストラリアの石炭に対する需要は増加せざるを得ない。オーストラリアの

生産量の増加率は、他の3カ国に比べれば、低いため、需給のタイト感は年々強くなっていくであろう。中国の石炭資源の枯渇が視野に入る段階では、価格は暴騰する可能性がある。

(5) 石炭の需給への影響（対策）

東アジアの石炭需給は、現在の状況を放置すれば、遠からず著しい逼迫状態になることは必至である。中国の石炭資源のR/Pの低下に伴い、各国はこれまで以上に、オーストラリアの石炭確保に走るであろう。その結果、石炭価格の高騰を招き、各国の経済を混乱に陥れる可能性がある。

東アジア地域の石炭需給、オーストラリアの石炭需給を、将来にわたって安定化させるためには、中国において、経済成長を低下させ、産業構造の高度化・ソフト化を進め、エネルギー使用効率を高め、TPES/GDPを世界水準まで引き下げることが重要である。中国は、豊かになったが、先進国に比べると発展の余地が多く残されており、さらなる経済成長を望むであろう。中国が、国際的な視野に立って、自らの経済成長を低位にコントロールすることを期待することはできないであろう。石炭需給のタイト化→石炭価格の高騰→中国経済の減速という市場経済の機能に委ねざるを得ないのかもしれない。

(6) 天然ガスの需給への影響

次に、東アジア地域の市場における、天然ガスの需要、天然ガスの供給について試算を行い、この地域の需給、オーストラリアの需給について検討する。

第1に、天然ガスの需要である。アジア主要4カ国の経済成長が天然ガス消費量に与える影響の推算結果を、図表4-8に示す。4カ国の2010年における天然ガス消費量[4]の合計は2,890億[m^3]である。ケースA（高度成長で、TPES/GDPの改善がない）の場合には、天然ガスの消費量は、2020年に5,110億[m^3]、2030年に9,350億[m^3]まで増加する。高度成長のケースでは、TPES/GDPが改善されても（ケース〈A〉）、天然ガスの消費量は、2020年に4,010億[m^3]、2030年に4,950億[m^3]となる。世界全体の天然ガスの生産

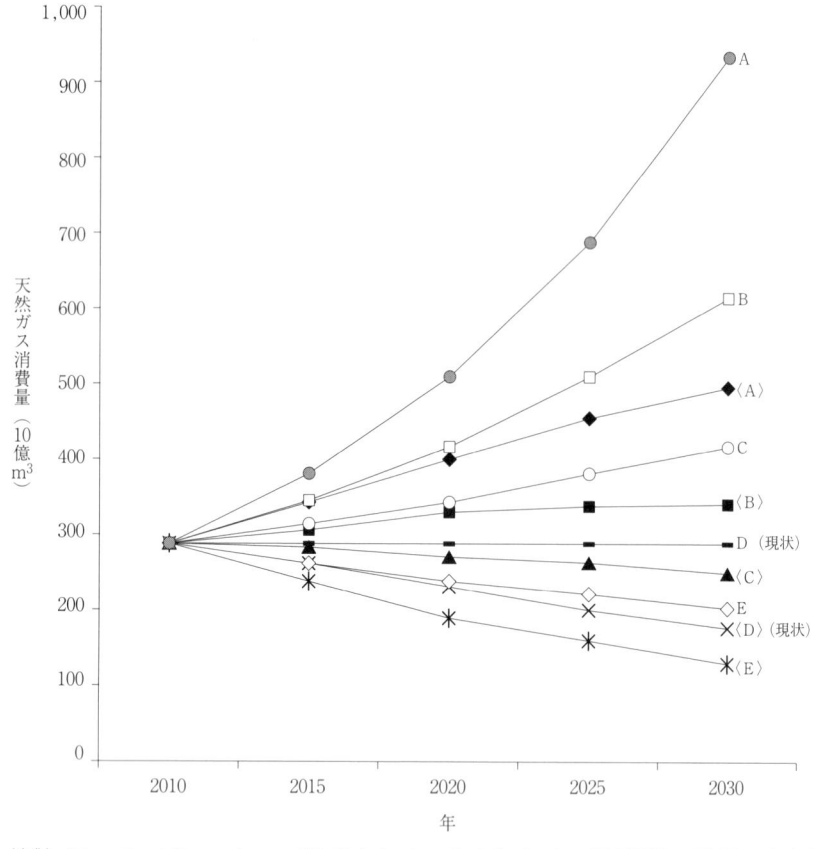

図表 4-8　アジア主要 4 カ国の経済成長と天然ガス消費量の予測

天然ガス消費量（10億 m³）

A
B
〈A〉
C
〈B〉
D（現状）
〈C〉
E
〈D〉（現状）
〈E〉

年

(出典) International Energy Agency, CO₂ Emission from Fuel Combustion, 2012 Editions Highlight および International Energy Agency, Energy Statistics of Non-OECD countries 2012 から著者作成。

(注記) 1. アジア主要 4 カ国とは、インド、中国、日本、韓国である。
2. 系列の意味の詳細は図表 4-1 を参照。各系列は経済成長率の違いである。〈　〉付きの系列は、日本を除く 3 カ国において TPES/GDP が、年ごとに改善されることを前提とするケースである。インドと中国は 2030年までに世界の平均値（10.491）まで、韓国は日本と同じレベル（4.543）まで改善されると仮定している。〈　〉の付いていない系列は、TPES/GDP が、2010年以降において、改善されないケースである。
3. 化石燃料の構成比が変わらず、TPES/GDP の改善率が、天然ガスにも単純に反映されるとの前提で計算している。
4. 図中の「現状」とは、GDP が変化しないという意味である。

図表4-9 アジア主要4カ国の経済成長と天然ガス消費量の予測（高成長率ケース）

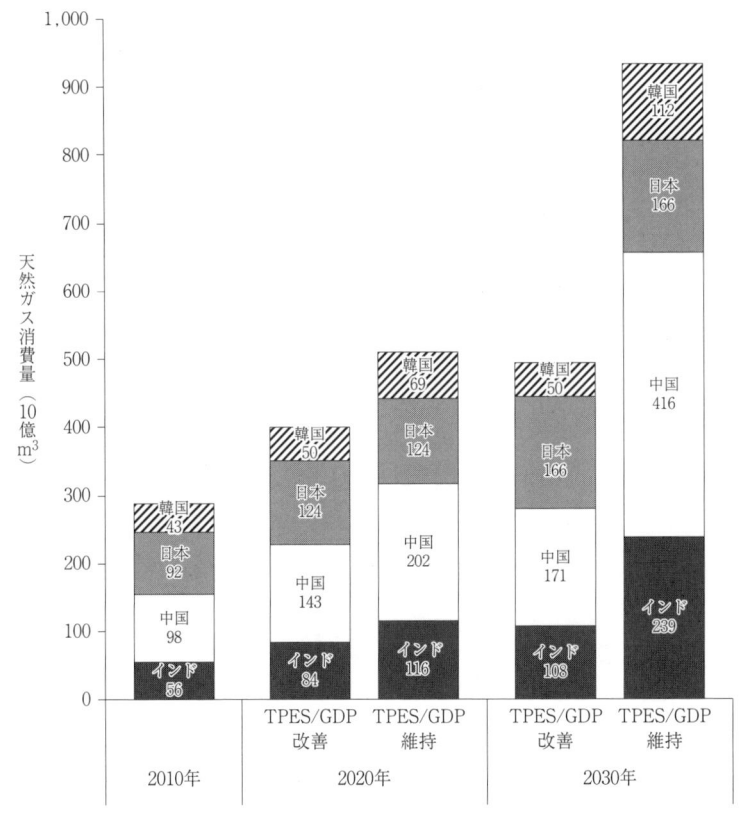

[グラフ：縦軸 天然ガス消費量（10億m³）]

2010年
- 韓国 43
- 日本 92
- 中国 98
- インド 56

2020年 TPES/GDP 改善
- 韓国 50
- 日本 124
- 中国 143
- インド 84

2020年 TPES/GDP 維持
- 韓国 69
- 日本 124
- 中国 202
- インド 116

2030年 TPES/GDP 改善
- 韓国 50
- 日本 166
- 中国 171
- インド 108

2030年 TPES/GDP 維持
- 韓国 112
- 日本 166
- 中国 416
- インド 239

(出典) International Energy Agency, CO_2 Emission from Fuel Combustion, 2012 Editions Highlight および International Energy Agency, Energy Statistics of Non-OECD countries 2012 から著者作成。

(注記) 1．アジア主要4カ国とは、インド、中国、日本、韓国である。
2．予測は、図表4-1のケース〈A〉とAの条件で試算している。したがって、「高成長率」とは、実質GDPが、インドと中国では年率7.5％、日本では3.0％、韓国では5.0％である。また、TPES/GDPが、年ごとに改善されるケースでは、インドと中国は2030年までに世界の平均値（10.491）まで、韓国は2030年までに日本と同じレベル（4.543）まで改善されると仮定している。
3．化石燃料の構成比が変わらず、TPES/GDPの改善率が、天然ガスにも単純に反映されるとの前提で計算している。

図表4-10 アジア主要4カ国の経済成長と天然ガス消費量の予測（低成長率ケース）

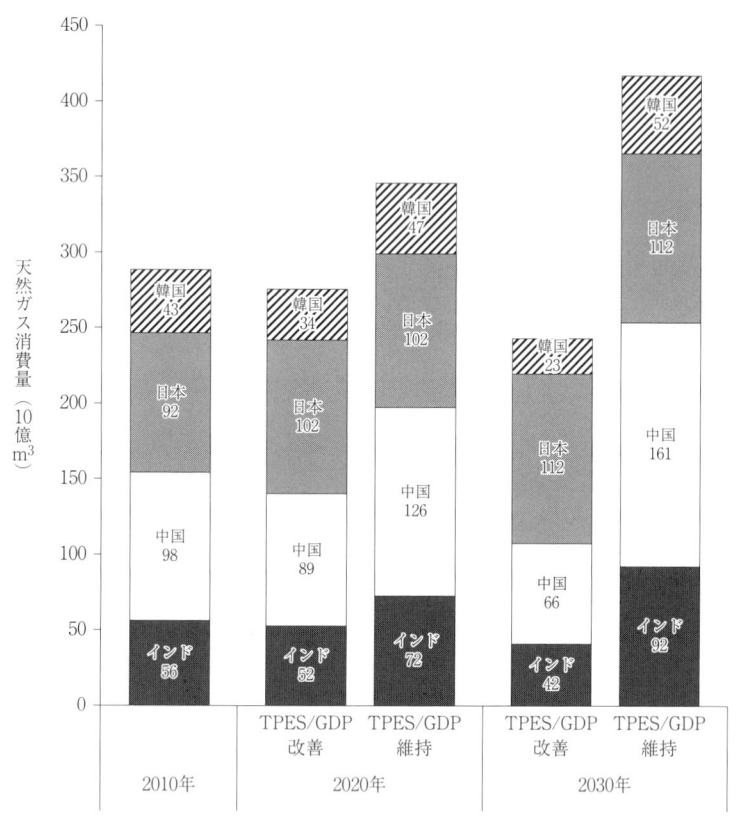

	2010年	2020年 TPES/GDP改善	2020年 TPES/GDP維持	2030年 TPES/GDP改善	2030年 TPES/GDP維持
韓国	43	34	47	23	52
日本	92	102	102	112	112
中国	98	89	126	66	161
インド	56	52	72	42	92

天然ガス消費量（10億m³）

（出典） International Energy Agency, CO_2 Emission from Fuel Combustion, 2012 Editions Highlight および International Energy Agency, Energy Statistics of Non-OECD countries 2012 から著者作成。

（注記）
1. アジア主要4カ国とは、インド、中国、日本、韓国である。
2. 予測は、図表4-1のケース〈C〉とCの条件で試算している。したがって、「低成長率」とは、実質GDPが、インドと中国では年率2.5％、日本と韓国では1.0％である。また、TPES/GDPが、年ごとに改善されることを前提とするケースでは、インドと中国は2030年までに世界の平均値（10.491）まで、韓国は2030年までに日本と同じレベル（4.543）まで改善されると仮定している。
3. 化石燃料の構成比が変わらず、TPES/GDPの改善率が、天然ガスにも単純に反映されるとの前提で計算している。

量は、2010年は2.91兆［m³］、2011年（IEA の推定値）は3.01兆［m³］である。

　消費量の国別内訳をみると、図表4-9に示すように、石炭のような極端な偏りはなく、2010年において、日本と中国がそれぞれ3分の1ずつを占めている。高度成長であっても、TPES/GDP が改善されるかぎりは、2030年においても、日本と中国の位置づけは変わらない。同表は TPES/GDP が改善されたか否かにより、天然ガス消費量に大きな差が出ることも示している。

　低成長で、TPES/GDP が改善される場合（ケース〈C〉）には、4カ国の天然ガス消費量は、2020年に2,760億［m³］、2030年に2,430億［m³］となる。この場合、消費量に占める中国のシェアは日本よりも低くなる。TPES/GDPの改善分が消費の伸びを相殺するからである（図表4-10）。

　第2に、天然ガスの供給（生産）である。日本、中国、インド、韓国は、オーストラリアを含む東アジアの天然ガスを大量に輸入しているが、その依存率は石炭ほど高くない。2011年において、日本はマレーシア、オーストラリア、インドネシア、ブルネイから計603億［m³］を輸入しており、全輸入量の56.5%である。韓国もこの4カ国から185億［m³］で全輸入量の37.5%、インドはマレーシア、オーストラリアから4億［m³］で全輸入量の2.3%、中国は、マレーシア、オーストラリア、インドネシアから98億［m³］で全輸入量の31.7%である。いずれも LNG で輸入している。この地域の天然ガス生産量は、マレーシア、オーストラリア、インドネシア、ブルネイに加えて、インド、中国を入れても、世界全体の10.5%にすぎない。各需要国は、オーストラリア以外の他の地域から、天然ガスの調達を図ることが可能である。したがって、中国の経済成長との関係で、この地域の天然ガス需給を議論する価値はそれほど高くはない。

　石油については、中国が世界5位の石油生産国であるが、そのシェアは5.1%にすぎない。東アジアの産油国を合計しても世界シェアの9.3%程度の生産量である。主要4カ国のオーストラリア依存度も小さく、天然ガスと同様に、この地域の需給だけで、オーストラリアの石油の逼迫を議論する必要性は高くはない。

3　中国の経済成長と地球温暖化の資源需給への影響

　前項において、中国の経済成長と資源需給の関係を整理し、オーストラリアの資源需給への影響を明らかにし、さらに、対策についても検討した。次に、中国の経済成長が地球温暖化に及ぼす影響を整理し、オーストラリアの資源需給への影響を考えてみる。

　地球温暖化対策のためには、大量に CO_2 を排出する国に対する国際的な規制が必要であるが、急激な経済成長途上にある中国やインドでは、1990年の CO_2 排出量を基準とした規制を受け入れることは困難である。このため、第3章第3節では、中国やインドが経済成長を維持しつつ CO_2 排出量を削減する方法として燃料転換を提示し、それがオーストラリアの資源需給に与える影響を検討した。ここでは、中国の経済成長率と CO_2 排出量の関係を考慮して、もう少し詳しく将来の動向を推算する。

　推算の前提として、「単位 GDP 当たりの CO_2 排出量（CO_2/GDP：CO_2 emissions/GDP using exchange rates）」という概念を考える。単位は kg-CO_2/US＄である。GDP は US＄に換算した2005年基準の実質ベースである。CO_2/GDP は、第1節2(1)で述べた単位 GDP 当たりの1次エネルギー供給量（TPES/GDP）と同様に、エネルギー源構成（燃料転換）だけでなく、産業構造、エネルギーの消費構造を要素とする概念である。一般に、先進国では発展途上国より CO_2/GDP が低く、一国の中では高度成長が終わり、経済社会が成熟してくると CO_2/GDP が低下する傾向がある。IEA[1]によれば、2010年における CO_2/GDP の値は、世界平均は0.59、OECD 加盟国は0.33、OECD 非加盟国は1.23である。日本は0.25、中国（香港を含む）は1.79、インドは1.30である。経年変化を見れば、世界平均は、1980年：0.80、1990年：0.70、2000年：0.60、2010年：0.59、日本は1980年：0.40、1990年：0.28、2000年：0.28、2010年：0.25と減少している。日本の場合は、産業構造の高度化ソフト化、高効率のエネルギー機器の導入が進んでいるため、CO_2/GDP の低減は限界に近づいているが、中国では CO_2/GDP の改善の余地は大きく残されている。中国の CO_2/

図表4-11 中国におけるGDP、1次エネルギー供給、CO_2排出量の関係

	単位	2000	2005	2010
実質GDP（2005年基準）	10億US$	1,562	2,435	4,053
1次エネルギー供給量（化石）	PJ	46,401	71,555	103,391
CO_2排出量	mt	3,077	5,103	7,259
同（石炭）	mt	2,451	4,197	6,014
同（石油）	mt	577	818	1,026
同（天然ガス）	mt	49.2	88.0	201.3
1次エネルギー/GDP	PJ/10億US$	29.7	29.4	25.5
CO_2/1次エネルギー	t-CO_2/TJ	66.3	71.3	70.2
CO_2/GDP	kg-CO_2/US$	1.97	2.10	1.79

(出典) International Energy Agency, CO_2 Emission from Fuel Combustion, 2011 Editions Highlight から著者作成。
(注記) 1. 実質GDPは、原典ではGDP using 2005 using exchange ratesとしている。
    2. mtはmillion ton（百万トン）の略。

GDPは、1980年：5.30、1990年：3.59、2000年：1.97、2010年：1.79と減少している。図表4-11に、2000年、2005年、2010年の、中国のGDP、1次エネルギー供給、CO_2排出量の関係を示す。

中国のCO_2排出量が、経済成長率によりどのように変わるかを推算する。図表4-12は、CO_2/GDPが改善されないという前提で推算した結果である。2010年のCO_2排出量は、72.6億[t]である。中国が現在の成長率（7.5[％/年]）を維持すれば、CO_2排出量は2020年に150億[t]、2030年には308億[t]に達する。2030年には、中国一国で、2010年における世界のCO_2排出量（303億[t]）を超えることとなる。しかし、2.5％という低成長率を採ると、2030年におけるCO_2排出量は119億[t]と、7.5％成長のケースの3分の1の排出量となる。経済成長率を低下させることによる効果が大きいことがわかる。

気候変動枠組条約締約国で設定してきた1990年のCO_2排出量を基準とする考え方を中国に適用すると、22.4億[t]から何％削減するかを議論することになる。同図表において、22.4億[t]のレベルを、太い破線で示している。CO_2排出量22.4億[t]という値は、マイナス10％の成長率が10年余り続いて、初めて達成できる値である。CO_2/GDPが改善されないという前提を置く限り、1990年基準で中国のCO_2排出量を論じることは、非現実的である。

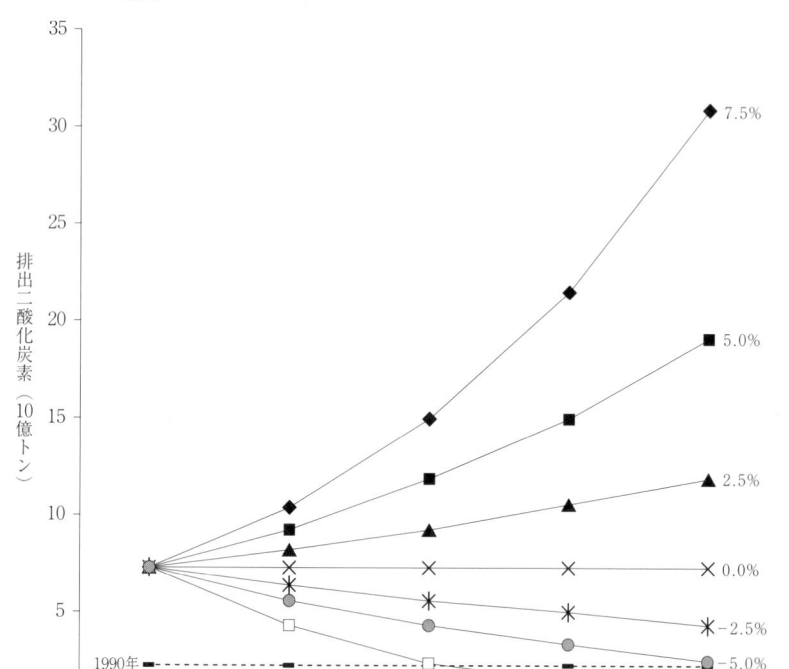

図表4-12　中国の経済成長と二酸化炭素排出量（GDP当たりCO$_2$排出量が変化しない場合）

（出典）　International Energy Agency, CO$_2$ Emission from Fuel Combustion, 2012 Editions Highlight および International Energy Agency, Energy Statistics of Non-OECD countries 2012 から著者作成。
（注記）　1．各系列は経済成長率の違いである。TPES/GDPの改善を考慮していない。
　　　　　2．波線は中国における1990年のCO$_2$排出量である。

　次に、中国のCO$_2$/GDPが2030年までに、現在の世界平均値（0.59）に至るように、改善されるとの前提で、CO$_2$排出量を推算した結果を、図表4-13に示す。成長率2.5％のケースでは、2030年のCO$_2$排出量は39.2億［t］と、CO$_2$/GDPの改善のない時（119億［t］）の3分の1の水準になっている。CO$_2$/GDPの改善によるCO$_2$排出量の抑制効果は大変大きいことがわかる。経済成長が全くない状態が20年続けば、2030年にはCO$_2$排出量が23.9億［t］まで下落し、

図表4-13 中国の経済成長と二酸化炭素排出量（GDP当たりCO_2排出量が改善される場合）

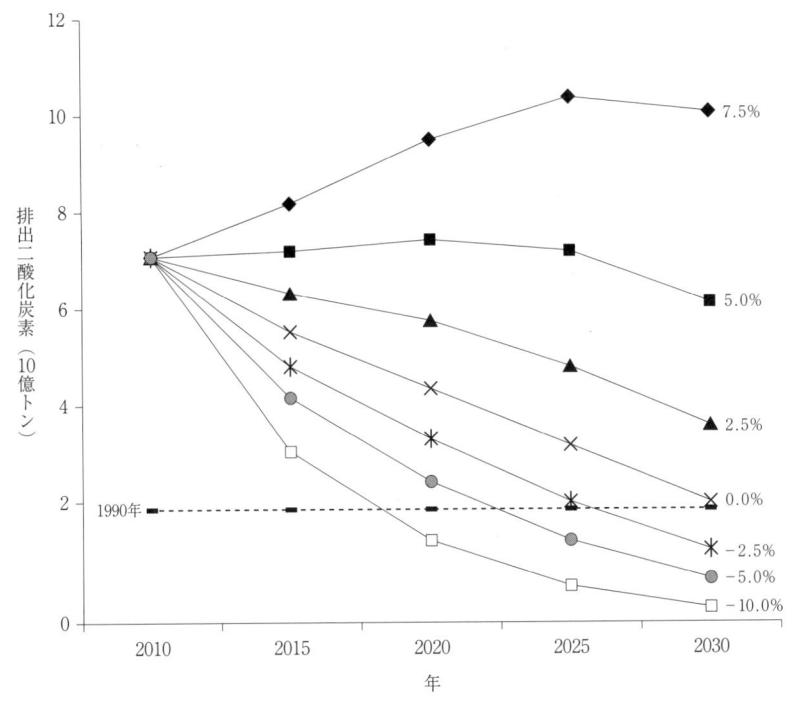

（出典） International Energy Agency, CO_2 Emission from Fuel Combustion, 2011 Editions Highlight から著者作成。
（注記） 1．系列の数値は、年当たりの経済成長率である。
2．破線は中国における1990年のCO_2排出量である。
3．GDP当たりCO_2排出量が2010年（1.7908 [kg CO_2/US＄GDP]）から直線的に減少し2030年（0.59 [kg CO_2/US＄GDP]）に至るという前提での試算（GDPは2005年基準）である。

1990年基準に近くなる。低成長であっても、経済が成長する限り、1990年のレベルに到達することは極めて困難である。

したがって、第3章第3節でも述べたように、中国のような経済成長が著しい国を対象に、1990年基準でCO_2排出量の削減を論じることは無意味である。そのような議論は、国際的な規制の枠組みから、これらの国を遠ざけることになる。その結果、規制の枠組み内にいた国々までが、不公平であるとして、離脱することになる。しかし、上で見たように、GDP成長率を低下させること

によるCO_2排出量の抑制効果、CO_2/GDPの改善による効果は、いずれも大変大きいため、この両者を組み合わせることを考えるべきである。さらに、第3章第3節においても述べたように、急激な経済成長を進める国は、先進国とは別の目標を設定すべきである。

オーストラリアの資源への影響を考える。中国の経済成長率の低減は、オーストラリア資源への需要の伸びの低下をもたらす。CO_2/GDPを改善するためには、エネルギー多消費産業偏重の産業構造からの脱却、エネルギー使用効率の向上、化石燃料依存率の低減などが必要である。つまり、CO_2/GDPの改善も、オーストラリアの資源に対する需要を著しく減少させることとなる。

注
1) 1次エネルギー供給量は、1次エネルギー（未加工のエネルギー）の生産、輸入時点での量である。在庫の変化がない場合には、1次エネルギーの消費量とほぼ等しくなる。
2) 石炭の統計値は、ソースにより値がかなり異なる。本文では、IEAの統計によっている。生産量については、以下のような数値がある。BP Statistical Review of World Energy June 2012によれば、石炭（燃料炭）の生産量（2011年）は、世界全体で3,955［mt oil eq］、中国は1,956［mt oil eq］であり、中国の生産量のシェアは49.5%である。Bureau of Resources and Energy Economics, Resources and Energy Statistics 2011によれば、石炭の生産量（2010年）は、世界全体で60.202億［t］、中国は30.185億［t］であり、中国の生産量のシェアは50.1%である（第3章第1節の注6）で述べたことの再掲）。
3) ベトナムの石炭の確認可採埋蔵量は、BP Statistical Review of World Energy June 2012によれば、1.5億［t］、R/P＝3とされているが、現在の生産量の動向からみれば、やや疑義のある値である。東アジアの市場におけるベトナムの石炭生産の寄与率は高くないので、本文の試算では対象から外した。
4) 本節中の天然ガスの量は、IEA, Energy Statistics of Non-OECD countries 2012のJoule単位の数値から、単位容量当たりの発熱量（43.5［$GJ/10^3 m^3$］）を用いて計算した値である。他のソースとデータが異なる。2010年の天然ガス消費量の値をBP統計（BP Statistical Review of World Energy June 2012）と比較すると、以下のような相違がある（（　）内がBPのデータ）。単位は［bm^3］である。インド56.4（61.9）、中国98.1（111.4）、日本92.0（94.5）、韓国42.5（43.0）、世界2,909

(3,223)。

参考文献
（1） International Energy Agency, CO_2 Emission from Fuel Combustion, 2012 Editions Highlight

第2節　資源エネルギーの需給と価格

1　資源の国際価格

　上述のとおり、オーストラリアの資源の需給はタイト化していくと予想される。では、このような需給が、価格にどのように反映されるであろうか。まず、資源の国際価格の特徴について説明し、これに基づき、オーストラリアの資源価格について考える。

　資源の国際価格はどのように動くのであろうか。主要な資源をとりあげて、その価格の推移を、最近の統計データから見てみる。図表4-14に原油、LNGの国際価格の推移（1984年〜2010年）を指数（2000年の価格＝1.0）で示す。また、図表4-16に鉄鉱石、石炭（原料炭、燃料炭）、アルミナ、図表4-18に銅、鉛、亜鉛、ニッケルの、それぞれ国際価格の推移（1992〜93年度から2010〜11年度）を、指数（2000〜01年度の価格＝1.0）で示す。

　このデータから、資源の国際価格は乱高下していること、上昇していることという、2つ傾向を見ることができる。

(1)　国際価格の乱高下
　まず、資源の国際価格の乱高下についてである。個々の資源ごとに見ていこう。
　原油の価格は、図表4-14に示すように、第2次石油危機を乗り越えて以降も不安定な動きをしている。図表は2000年台に入ってからの価格上昇の故に、

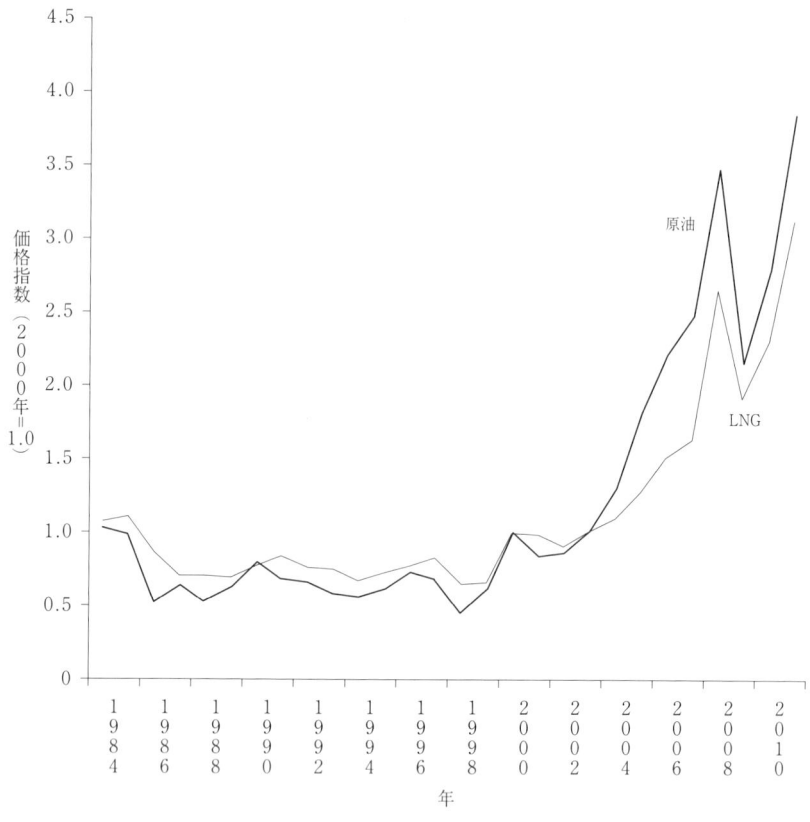

図表4-14　石油、天然ガスの価格の推移

価格指数（2000年＝1.0）

原油

LNG

年

（出典）　BP Statistical Review of World Energy June 2012 から著者作成。
（注記）　1．指数は、2000年を1.0として計算している。
　　　　2．LNG価格は日本の輸入価格（CIF）。
　　　　3．原油価格はOECDの輸入価格（CIF）。

縦軸スケールが大きくなっており、指数1未満の箇所の変化が小さい印象を与えるが、原油価格は2000年以前も乱高下している。1984年以降2000年までの間に前年比の価格変動が10％未満であった年は5回しかない。前年比で、1990年は26.9％増、1986年は45.9％減、1998年は34.3％減、1999年は38.0％増と大きく変動してきた。2000年以降は毎年、数10％もの増加率を示し、2008年には指

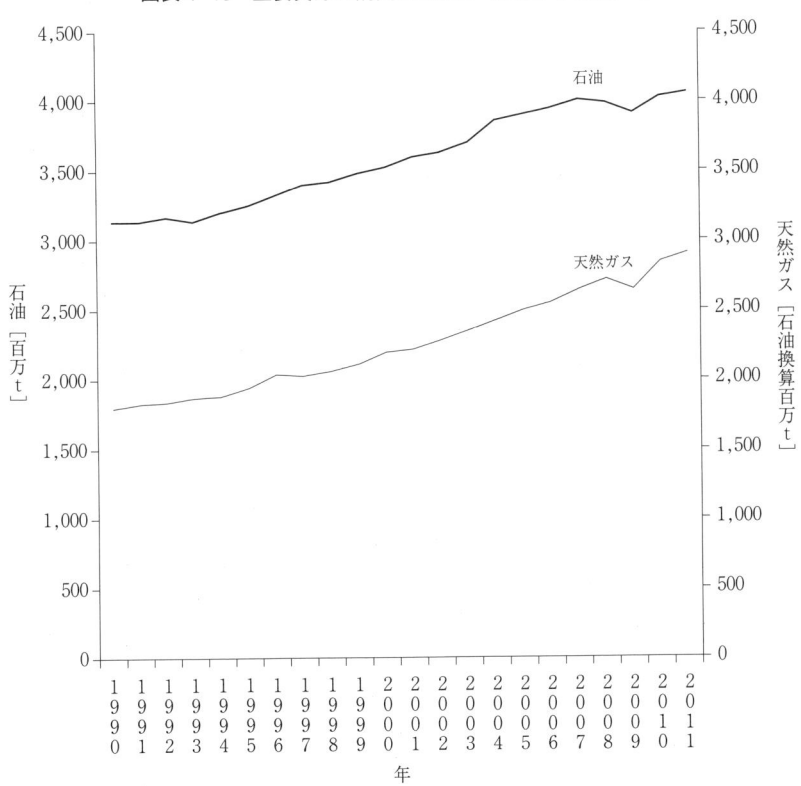

図表4-15 主要資源の消費量の推移（石油、天然ガス）

（出典）BP Statistical Review of World Energy 2012, BP Statistical Review of World Energy 2004 から著者作成。
（注記）1．BP 統計の2012と2004では、同じ年の消費量に若干の差異がある。食い違う年については、2012のデータを優先している。

数は3.5まで上昇し、リーマンショックで37％急落して2.2になった後、再上昇し3.8になっている。LNG価格は原油価格に連動するため、同様の傾向を示しているが、長期契約が多いこともあり、その変化率は原油よりもマイルドである。ただし、2000年には前年比50.3％の増、リーマンショック直前には同62.4％増という暴騰を示している。

鉄鉱石、原料炭の価格は、図表4-16に示すように、2000年頃までは安定していたが、それでも前年比で10％程度の変動は何度も記録している。2000～01

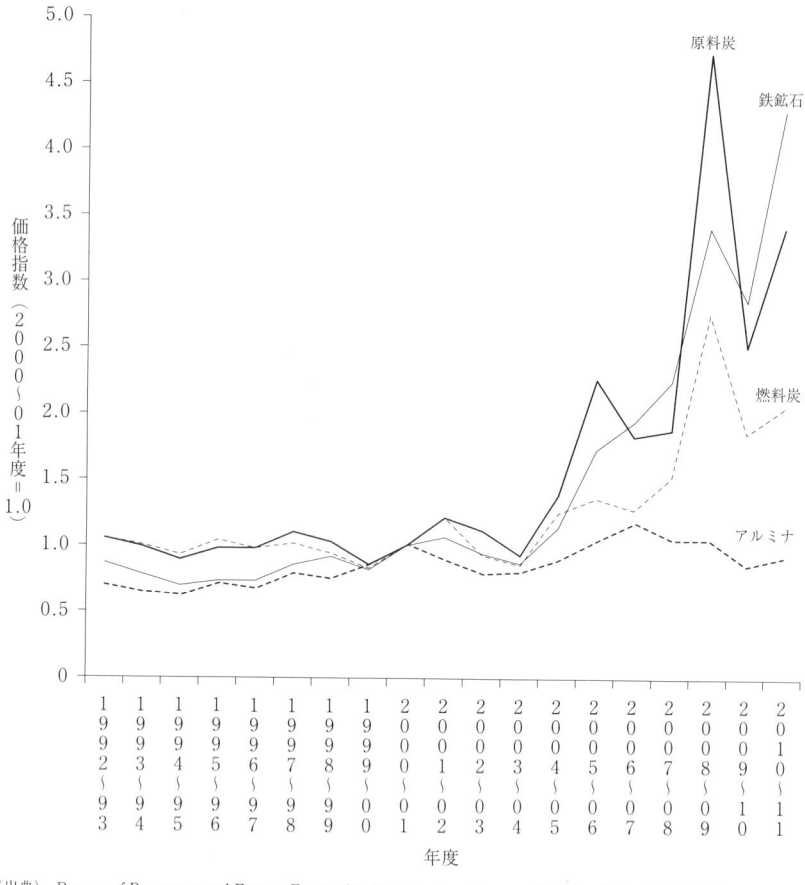

図表4-16　主要資源の価格の推移（石炭、鉄鉱石、アルミナ）

（出典）　Bureau of Resources and Energy Economics, Resources and Energy Statistics 2011 から著者作成。
（注記）　指数は、2000～01年度を1.0として計算している。

年度以降は急上昇し、原料炭の指数は4.7（2008～09年度）、鉄鉱石は同4.3（2010～11年度）の水準を記録している。

　銅、鉛、亜鉛、ニッケルの価格は、図表4-18に示すように、さらに激しい値動きを示している。1990年代は比較的安定していた（それでも前年比10数％の変化を繰り返していた）が、2003～04年度以降は、ほとんどの年で前年比

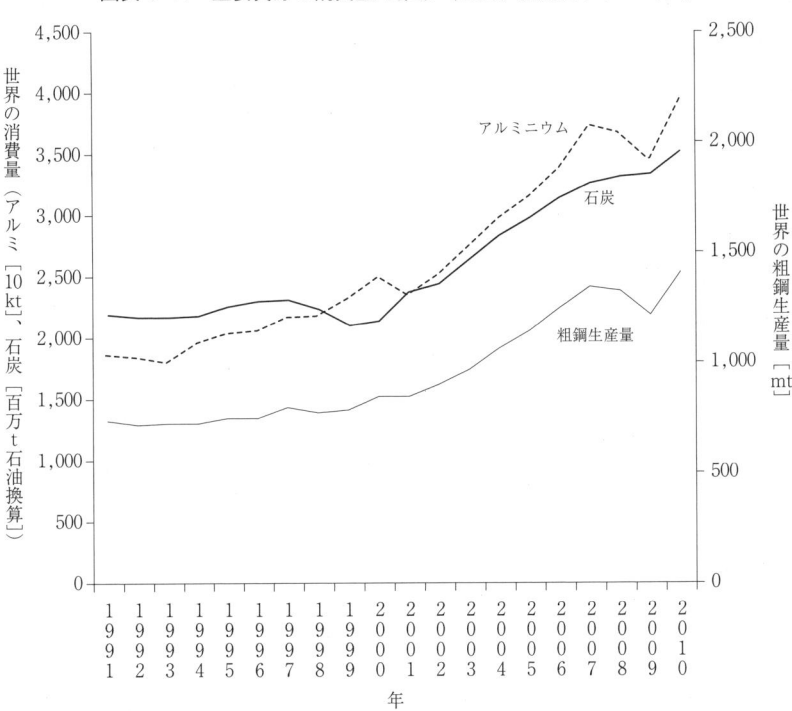

図表4-17　主要資源の消費量の推移（石炭、鉄鉱石、アルミナ）

（出典）Bureau of Resources and Energy Economics, Resources and Energy Statistics 2011 および BP Statistical Review of World Energy 2012, BP Statistical Review of World Energy 2004 から著者作成。
（注記）1．BP統計の2012と2004では、同じ年の消費量に若干の差異がある。食い違う年については、2012のデータを優先している。
2．鉄鉱石の消費量を示す指標として粗鋼生産量をとってある。

30％以上の変動が見られる。銅では前年比60.7％（2005〜06年度）、鉛では71.5％（2007〜08年度）、亜鉛では75.5％（2005〜06年度）、ニッケルでは144.4％（同）という年もある。その結果、とくに鉛の指数は、鉄鉱石や石炭よりも1年早くピークを迎え、2007〜08年度には6.1まで上昇し、リーマンショックで半分（3.1）になり、その後、再上昇して2010〜11年度には5になっている。まさに乱高下である。

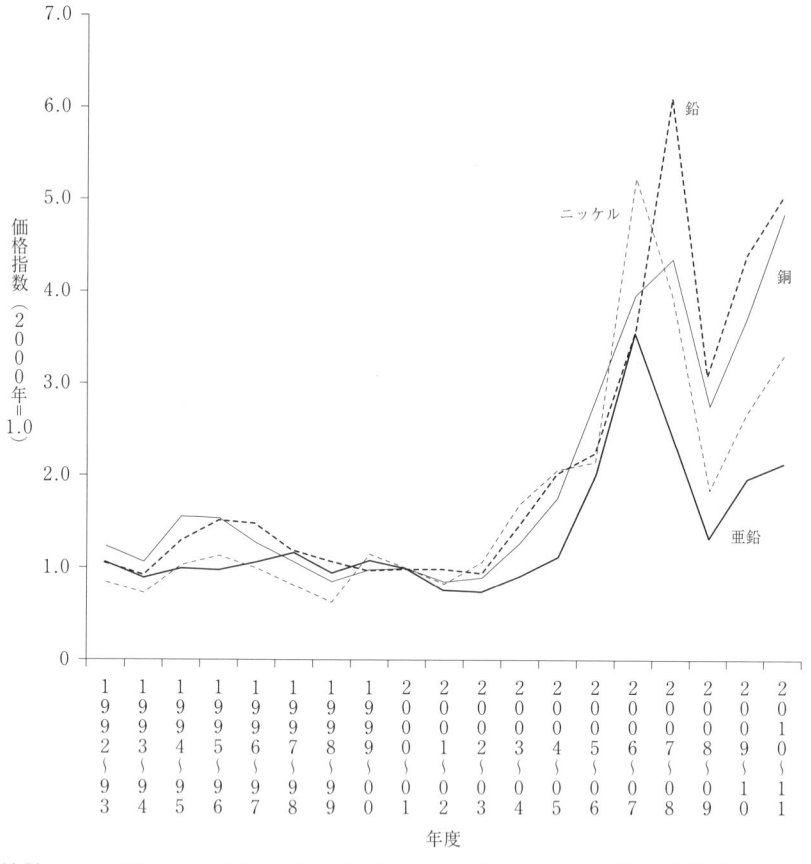

図表 4-18　主要資源の価格の推移（銅、鉛、亜鉛、ニッケル）

（出典）　Bureau of Resources and Energy Economics, Resources and Energy Statistics 2011 から著者作成。
（注記）　指数は、2000～01年度を1.0として計算している。

(2)　国際価格の上昇

　次に、資源価格の上昇についてである。いずれの資源も同じ傾向を示している。1990年頃から2000年頃までは、価格は、上昇・下落を繰り返してはいるが、ほぼ安定していた。しかし、価格は、2003年頃から急激な上昇に転じ、リーマンショック直前まで、この急激な上昇が続いた。リーマンショックで、価格はいったん大幅に落ち込んだが、すぐに上昇に転じている。

図表4-20に、主要な資源について、急激に価格上昇が始まる前の期間（1992～93年度から2002～03年度または1992年から2002年、以下、ここでは「2002年以前」と記す）とそれ以降リーマンショックまでの期間（2002～03年度から2008～09年度または2002年から2008年、ここでは単に「2002年以降」と記す）にわけて、価格の推移およびその伸び率（各期間全体の伸び、各期間の年率の伸び）を記載した。たとえば、鉄鉱石の価格は1992～93年度には26.9［A＄／t］であったが、急上昇が始まる直前の2002～03年度には27.1［A＄／t］になり、リーマンショックが始まる直前の2008～09年度には106［A＄／t］に上昇したことを示している。また、この数値に基づき価格の伸び率を計算すると、鉄鉱石の価格は2002年以前の10年間に1.01倍（年間上昇率0.1［％／年］）になり、2002年以降の6年間で3.91倍（同25.5［％／年］）になっている。

2002年以前の10年間は、石炭（燃料炭、原料炭）、銅、鉛、亜鉛の価格は下落しており、LNG、石油、アルミナ、ニッケルの価格は上昇している。ただし、その増減率はわずかであり、年率にして2～3％のオーダーにすぎない。2002年以降リーマンショックまで（銅、鉛、亜鉛、ニッケルは、他の主要資源より1年早く価格が下落しているので、2007～08年度まで）は、すべての主要資源で価格上昇に転じている。アルミナを除いて他の主要資源の価格上昇率は、原油、鉄鉱石、燃料炭、亜鉛は、年率20％台、銅、ニッケルは年率30％台、鉛は年率45.5％となっている。その結果、この6年間（5年間）で、鉛は6.5倍、銅は4.9倍、原料炭は5.1倍に跳ねあがっており、他の主要資源（アルミナを除く）もほぼ3倍以上になっている。

このように、主要資源の価格上昇率は2002年から2003年を境に極端な変化を示していることがわかる。

(3) 資源の消費量

主要資源の価格の乱高下と2003年頃から急上昇の要因を検討するため、資源の世界の需要量（消費量）の変化を見てみよう。需要量は、財の価格を律する重要な要素であるからである。需要量は図表4-15に原油、天然ガスの世界の

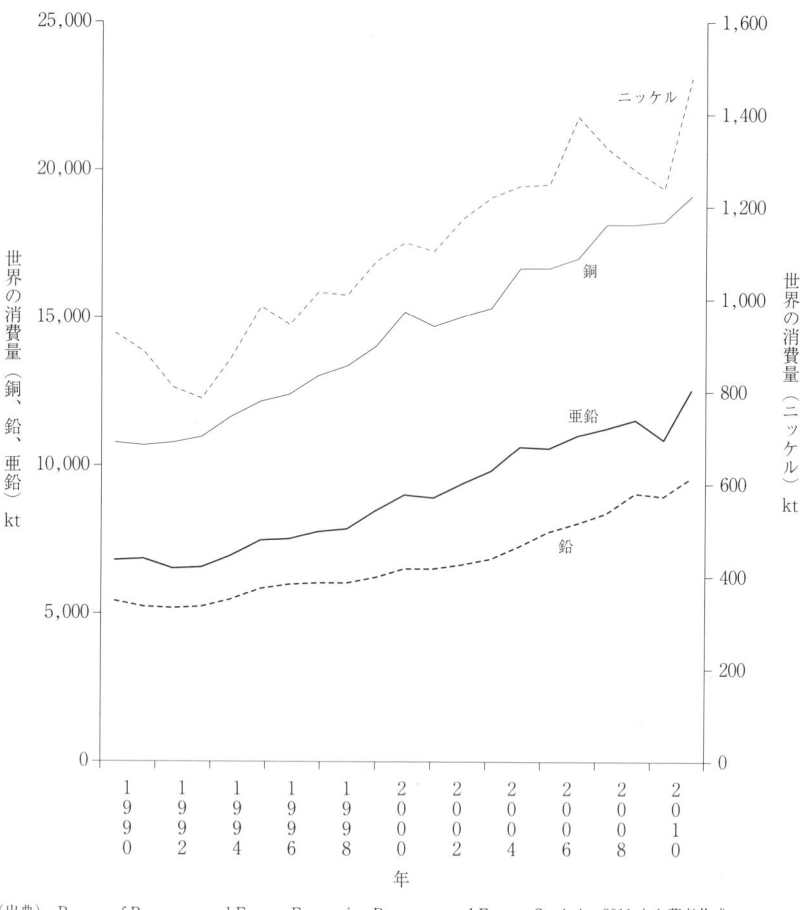

図表4-19　主要資源の消費量の推移（銅、鉛、亜鉛、ニッケル）

（出典）　Bureau of Resources and Energy Economics, Resources and Energy Statistics 2011 から著者作成。

消費量の推移（1990～2010年）、図表4-17に鉄鉱石、石炭、アルミナ、図表4-19に銅、鉛、亜鉛、ニッケルの消費量の推移を示す。天然ガスの消費量は、パイプライン・ガスとLNGの両方を含む数値である。鉄鉱石の消費量については、そのほとんどが鉄鋼に使用されるため、粗鋼の生産量で代替している。

　図表4-21に、主要な資源について、急激な価格上昇が始まる前の期間（こ

第4章　資源エネルギーをめぐる日豪関係の評価とその政策

図表4-20　主要資源の価格上昇の推移

	期　間	LNG	原油	アルミナ	鉄鉱石	燃料炭	原料炭
		US＄/mBtu		A＄/t			
価格	1992/93（1992）	3.62	3.19	242	26.9	50.0	65.4
	2002/03（2002）	4.27	4.17	279	27.1	41.0	58.3
	2008/09（2008）	12.55	16.76	367	106	131	294
倍率	1992/93（92）〜2002/03（02）	1.18	1.31	1.15	1.01	0.82	0.89
	2002/03（02）〜2008/09（08）	2.94	4.02	1.32	3.91	3.20	5.05
年間伸率	1992/93（92）〜2002/03（02）	1.7%	2.7%	1.4%	0.1%	-2.0%	-1.1%
	2002/03（02）〜2008/09（08）	19.7%	26.1%	4.7%	25.5%	21.4%	31.0%

	期　間	銅	鉛	亜鉛	ニッケル
		US＄/t			
価格	1992/93	2,194	505	1,114	6,128
	2002/03	1,595	445	775	7,665
	2007/08	7,791	2,904	2,606	28,564
倍率	1992/93〜2002/03	0.73	0.88	0.70	1.25
	2002/03〜2007/08	4.88	6.53	3.37	3.73
年間伸率	1992/93〜2002/03	-3.1%	-1.2%	-3.6%	2.3%
	2002/03〜2007/08	37.3%	45.5%	27.5%	30.1%

（出典）　Bureau of Resources and Energy Economics, Resources and Energy Statistics 2011 および BP Statistical Review of World Energy 2012 から著者作成。
（注記）　1．期間は、LNG、原油は歴年、ほかは年度でとっている。
　　　　　2．銅、鉛、亜鉛、ニッケルは価格の暴落が、他の資源よりも1年早く来たため、2007〜08年度までの伸び率を示している。
　　　　　3．mt は million ton（100万トン）の略。kt は kilo ton（1,000トン）の略。mBtu は、million Btu（100万Btu）の略。
　　　　　4．Btu は、British thermal unit の略である。
　　　　　5．92/93（92）〜02/03（02）とは、1992〜93年度から2002〜03年度または1992年から2002年の意味である。2002/03（02）〜20088/09（08）も同様である。

こでは「2002年以前」と記す）とそれ以降リーマンショックまでの期間（ここでは「2002年以降」と記す）に分けて、消費量の推移およびその伸び率（各期間全体の伸び、各期間の年率の伸び）を記載した。この表はたとえば銅については、世界の消費量は1992年には1万806［kt］であったが、価格の急上昇が始まる直前の2002年には1万5,037［kt］、リーマンショックが始まる直前の2007年度には1万8,141［kt］に上昇したことを示している。また、同図表は、

図表 4-21　主要資源の消費量増加の推移

	期間	天然ガス mt oil	原油 mt	アルミニウム kt	粗鋼生産 mt	石炭 mt oil eq
消費量	1992	1,837	3,167	18,558	720	2,171
	2002	2,271	3,629	25,372	904	2,443
	2008	2,712	3,987	36,904	1,330	3,324
倍率	1992〜2002	1.24	1.15	1.37	1.26	1.13
	2002〜2008	1.19	1.10	1.45	1.47	1.36
年間伸び率	1992〜2002	2.1%	1.4%	3.2%	2.3%	1.2%
	2002〜2008	3.0%	1.6%	6.4%	6.6%	5.3%

	期間	銅	鉛	亜鉛	ニッケル
		kt			
消費量	1992	10,806	5,174	6,819	926
	2002	15,037	6,649	9,375	1,175
	2007	18,141	8,383	11,272	1,326
倍率	1992〜2002	1.39	1.29	1.37	1.27
	2002〜2007	1.21	1.26	1.20	1.13
年間伸び率	1992〜2002	3.4%	2.5%	3.2%	2.4%
	2002〜2007	3.8%	4.7%	3.8%	2.4%

（出典）　Bureau of Resources and Energy Economics, Resources and Energy Statistics 2011 および BP Statistical Review of World Energy 2012 から著者作成。

（注記）　1．期間は歴年でとってある。
　　　　2．銅、鉛、亜鉛、ニッケルは価格の暴落が、他の資源よりも1年早く来たため、2007年までの伸び率を示している。
　　　　3．mt は million ton（100万トン）の略。kt は kilo ton（1,000トン）の略。mt oil は、million ton s of oil equivalent（石油換算100万トン）の略。

　銅の消費量は1992年から2002年までの10年間に1.39倍に（年間上昇率：3.4［%／年］）なったこと、2002年から2007年までの5年間で1.21倍（同3.8［%／年］）なったことを示している。

　原油、天然ガスの消費量は、図表4-15で視覚的にわかるように、ほぼ同じペースで伸びている。2009年の下落はリーマンショックによるものであるが、その減少率は、石油で2.0%、天然ガスで2.5%にすぎない。原油の消費量については、最も大きく変化した年（2010年）でも、前年比3.1%の伸びである。天然ガス消費量も2010年には前年比7.5%の伸びであるが、他の年は、最大で

も3％台である。次に、図表4-21は、原油の消費量の伸びは、2002年以前は1.4［％/年］、2002年以降は1.6［％/年］と、大きな差異はないことを示している。天然ガスも2002年以前は2.1［％/年］、2002年以降は3.0［％/年］となっており、価格のような大きな差異は見られない。

　鉄鉱石、石炭、アルミニウムの消費量は、図表4-17が示すように、小さな増減はあるものの、この20年間増加基調にある。いずれの資源も、前年比10％以上の変化があったのは20年間で1～2回である。図表4-21によれば、これら資源の消費量の伸びは、2002年以前と2002年以降では差異がある。鉄鉱石は、2000年以前は2.3［％/年］、2002年以降は6.6［％/年］、石炭は同じく1.2［％/年］減少と5.3［％/年］、アルミニウムは3.2［％/年］と6.4［％/年］となっている。いずれも、価格のような大きな差異は見られない。

　銅、鉛、亜鉛、ニッケルの中では、図表4-19が示すように、ニッケルの消費量はやや増減が見られるが、他の3つの消費量は、20年間ほぼ同じペースで伸びている。次に、図表4-21によれば、いずれの資源も2000年以前と2002年以降では、価格のような大きな差異は見られない。ニッケルも、2000年以前と2002年以降の年間伸び率は、いずれも2.4［％/年］であり、全く差異がない。

　以上のことから、主要な資源の消費量の変化の特徴を、次のようになる。主要な資源の消費量は、この20年間をとってみると、増加しているが、その増加率は小さく、年率にして1～3％であり、高い資源でも6％台である。そして、その増加率は、2002年以前と2002年以降では、それほど大きな差異はない。また、資源の消費量は、リーマンショックの一時期を除いて、ほぼ一貫して伸びている。リーマンショックに際しての落ち込みも、価格に比べればはるかに小さい。

(4)　資源価格の乱高下、急上昇と消費量の関係

　主要資源の価格の乱高下と2003年頃から急上昇の要因を考えるため、これらと消費量の関係を検討する。

　第1に、価格の乱高下についてである。主要資源の価格は乱高下しているが、

消費量は乱高下していない。とくに、しかも、リーマンショック時には、資源価格は大幅に下落しているが、消費量の下落幅は小さい。資源価格の乱高下と資源消費量との関係は希薄であるといってよいであろう。

　第2に、資源価格の上昇についてである。2002年以前は、主要資源の消費量の平均の伸びは1～3［%/年］程度であり、他方、価格はほぼ横ばいないし若干の増減（－4［%/年］～3［%/年］）である。消費量と価格の厳密な相関性は明らかではないが、消費量、価格とも変化が少なく安定していると解することができる。しかし、2002年以降は、価格は急上昇しているが、消費量は2002年以前とほぼ同じ率で安定して伸びている。この時期については、消費量と価格の相関性を見出すことはできない。この間、主要資源についてとくに生産上の大トラブルは生じておらず、消費に見合う量の資源は供給されてきたことを考えれば、資源価格の急上昇は資源の需給動向とも無関係であるといえるであろう。

　経済産業省[1]は、原油価格の2004年以降上昇の要因を、「需要と供給を反映する需給ファンダメンタルズに加え、将来の供給に対する懸念、金融要因（為替、金利、株価など）、地政学的リスク（紛争など）などを反映するプレミアムが大きな影響を及ぼしたと考えられる」としている。このような考え方が通説的な見解であろうが、著者は、上で見たように、原油価格の急上昇についても、需給ファンダメンタルズによる影響は相対的に小さいと考えている。経済産業省の言う「プレミアム」、つまり、行き場を失った余剰資金、将来の供給に対する懸念など、実際の資源の需給とは無関係な要因が、価格の乱高下を引き起こしていると考えている。

　消費量の増加に見合う供給増加（新規鉱山の開発）がなければ、経済産業省の言うプレミアムの要因がなくても、価格の上昇や乱高下は生じるであろう。その価格上昇等は、プレミアムを主たる原因とする価格上昇よりも、激しいものとなるのであろう。モノを量的に入手できない恐れは、低価格のモノを入手できない恐れよりも、より大きな（強い）需要を引き出すからである。

(5) 資源の需要の価格弾力性

　資源の価格と消費量の関係を、一般論として検討し、資源の価格の特徴を考えてみる。(4)では、消費量（需要量）により価格がどう変化するかを考えたが、ここでは、価格の変化により消費量がどう変化するかという視点から考えてみる。

　一般に、必需品の需要曲線の傾斜は急である。したがって、価格が変化しても需要量の変化が小さい、つまり需要の価格弾力性[1]は小さい。たとえば、食料や水などは、価格が上昇しても、購入量を大幅に減らすことができず、価格が下落しても、購入量を大幅に増加させることはない。価格弾力性の概念は、完全市場における最終財（消費財）を念頭においたものである。その考え方を（やや問題があるが）中間財である資源に応用してみよう。

　2002年以降に資源の価格が急上昇しているが、その消費量はそれ以前と同様のペースで増えるにすぎなかった。図表4-20と図表4-21から、2002年以降における、資源価格の前年比の伸び率（変化率）と消費量の前年比の伸び率を比較すると、消費量の伸び率が著しく小さいということがわかる（アルミナは除く）。たとえば、銅は価格が37.4［％/年］上昇しているが、消費量は3.8［％/年］の上昇にすぎない。また、鉄鉱石は価格が25.5［％/年］上昇しているが、消費量は6.6［％/年］の上昇にすぎない。つまり、資源は価格が大きく変化しても、その消費量はそれほど大きくは変化していないのである。必需品に似た傾向を示していると言えるかもしれない。考えるに、今回挙げている主要資源は汎用資源であり、その製品を通じて、社会の中で極めて幅広い用途に使用される。したがって、このような資源がなければ、経済・社会が成り立たないのである。これらは、中間財ではあるが、一種の必需品という概念を当てはめることができるのではなかろうか。ただし、このような考え方では、2002年以前の価格と消費量の関係を説明することができないので、単に、主要資源の消費量は、その価格との関係は希薄であると言う方が正確かもしれない。

(6) 農作物の価格との比較

　資源と同じく、commodityという言葉で表現される農作物も、国際価格が乱高下する財である。しかし、資源とは異なり、農作物の価格高騰は、天候不順による供給の減少によるケース、逆に価格下落は豊作よるケースが大半である。その背景には、農作物は、年1回の収穫であること、保存期間に限界があること、輸出国は生産量のごく一部しか輸出に回していないこと（Thin market）、農作物の国際市場が少数の国による寡占状態であること、国際市場が穀物メジャーにより支配されていることがある。

　Thin marketとは、生産量に占める貿易量の割合が低いことをいう。農産物はまず生産国の国内消費に仕向けられ、その余剰が貿易に回される傾向があるため、不作の場合には輸出に回る量が急減し、国際価格の暴騰につながることとなる。農林水産省[2]によれば、世界全体の生産量に占める輸出量の割合（2008）は、米は6.4％、小麦は20.9％、大豆は36.4％、トウモロコシは10.4％、牛肉は12.9％となっている。

　農作物の中でも、とくに穀物の輸出国別のシェアを見ると、少数の国で圧倒的的多数のシェアを占めている。このため、特定国で天候不順による不作が生じると、国際市場の穀物量が急減し、国際価格の暴騰につながることとなる。たとえば、農林水産省[3]によれば、主な穀物の輸出国シェアを見ると、米は上位5カ国で78.7％（タイ：30.0％、ベトナム：20.8％、パキスタン：10.5％、米国：10.5％、インド：7.0％）、小麦は上位5カ国で74.4％（米国：19.3％、EU27カ国：17.7％、カナダ：13.2％、ロシア：12.9％、オーストラリア：10.3％）、大豆は上位4カ国で91.2％、トウモロコシは上位4カ国で83.1％などとなっている。

　穀物分野の主なメジャーは、Cargill、Luis Dreyfus、Bunge、ADM（Archer Daniels Midland）などであり、穀物市場の70～80％を支配していると言われている。

　農作物は、資源とは異なり、供給量の変動が価格の乱高下を引き起こしている。需給関係が、（極端な形ではあるが）価格を律していると言えるであろう。

ただし、農作物と資源に共通するのは、年々、消費量が伸びていることである。少なくとも、食料価格形成の背景には、資源と同様に、将来の供給力に対する不安がある。

(7) 資源価格の特徴

資源の価格形成の特徴をまとめると次のようになる。資源価格は、基本的に乱高下しつつ上昇基調にあり、とくに、2002年頃からは急激に上昇している。しかし、価格の乱高下や急激な上昇の要因は、消費量（需要量）の増加とは言えず、余剰資金の存在など資源以外の事象によるものであると想定される。

資源の消費量は、この20年間同じペースで安定的に増加してきたが、その増加量に見合う量の増産がなされてきたため、需給にひっ迫という事態には至らなかった。しかし需給のひっ迫が起これば、それが地域的な需給のひっ迫であっても、また、他の要因がなくても、価格の暴騰という事態が生じるであろう。

2　オーストラリア資源の需給と価格

上で述べたように、資源の消費量の安定的な増加に見合う量の増産がなされておれば、乱高下は生じるかもしれないが、価格の極端な上昇という事態にはならないであろう。資源を入手できないという事態も生じないであろう。

第3章第1節から第4章第1節まで検討したように、オーストラリアの資源需給に影響を与える4つの要因のうちでは、東南アジアの経済成長と原子力発電事故の影響は小さく、中国の経済成長と地球温暖化対策の動向の2つの要因が重要である。地球温暖化政策も、中国の経済成長の動向に大きく左右されるため、東アジア、オーストラリアの資源需給は、中国経済の動向にかかっているといっても過言ではない。

中国の経済成長により、主要資源の需要が増加しており、東アジア地域では需給がタイトになりつつある。とくに石炭については、逼迫化が進んでいる。世界最大の石炭生産国である中国は、純輸入国に転じ、世界最大の石炭輸入国になっている。現在のまま石炭消費が拡大すれば、遠からず中国の石炭資源が

枯渇することとなる。

中国の経済成長が続き、その成長速度が新規の資源開発速度を上回る状態が一定期間続くと、資源需給のタイト感が強まり、資源価格は上昇していく。価格が上昇すれば、採算の合う鉱山・油田等が増え埋蔵量が増加する。また、その資源に対する需要も減少する。経済のグローバル化を考えれば、東アジアで資源価格が高騰すれば、他の地域から資源が流入してくる。その結果、資源市場のタイト感が緩和され、価格は下落し、ある価格で均衡することとなる。その均衡価格は元の価格よりは高い水準になることとなる。しかしその高くなった価格を前提として、さらに経済成長が進み、再び資源需給はタイト化していき、中国という巨大な経済が成長を止めるまで、同様なことが繰り返されるであろう。

経済学的には、単に、市場メカニズムにしたがい価格が均衡するだけの話である。しかし、現実の経済では、均衡が崩れた後、新たな均衡に至るまでの間に、社会経済的な混乱が生じる可能性があり、それが問題である。価格の上下動の幅が大きく、上下動の変化速度が急激であれば、その混乱は大きくなる。また、余剰資金、投機資金が、価格の上下動に伴う混乱を増幅することになる。

石炭のように、世界最大の生産国であり、最大の消費国であり、最大の輸入国である中国において、資源の枯渇が視野に入った段階では、上記のような市場メカニズムは機能せず、価格は暴騰するであろう。オーストラリアを中心とする資源国において、資源の争奪戦ともいうべき事態が生じるであろう。石油、天然ガス等の石炭代替資源の需給もタイト化し、価格は同様に暴騰するであろう。

第4章で述べたことを繰り返しておく。中国の経済成長を低下させること、中国の産業構造の高度化・ソフト化を進め、エネルギー使用効率を高め、TPES/GDPを世界水準まで引き下げることが重要である。国際的な視野に立って、中国が、自らの経済成長を低位にコントロールすることを期待したい。

注

1) 需要の価格弾力性とは、価格の変化に対する特定財の支出変化の割合である。式で表すと、需要の価格弾力性＝－（特定財への支出増加率／価格上昇率）となる。通常、価格上昇の時に需要減少となるので、マイナスをつけ正値にする。需要の価格弾力性値＞1.0の場合は比較的弾力的、需要の価格弾力性値＜1.0は比較的非弾力的という。

参考文献

（1） 経済産業省資源エネルギー庁、わかりやすい「エネルギー白書」解説 http://www.enecho.meti.go.jp/topics/hakusho/2009kaisetu/wakarukaisetu/01.htm （2012年8月14日アクセス）
（2） 農林水産省、平成22年版食料・農業・農村白書参考統計表、10頁、2010
（3） 農林水産省、平成22年版食料・農業・農村白書参考統計表、10頁、2010

第3節　資源エネルギーの安定確保

1　資源エネルギーの確保

以上で述べてきたように、中国、東南アジア諸国の経済成長を背景に、オーストラリアの資源をめぐる需給はタイト化していくと予想される。日本の企業・政府はこれまでオーストラリアの資源を確保するために、いろんな対策・政策を講じてきた。本節では、これらの対策・政策を評価し、今後とるべき対策・政策を考える。

日本企業・政府の対策・政策は、エネルギーの自給率が極めて低く、今後も自給率向上の可能性はないことを前提にしている。1次エネルギー自給率は、1960年には58％であったが、石炭から石油へのシフト、国内炭離れにより急激に低下し、1980年には6％、そして現在は2007年には4％まで低下している[(1)1]。しかし、採算の合わない埋蔵石炭を除けば、日本国内に有望なエネルギー資源はなく、日本の企業・政府は、対策・政策の重点を海外のエネルギー資源の確保に置いている。海外のエネルギー資源の確保のために、政府レ

ベル、企業レベルで採りうる多種多様な対策・政策を組み合わせているのが特徴である。

　第1の対策・政策は、資源供給国と日本の間の貿易量の増大、経済関係の強化である。経済関係の強化により、資源供給国は、日本への資源供給を断ち切った時に受けるダメージが大きくなる。資源供給国が発展途上国の場合、ODA（政府開発援助）の供給も同様の効果を生じる。

　第2は、OECD・IEAにおける石油消費国の連帯、省エネルギー、代替エネルギー導入などの対策・政策である。

　第3は、リスク分散、つまり、中東石油への過度の依存からの脱却である。1つは、エネルギー源の多様化、つまり、石油依存率の低減である。もう1つは、エネルギー資源の供給国の分散、とくに、政治的に安定しており、日本との関係の良好な国からのエネルギー資源の調達である。

　以上の3つは、政府が国全体を見て講じるべき政策であるが、第3のリスク分散は、個々の企業にとっても極めて重要である。このような対策・政策の中に、オーストラリアの天然ガス、石炭の確保は位置づけられる。

　第4は、エネルギー資源を確実に確保するための対策・政策である。開発輸入、長期契約・Take-or-Pay契約であり、これらは日本への資源供給を法的に確実にする対策である。単なる資源の貿易（輸入）と異なり、資源の需給がひっ迫した段階でも、日本への資源供給が確保される。個々の契約に関することであり、主として、日本企業が主導的に採っている対策である。日本企業は、これらの対策を、オーストラリアの資源確保のために多用している。ただし個々の資源について、原油のようなオープンな国際市場が形成されれば、資源を確保できるか否かという問題は、資源の価格が高いか否かという問題に置き換わるため、開発輸入、長期契約・Take-or-Pay契約などは、あまり大きな意味を持たなくなる可能性がある。

　本節の以下では、企業がとりうる主要な対策である、開発輸入、長期契約・Take-or-Pay契約およびその背景にある国際市場形成の問題について、詳しく述べることとする。

2 開発輸入

(1) 直接投資の状況

エネルギー資源を長期安定的に確保する最も有力な方法が「開発輸入」である。開発輸入とは、企業が資本や技術を海外に投入し、生産した産品を自国に輸入することである。資本の投入は、海外企業（事業）における支配権（発言権）を確保し、産品を確保することを目的とするため、直接投資である。利殖目的で株式を取得する間接投資とは異なる。開発輸入という用語は、先進国企業が発展途上国の一次産品を対象とするケースに用いられることが多いが、本来は、先進国を対象とする投資等も含む幅広い概念を有している。しかし、この用語は、工業製品に対して用いられることはなく、一般の製造業が海外で工場を建設し、製品を日本に輸入するケースは、開発輸入と言われることはない。日本企業が、オーストラリアの資源企業（資源プロジェクトと言う）[2] に資本や技術を投入して、資源エネルギーを日本に輸入してくるケースは、まさに開発輸入に該当する。ただし、オーストラリアの探査・炭鉱技術、採鉱技術は、日本よりも進んでいるので、日本企業が投入できるのは資本に限られる。

オーストラリアの主要な資源（石炭、天然ガス・石油、鉄鉱石、ウラン、アルミナ・ボーキサイト）事業に、日本企業が資本を投入しているケースを図表4-22に示す。同図表は、日本企業がこれら資源に投資している主要なプロジェクトをほぼ網羅している。この図表から、投資企業、持ち分の構成について、いくつかの特徴を把握できる。

第1に、投資企業である。出資している延べ企業数は数多いが、出資企業は、当該資源の大口ユーザー企業と商社で占められている。ユーザー企業とは、石炭については鉄鋼、電力企業、天然ガス・石油については電力、都市ガス企業、ウランについては電力の各企業である。日本の資源開発企業（出光興産、日鉱日石など）も参画しているがそれほど大きな比重を占めていない。実質的に国の機関である独立行政法人（石油天然ガス・金属鉱物資源機構）が出資しているプロジェクトもある。出資企業を業種に見ると、電力6社、都市ガス3社、

図表4-22　オーストラリアの主要鉱山等への日本企業の出資状況（1）

資源の種類	鉱山、炭鉱、ガス田、油田名	州	出資企業	持ち分比率
石炭	Baal Bone	NSW	住友商事	5%
石炭	Bengalla	NSW	三井物産	10%
石炭	Blackwater	QLD	三菱商事	50%
石炭	Blair Athol	QLD	石炭資源開発	3.4176%
			Jパワー	10%
石炭	Boggabri	NSW	出光興産	100%
石炭	Broadmeadow	QLD	三菱商事	50%
石炭	Bulga	NSW	豊田通商	4.375%
			JX日鉱日石	13.30%
			新日鐵住金	12.5%
			JFE商事	1.575%
石炭	Byerwen	QLD	JFEスチール	20%
石炭	Carborough Downs	QLD	新日鐵住金	5%
			JFE商事	2.5%
			JFEスチール	2.5%
石炭	Clermont	QLD	三菱商事	31.4%
			石炭資源開発	3.5%
			Jパワー	15%
石炭	Codrilla	QLD	双日	7%
			丸紅	7%
			JFE商事	3.7%
			日鐵商事	2%
石炭	Coppabella & Moorvale	QLD	双日	7%
			丸紅	7%
			JFE商事	3.7%
			日鐵商事	2%
石炭	Drayton	NSW	三井物産	3.83%
石炭	Ensham	QLD	出光興産	85%
			Jパワー	10%
石炭	Foxleigh	QLD	新日鐵住金	10%
石炭	German Creek	QLD	三井物産	30%
石炭	Goonyella Riverside	QLD	三菱商事	50%
石炭	Gregory Crinum	QLD	三菱商事	50%

図表4-22 オーストラリアの主要鉱山等への日本企業の出資状況（2）

資源の種類	鉱山、炭鉱、ガス田、油田名	州	出資企業	持ち分比率
石炭	Hail Creek	WA	新日鐵住金 丸紅 住友商事	8.0% 6.67% 3.33%
石炭	Integra	NSW	新日鐵住金 中部電力 JFEスチール 豊田通商 JFE商事	5.95% 5.95% 4.15% 15% 1.8%
石炭	Jellinbah East	QLD	丸紅 双日	38.33% 15%
石炭	Krestral	QLD	三井物産	20%
石炭	Lake Lindsay	QLD	三井物産	30%
石炭	Lake Vermont	QLD	丸紅 双日	33.33% 10%
石炭	Liddell	NSW	三井松島産業	32.5%
石炭	Maules Creek	NSW	Jパワー 伊藤忠	10% 15%
石炭	Maura (Dawson)	QLD	三井物産	49%
石炭	Minerva	QLD	双日	96%
石炭	Moolarben	NSW	双日	10%
石炭	Moranbah North	QLD	新日鐵住金 三井物産 日鐵商事 神鋼商事 JFEミネラル	5.0% 4.75% 1.25% 0.5% 0.5%
石炭	Muswellbrook	NSW	出光興産	100%
石炭	Narrabri	NSW	Jパワー	7.5%
石炭	NCA (Newlands, Collindville, Abbot Point)	QLD	住友商事 伊藤忠	10% 35%
石炭	Norwich Park	QLD	三菱商事	50%
石炭	Okay Creek	QLD	住友商事	25%
石炭	Okay Creek	QLD	伊藤忠	20%

図表4-22　オーストラリアの主要鉱山等への日本企業の出資状況 (3)

資源の種類	鉱山、炭鉱、ガス田、油田名	州	出資企業	持ち分比率
石炭	Peak Downs, Caval Ridge, Daunia	QLD	三菱商事	50%
石炭	Poitrel, South Walker Creek	QLD	三井物産	20%
石炭	Ravensworth North (Cumnock)	QLD	伊藤忠	10%
石炭	Rolleston	QLD	住友商事 伊藤忠	12.5% 12.5%
石炭	Saraji	QLD	三菱商事	50%
石炭	Sonoma	QLD	JFE商事	5%
石炭	Sraji East	QLD	三菱商事	50%
石炭	Tarrawonga	NSW	出光興産	30%
石炭	Ulan	NSW	三菱商事	10%
石炭	West Wallsend	NSW	JFEスチール	3%
石炭	West Wallsend	NSW	丸紅	17%
石炭	Westside	NSW	JFEスチール 丸紅	3% 17%
石炭	Workworth	NSW	新日鐵住金 三菱マテリアル 三菱商事	9.5% 6% 28.9%
天然ガス	Cazadores鉱区 (WA)	WA	東京ガス	5%
天然ガス	Curtis LNG	QLD	東京ガス	1.25%
天然ガス	Darwin LNG	NT	東京電力 東京ガス INPEX	6.72% 3.36% 10.53%
天然ガス	East Brows (予定)	WA	三菱商事 三井物産 三菱商事 三井物産	4% 4% 8% 8%
天然ガス	Gorgon	WA	大阪ガス 東京ガス 中部電力	1.25% 1% 0.417%
天然ガス	Ichthys	WA	INPEX 東京ガス 大阪ガス 中部電力 東邦ガス	72.07% 1.575% 1.20% 0.735% 0.42%

第4章 資源エネルギーをめぐる日豪関係の評価とその政策　243

図表4-22　オーストラリアの主要鉱山等への日本企業の出資状況 (4)

資源の種類	鉱山、炭鉱、ガス田、油田名	州	出資企業	持ち分比率
天然ガス	North West Shelf (NWS)	WA	三菱商事 三井物産	8.33% 8.33%
天然ガス	NWS (Enfield, Vincent, Laverda)	WA	三井物産	40%
天然ガス	Patricia & Baleen	VIC	東京ガス 三菱商事	40% 40%
天然ガス	Pluto	WA	関西電力 東京ガス	5% 5%
天然ガス	Sole	VIC	東京ガス 三菱商事	30% 30%
天然ガス	Sunrise	NT	大阪ガス	10%
天然ガス	Wheatstone	WA	三菱商事 JOGMEC 九州電力 日本郵船 東京電力	4.208% 4.20% 1.83% 1.02% 0.81%
天然ガス、原油	Basker Manta Gummy	VIC	双日 伊藤忠	10% 20%
石油	Cliff Head	WA	伊藤忠	5%
コンデンセート	Bass Gas T18	TAS	豊田通商	11.25%
コンデンセート	Crax	WA	大阪ガス	10%
ガス	Casino	VIC	三井物産	25%
ガス	Henry & Netherby	VIC	三井物産	25%
炭層ガス	Surat Basin	QLD	豊田通商	15%
鉄鉱石	Beasley River	WA	三井物産 新日鐵住金	9.4% 37.6%
鉄鉱石	Jack Hills	WA	三菱商事	100%
鉄鉱石	Jimblebar	WA	伊藤忠 三井物産	4.8% 4.2%
鉄鉱石	Mount Goldworthy Area C	WA	三井物産 伊藤忠	7% 8%
鉄鉱石	Mount Newman	WA	伊藤忠 三井物産	8% 7%
鉄鉱石	Robe River (West Angel, Mesa J, Mesa A)	WA	三井物産 新日鐵住金	33% 14.0%

図表4-22　オーストラリアの主要鉱山等への日本企業の出資状況 (5)

資源の種類	鉱山、炭鉱、ガス田、油田名	州	出資企業	持ち分比率
鉄鉱石	Roy Hill	WA	丸紅	12.5%
鉄鉱石	Yandi	WA	三井物産 伊藤忠	7% 8%
鉄鉱石	Yandi Western-4	WA	伊藤忠 JFEスチール 三井物産	6.4% 20% 5.6%
鉄鉱石 (マグネタイト)	Southdown	WA	神戸製鋼 双日	9.9% 20%
アルミナ	Boddington (Worsley)	WA	双日 伊藤忠	9% 5%
アルミナ	Goulburn-Taralga	NSW	丸紅	35%
ウラン	Gawler Craton (探鉱)	SA	関西電力 伊藤忠 九州電力 四国電力	50% 5% 25% 15%
ウラン	Honeymoon (2012年2月に撤退)	SA	三井物産	49%
ウラン	Kintyre	WA	三菱商事	30%
ウラン	Lake Maitland (探鉱)	WA	伊藤忠 九州電力 四国電力 関西電力	8% 7.5% 4.5% 15%

(出典)　各社の公表資料から著者作成。
(注記)　1．本図表は2012年7月時点で作成している。ただし新日本製鐵と住友金属は同年10月に合併したので、合併後の企業名で記載してある。
2．INPEXとは、国際石油開発帝石㈱のこと。JOGMECとは、(独法)石油天然ガス・金属鉱物資源機構、Jパワーは、電源開発㈱の略称である。
3．州の略称は、SA：ニューサウス・ウェールズ州、VIC：ビクトリア州、QLD：クィーンズランド州、WA：西オーストラリア州、SA：南オーストラリア州、TAS：タスマニア州、NT：北部準州である。
4．出資はオーストラリアに設立された子会社を経由するケースが大半である。
5．本図表は、鉱山、炭鉱、ガス田、油田への出資比率を示している。川下プロセスのために別会社を設立している場合、その出資比率は本図表とは異なることがある。
6．商業化されたプロジェクトを記載したが、一部には、出資予定段階、探鉱段階のプロジェクトも含む。

資源5社、鉄鋼3社、金属2社、商社10社、その他2社となっている。

この中で、商社の役割は極めて大きい。図表中のプロジェクト85件のうち、商社が出資していないプロジェクトは18件 (21%) にすぎず、逆に、日本側の

出資者が商社だけがというプロジェクトは50件（59％）に上っている。日本側の出資者が1社だけのプロジェクトは47件あるが、このうち38件は商社の出資によるものである。商社のほとんどは、総合商社であるが、ユーザー企業の傘下の商社（JFE商事、神鋼商事など）も参画している。

　第2に、資本の持ち分比率についての特徴である。日本側の持ち分比率（日本企業の持ち分比率の合計）は、1％を切るレベルから100％に至るまで、幅広い。日本側が100％の持ち分を有しているプロジェクト数は3件、50％超～100％未満は7件、50％は8件、50％未満67件となっている。日本企業が過半数を超える持ち分を持っているプロジェクトは少ないことが示されている。つまり、多くのプロジェクトにおいて、日本企業は直接投資をしているが、プロジェクトを実質的に支配するには至っていないのである。

(2)　投資の形態

　日本企業が投資する場合には、日本企業が直接に資源プロジェクトを実施する企業の株式を取得するのではなく、オーストラリア籍の投資会社（通常は日本企業が100％の株式を保有する子会社）を通じて株式を取得する。日本企業のオーストラリアにおける投資会社の例を、図表4-23に示す。商社だけでなく、電力、都市ガス、鉄鋼、石油などの需要企業も同様に、オーストラリアに投資会社を設けている。投資会社は、各企業の現地支店である子会社とは別に設けられている。

　投資会社の形態は3つに区分できる。第1は、オーストラリアの資源プロジェクトへの投資を一括して担う投資会社を設ける形態である。三菱商事では、Mitsubishi Developmentが、原則として、すべての分野、すべてのプロジェクトの投資会社となっている。第2は、資源の分野ごとに投資会社を設ける形態である。三井物産では、原則として、石炭分野ではMitsui Coal Holdings、鉄鉱石分野ではMitsui Iron Ore Development社、ガス・コンデンセート分野ではMittwell Energy Resources、ウラン分野ではMitsui & Co. Uranium Australiaが担当している。第3は、資源プロジェクトごとに、投資会社を設ける

図表 4-23　主な日本企業のオーストラリアにおける投資子会社

日本企業	現地投資企業	主な投資分野
三菱商事	Mitsubishi Development	石炭、鉄鉱石、ウラン
三菱商事、三井物産	Japan Australia LNG（MIMI）	天然ガス、LNG
三井物産	Mittwell Energy Resources Pty. Ltd. Mitsui E & P Australia Pty Limited Mitsui Coal Holdings Mitsui Iron Ore Development Mitsui & Co. Uranium Australia	ガス、コンデンセート 石油、天然ガス 石炭 鉄鉱石 ウラン
三井物産、伊藤忠	Mitsui-Itochu Iron	鉄鉱石
伊藤忠商事	ITOCHU Minerals & Energy of Australia	石炭
丸紅	Marubeni Coal	石炭
住友商事	Sumisho Coal Australia Sumisho Coal Development SC Mineral Resources SC Metal	石炭 石炭 金属 アルミニウム
双日	Sojitz Coal Resources	石炭
新日鉄住金	Nippon Steel Australia	石炭
JFE	JFE Steel Australia Resources	石炭
国際石油開発帝石	INPEX Ichthys INPEX DLNGPL	天然ガス、LNG パイプライン
JXホールディングス	JX Nippon Oil and Energy	石油、天然ガス
出光興産	Idemitsu Australia Resources	石炭
電源開発	J Power Australia	石炭
東京電力	TEPCO Australia TEPCO Darwin LNG Tokyo Timor Sea Resources	LNG LNG ガス田
東京瓦斯	Tokyo Gas Australia	天然ガス、LNG

（出典）　各社公表資料から著者作成。

形態である。オーストラリア国内で多くのプロジェクトに参画するのではない場合には、プロジェクトごとに投資会社を設けている例が多い。

　1つのプロジェクトに、複数の日本企業が参画する場合には、各企業の現地投資会社が、直接にプロジェクト実施企業に出資するのが一般的であるが、複数の日本企業が出資した現地投資会社を設立し、これがプロジェクト実施企業

に出資する形態もある。例えば、三菱商事と三井物産が参画する天然ガスプロジェクト North West Shelf では、両社が50％ずつ（間接的に）[3] 出資する Japan Australia LNG 社がプロジェクトに対する日本側の出資母体となっている。

また、複数の日本企業が日本国内で投資会社を設立し、この投資会社の現地法人（投資会社）を通じてプロジェクトに出資する形態をとることもある。例えば、電力企業と伊藤忠商事が参加する Lake Maitland ウラン探鉱プロジェクトでは、関西電力、九州電力、四国電力、伊藤忠商事が日本国内で設立した投資会社（日豪ウラン資源開発）がオーストラリアで投資会社（Japan Australia Uranium Resources Development）を設立し、これがプロジェクトに出資している[4]。

なお、プロジェクトが、資源採鉱の上流部門からプロセス処理をする下流部門まで含む場合には、資源の流れに沿って複数の実施企業が設置される。この場合には、資源採鉱部門の企業以外にも、日本企業が出資することがある。例えば、Pluto（第1系列）天然ガス・LNG プロジェクトでは、上流の天然ガスの探鉱・採鉱をする本体事業会社、液化を行う Burrup Train-1 社、LNG の貯蔵・出荷を行う Burrup Facilities 社、販売を行う Pluto LNG 社まで4社が設置されており、東京ガスと関西電力は（投資会社を経由して）そのすべてに各5％ずつ出資している

(3)　日本側にとっての直接投資の意味 (1)

オーストラリアの資源プロジェクトに直接投資することが、日本側にとって、どのような意味があるかを考えてみる。一般には、投資は、①プロジェクトへの発言権の確保、②輸入権の確保、③配当収入という意味があるとされる。しかし、著者は、日本側にとってこのような投資の意味は小さいと考えている。

第1に、発言権についてである。上述のように、ほとんどのプロジェクトにおいて日本側の出資比率は50％未満である。一般の上場企業のように、利殖目的の極めて多数の株主がいるケースでは、出資比率が数％程度であっても大株主として大きな発言権を確保できるであろう。しかし、資源プロジェクトを進

める企業の株主数は数社であり、オーストラリア側（または、メジャー側）の株主は1社（多くても数社）で50％を超える出資比率を有しているケースがほとんどである。したがって、日本側は投資をしても、決定権はもちろん、実質的な発言権も有していないのが現状である。日本側の出資比率が50％を大きく割り込むケースでは、日本企業は、投資により発言権を確保するという意図を有していないであろう。

つまり、現状程度の出資比率に留まるのであれば、発言権の確保という意味では、日本企業が出資する意味は小さいと言えるであろう。

第2に、輸入権の確保である。一般に、資源プロジェクトでは、出資比率に応じて輸入権を得ることができる。10％の出資比率を有する企業は、プロジェクトで生産量の10％を確保し、日本に輸入できるとされる。出資比率と輸入量の関係は、単なる慣例に過ぎず、法的な背景は全くない。現実には、出資企業が出資比率とは異なる輸入量を得ているケース、まったく出資していない企業が輸入を受けているケースは数多いだけでなく、むしろ、このようなケースが普通である。輸出量は、資源の売買契約で決まるものであり、出資比率とは原則として無関係である[5]。出資比率と輸入量の関係づけは、当該資源の需給がタイトであるという前提の中で、出資をしたことの見返りとして与えられたと解される。

したがって、当該資源の需給がバランスした状態、緩和した状態では、輸入権の確保という意味では、日本企業が投資をする意味は小さいと言えるであろう。

第3に、配当収入である。資源プロジェクトに投資すれば、プロジェクト実施企業の利益から配当を得ることができる。このような配当は、投資に伴う利益のように見える。しかし、日本企業の投資目的は、金融上の利益を得るための間接投資ではなく、当該資源を確保するためであり、出資比率に見合う輸入量を引き受けることである。このため、プロジェクト実施企業の利益は、出資した日本企業の支払った購入代金に由来する。つまり、日本企業は自分が支払った代金（内の付加価値分）を配当として受け取っているにすぎない。したが

って、この配当収入は実質的にはゼロである。もちろん、生産量の一部が出資していない他の企業に、自社の購入価格より高く販売された場合には、そこで得られた付加価値を配当として受け取ることができる。しかし、逆に非出資企業に自社の購入価格より安く販売された場合には、投資に見合う配当を受けることはできなくなる。したがって、配当という観点からも、需給が緩和した状態では、日本企業が投資をする意味は小さいと言える。

厳密にいえば、第3の点に関する記述は、投資企業が、その投資割合に応じて、資源を購入するケースに関するものである。投資している日本企業は商社であり、最終的に資源を購入する日本企業は電力、ガス、鉄鋼企業であるケース、投資企業と購入企業が異なっているケースでは、このような単純な構図ではない。しかし、商社が実質的に配当収入を得ているのであれば、その分は、需要企業が高い購入金額を支払うことにより、まかなわれているのである。むしろ、資源購入企業が自ら投資しているケースよりも、よりコストパーフォーマンスは悪くなっているはずである。

(4) 日本側にとっての直接投資の意味（2）

しかしながら、オーストラリアの資源プロジェクトに対する直接投資には、2つの重要な効果がある。①価格情報の入手と②価格乱高下リスクのヘッジである。

第1に、価格情報である。出資比率を背景にして、役員を送り込み経営に参画することにより、日々の実務に関して発言権を保持することができるだけでなく、プロジェクトに関する貴重な情報を得ることができる。役員として得られる情報は、日常的で、タイムリーで、きめ細かい情報である。このような情報は、実務的には極めて有益である。そのような情報として、生産量、輸出量、生産コスト、販売先などのほか、他の資源プロジェクトの動向などがある。最も重要な情報は、生産コストなど価格形成に関する情報である。そのような情報は、輸入価格交渉に際して、一方的な値上げを阻止するために有効であり、決定的ともいえる情報である[6]。また、販売量（日本側の輸入量）の増減要請

に際しての交渉においても、生産量や販売先などの情報は有効である。

　第2に、資源価格の乱高下リスクのヘッジである。前述（第2節2）のとおり、資源の国際価格は乱高下する。資源価格が高騰した場合でも、生産コストには大きな変化がないため、資源企業は大きな利益を得る。第1章第3節2(2)で述べたように、オーストラリアは、2000年台前半からの資源ブームにおいて、輸出量は小さな増加ないし若干の減少にとどまっているにもかかわらず、輸出金額は2.6倍に増加している。他方、資源を輸入する日本企業は、支払額が増加することになる。しかし、資源プロジェクトに出資しておれば、国際相場が上昇しても、プロジェクトからの配当が増加するため、支払額の増加分を穴埋めすることが可能である。配当分と支払いの増加分の大小は、国際相場を背景とする取引価格の設定と配当契約により、定まることとなる。

(5)　オーストラリア側にとっての日本企業の直接投資の意味

　日本企業がオーストラリアの資源プロジェクトに対する直接投資することが、オーストラリア側にとって、どのような意味があるのであろうか。著者は、このような投資は、オーストラリア側にとって大きな意味を持っていると考える。初期投資資金の確保とリスクの分散、購入者の確保の順である。

　第1に、初期投資資金の確保とリスクの分散である。資源プロジェクトは、巨額の採鉱・設備投資を必要とする。初期投資額の規模は数百億円から数千億円、海底天然ガスを利用するLNGプロジェクトでは、5千億から1兆円近い初期投資が必要である。採鉱の開始後に、規模の拡大のための追加投資が必要となることも多い。また、投資から生産・販売までのリードタイムがあるため、投資資金の回収に時間がかかることになる。しかも、資源プロジェクトのリスクは大きい。探鉱段階で採算性ありと評価されても、採鉱段階で採算が合う保証はない。国際的な資源相場が緩和する恐れもある。オーストラリアの企業だけで、このような巨額の初期投資を負担し、リスクを負うことは困難であるため、出資企業を募ることになる。そして、日本企業がこれに応じているのである。日本企業は、資源の需給は中長期的にはタイト基調で推移するであろうと

の認識を有しており、このことが出資をすることの背景となっている。このように、直接投資は、初期投資資金の確保とリスクの分散の観点から、オーストラリアにとって大きな意味がある。

　第2に、需要者の確保である。資源プロジェクトに内包される大きなリスクを減らす方法の1つは、生産された資源の固定的な購入者の確保である。一般の工業製品では、その時々の購入契約を締結することにより購入者を確保することになる。しかし、資源プロジェクトでは、その特殊性のゆえに、国際的な需給動向に左右されることのない恒常的な購入者の確保が必要である。一つには、償却費が巨額になるからであり、二つ目には、資源プロジェクトでは、鉱山ごとに企業を設立し清算するため、投資額はプロジェクトごと（鉱山ごとに）償却する必要がある[7]からである。したがって、出資をするとともに、輸入権の確保という形で、資源の固定的な購入者となる日本企業の存在は、オーストラリアにとって極めて大きな意味がある。購入条件の内容は、長期契約、Take-or-Payの項（第3節3）において述べる。

(6) 直接投資と商社

　上述のとおり、資源プロジェクトへの直接投資において、商社の役割は極めて大きい。自ら多くのプロジェクトに出資するだけでなく、需要企業をとりまとめて出資させるように動くことも多い。商社の活動は、日本が資源を確保する機能を有しているように見える。しかし、直接投資の配当の原資は、需要企業の支払う購入代金に由来する。需要企業は、自ら出資した場合に比べて高い購入代金を支払い、その超過支払分が資源プロジェクトを経由して出資者である商社に還流しているのである。つまり、需要企業から商社に資金が移転しているのである。したがって、日本側全体から見れば、経済的なメリットはない。このような構図であるにもかかわらず、なぜ、商社が直接投資に関与するのであろうか。

　一つには、商社を取り巻く環境である。商社ビジネスの原型は、単純な貿易に伴う口銭ビジネスであったが、商社の顧客であったメーカーや小売業などが

国際性を身に着けて、専門性を武器に、自ら貿易を行うようになった。このため商社は口銭ビジネスだけでは生き残れないために、豊富な情報、国内および国際的なネットワーク、資金量、信用を基礎に、国際的な直接投資を主要な業務にしてきたのである。

　他の一つは、資源の需要企業――電力、ガス――側の事情であろう。電力、ガス企業は長い間規制で守られ、地域独占を享受してきたため、企業体質は保守的でリスクをとることへの躊躇があり、商社ほどの国際性も有していなかった。もちろん、これら企業も海外資源の確保の努力を続けてきたが、経済成長の中でその足らざるところを商社に依存してきたのである。今後、これら企業が国際性を身につければ、自ら資源を確保する方向に進み、商社離れにつながる可能性がある。

(7)　直接投資の評価

　日本は、これまで直接投資により資源を確保するという手法を多用しており、オーストラリアでは多数の投資プロジェクトが存在する。上で見てきたように、直接投資は、オーストラリアにとっては、初期投資資金の確保とリスクの分散、購入者の確保という点で大きなメリットがある。また、日本側にとっても、直接投資はプロジェクトへの発言権の確保、輸入権の確保、配当収入というメリットがあるとされる。しかし、このようなメリットは、日本側にとって、資源の需給がタイトな時には意味があるが、需給が緩んだ場合には経済的な負担となる。スポットで購入する方が安く済むからである。ただし、間接的ではあるが、経営情報の入手に基づく価格交渉力、購入量の交渉力、資源の国際価格の乱高下時のリスクヘッジというメリットがある。

3　長期契約、Take-or-Pay 契約

(1)　長期契約、Take-or-Pay 契約の内容

　エネルギー資源を長期安定的に確保するもう1つの有力な方法が「長期契約」、「Take-or-Pay 契約」である。

第4章　資源エネルギーをめぐる日豪関係の評価とその政策　253

「長期契約」とは、文字どおり、10年から20年の長期間にわたって資源を購入するという契約である。20年間の長期契約であれば、毎年（一定のルールで）何トンと決められた量の資源を20年間にわたり輸入し続けることになる。初期投資額の大きな資源プロジェクトでは、長期契約がないとリスクが高すぎて、事業に着手することはできないのである。金融機関も初期投資の融資には応じないのである。現実には、多くの付帯条項がついており、時々の経済情勢に基づき、ある程度変更することも可能である。需要企業は、資源を安定的に確保できるというメリットを享受できる。

Take-or-Payとは、「引き取れ（Take）、引き取れなくても代金を支払え（Pay）」という意味であり、「Take-or-Pay契約」とは、資源の売買契約における引き取り義務を強固にする契約（条項）である。Take-or-Pay条項については、LNGを事例とした拙稿[2]が詳述している。日本では契約の内容は企業秘密として公表されていないが、Take-or-Pay条項は、LNGの場合、概ね次のような内容である。

> If the total quantity of LNG taken by the buyer is less than the annual contract quantity for the contract year, the buyer shall pay the seller for the quantity deficiency at the average price for each month in that contract year.

購入企業は、一定期間（引取期間）に一定量（引取義務量）を引き取らない時には、引取義務量と現実の引取量の差に相当する価格を支払う必要がある。引取義務量の引取予定量に対する比率（通常70～100％）、引取期間（通常１年）は契約により差異がある。引取義務量の比率が大きいほど、引取期間が短いほど、購入企業は自由度が少なく不利になる。一般にTake-or-Payは、引取期間に自由度を与えるMake up条項[8]およびCarry Forward条項[9]と組み合わされている（Trimble）[3]。また免責事由として、生産企業（売主）の責に帰すべき事情または購入企業の責に帰すべきでない事情による履行不能等が規

定される。

　Take-or-Pay は LNG、石炭など多額の初期投資が必要な資源プロジェクトで見られる。一般に Take-or-Pay のメリットは、生産企業（売主）にとっては、初期投資償却のためのキャッシュ・フローの確保、ファイナンスの確保、リスクの軽減、燃料間競争の回避、頻繁な契約交渉の回避等がある（Matthieses）[4]。一方購入企業も、需要地における受け入れ設備（たとえば LNG の場合には、貯蔵設備、ガス化設備、LNG タンカー）の投資額、エネルギー生産設備の投資額が大きいことから、資源を長期安定的に確保する必要があるため、メリットがあるとされる。なお、金融機関は融資リスクの軽減というメリットを享受する。

　一方 Take-or-Pay はデメリットも内包している。購入企業は、天然ガスの国際的な需給変動あるいは最終用途の需給変動に伴い機動的に引取量、支払条件を調節できないため、リスクを負う。一般に、Take-or-Pay は、大規模投資のファイナンスの確保という目的を達成すべく、長期の契約期間を伴うため、購入企業は長期にわたり契約条件の変更ができず、そのリスクは増幅される。また、Take-or-Pay 条項付の資源の価格は高くなる傾向がある。図表4-24に、日本の輸入する LNG 価格が、欧米の天然ガス価格の何倍になるかを示している。一般に、LNG は Take-or-Pay 条項付で輸入されるため、一時期を除いて、パイプライン・天然ガスよりも高くなっていることがわかる。購入企業は引き取り義務を負うため、当該生産企業（売主）は他の売主との競争、他の資源との競争を回避できるからである。生産企業（売主）は Take-or-Pay 条項付の契約を受け入れる企業を確保するための交渉に時間がかかるため、計画から着工までのリードタイムが長期化するというデメリットを被るが、プロジェクト立ち上げ後のリスクは小さい。

(2)　Take-or-Pay の消滅事例

　長期契約や Take-or-Pay 契約（条項）は、古くは、巨額の初期投資を伴う資源プロジェクトに必須の要件であるとされていた。しかし、Take-or-Pay

は資源取引に必須ではなく、規制緩和、需給の緩和により解消することが明らかになっている。

Peggら[5]は、米国において、1980年代以降、天然ガスの「需給の緩和」と「規制緩和」の二つがTake-or-Pay条項の消滅要因となったことを示している。「需給の緩和」は、1978年のNatural Gas Policy Act (NGPA)による新ガス田開発の促進に伴う供給増加、および1981年からの不況、世界的な石油価格の低下、省エネルギー、燃料転換、暖冬等による需要減少によ

図表4-24 LNG価格とパイプライン・天然ガス価格の比較

年	LNG価格 US＄/millionBTU 日本	対パイプライン価格比 対ドイツ	対パイプライン価格比 対米国	対パイプライン価格比 対カナダ
1996	3.66	1.49	0.68	2.46
1997	3.91	1.48	0.77	1.86
1998	3.05	1.31	0.89	1.46
1999	3.14	1.67	0.70	1.14
2000	4.72	1.63	0.64	1.13
2001	4.64	1.27	0.78	1.13
2002	4.27	1.32	0.71	1.30
2003	4.77	1.17	0.59	1.17
2004	5.18	1.20	0.76	1.16
2005	6.05	1.03	0.84	1.21
2006	7.14	0.91	1.16	1.16
2007	7.73	0.96	0.86	1.13
2008	12.55	1.09	1.22	1.11
2009	9.06	1.06	1.25	1.15
2010	10.91	1.36	1.49	1.19
2011	14.73	1.39	2.25	1.16

(出典) BP Statistical Review of World Energy June 2012から著者作成。
(注記) 1．LNG価格は、日本の輸入価格（CIF）。
2．ドイツの価格はGerman Federal Office of Economics and Export Control（BAFA）。
3．米国、カナダの価格は、Energy Intelligence Group, Natural Gas Week。

りもたらされた。「規制緩和」は、1984年のOrder No. 380によるLDC[10]の購入義務の解消、1985年のOrder No. 436による第三者アクセス制度の導入、1993年のOrder No. 636によるパイプライン企業の事業形態の変更などである。このような「需給緩和」、「規制緩和」により、パイプライン企業は、その経営が悪化したため、生産者に対しTake-or-Payの解消を求め、直接交渉または裁判上の和解を通して、事実上 Take-or-Pay条項の適用を免れるに至る（Greenwald）[6]（Peggら）[7]。市場構造は変化し、配送者、需要家が生産者と直接契約するに至り、パイプライン企業は輸送者に性格を変え（Sutherland）[8]、生産者―パイプライン企業間のTake-or-Payは解消する。

欧州でも同様である。Huggins[9]は、英国では需給緩和とBritish Gasの民

営化等の規制緩和により Take-or-Pay は成立しなくなったと述べ、Hampshire ら[10]は、EUでは規制緩和（Gas Directives 1997）に伴う競争の発生、市場の流動化により、Take-or-Pay のリスクが増大し、Take-or-Pay は存立の基礎が失われていると述べている。

これらの事例は、Take-or-Pay は生産者、パイプライン企業の独占が崩れることにより、解消に向かうことを示している。つまり、需要家が、いろんな供給者から購入できるという状態が形成されれば、Take-or-Pay は解消に向かうのである。

(3) 長期契約・Take-or-Pay の背景

上述のとおり、長期契約およびTake-or-Pay契約は、生産企業（売主）と購入企業の双方にメリット・デメリットをもたらす。しかし、長期契約およびTake-or-Pay契約の本質は、生産企業（売主）のリスク・負担を購入企業に転嫁あるいは分担させる機能であり、生産企業に有利な契約である。購入企業がこのような契約を甘受するのは、資源を確保するためである。日本企業は資源を確保できなくなることを恐れて、長期契約およびTake-or-Pay契約を受け入れているのである。日本企業は、資源をいつでも入手できるという確信を持つことができれば、長期契約、Take-or-Pay契約に応じないであろう。しかし、日本企業は、資源の需給は中長期的にはタイト基調で推移するであろうとの認識を有しており、このことが長期契約およびTake-or-Pay契約を受け入れる素地となっているのである。つまり、長期契約・Take-or-Pay契約も、直接投資と同様に、日本側にとって、資源の需給がタイトな時には意味があるが、需給が緩んだ場合には経済的な負担となるだけである。

4　国際市場の形成

(1)　国際市場の機能

中国、東南アジア諸国の経済成長を背景に、オーストラリアの資源をめぐる需給はタイト化の恐れがある。このため、日本の企業はオーストラリアの資源

を確保するために、開発輸入、長期契約・Take-or-Pay 契約などの固定的な取引方法を採ってきた。しかし、これらはいずれも、中長期的には資源の需給がタイトになり、資源を入手できない事態になるかもしれないという恐れに起因している。このような恐れは、資源の国際市場の機能が十分でないことを背景としている。取引量が多くオープンな国際市場が存在すれば、当該資源を入手できない事態は考えにくくなるからである。もちろん、多くの資源について、国際価格が成立しているということは、その国際市場が存在することを示している。しかし、石油のような取引量の多い、自由な市場が形成されているわけではない。

　資源をめぐる需給がタイト化しても、国際市場が機能しておれば、資源の確保の問題は価格の問題になる。かつて通商産業省（現・経済産業省）は、石油についてもエネルギー安全保障の視点から、長期の固定的な契約を評価する考え方が支配的であった[11]が、1990年代末から、「国際石油市場の発達により、石油の政治商品性が低下し、(中略)石油供給の減少が生じた場合にも、その影響が市場全体に分散する」、「原油の急激かつ大幅な供給減少に対しても市場機能の活用により対処することが基本」という考え方を示している[12][13]。現に、石油では国際市場が発達した結果、開発輸入、長期契約、Take-or-Pay などの固定的な取引の果たす役割は小さくなっている。その結果、2004年以降、中国をはじめとする新興国の石油需要を背景に石油価格が大幅に上昇している（図表4-25）が、石油を入手できないという事態には至っていない。また、石油価格の高騰があっても、石油ショックのような社会的な混乱は生じていない。

　取引量の大きい自由な国際市場が機能することにより、需給がタイトになれば、価格が上昇し需要は減少に向かう。その結果、需給は緩和し、価格は下落し需要は拡大する。このようなサイクルが繰り返されることになる。つまり、国際市場が正常に機能しておれば、モノを入手できるか否かという問題は、どのような価格なら入手できるかという問題に転換するのである。資源を入手できないという事態が生じる可能性が小さくなれば、日本企業は、開発輸入、長期契約・Take-or-Pay 契約などの固定的な取引にこだわることなく、市場で

図表 4-25　原油の国際価格の高騰期の比較

石油価格上昇期の名称	期間　始期　終期	油種	原油価格（US＄/bbl）　最低（記録年月）　最高（記録年月）
第 1 次石油危機	1973.10 1974.08	アラビアンライト	3.0（1973.10） 11.6（1974.01）
第 2 次石油危機	1978.10 1982.04	アラビアンライトS	12.8（1978.09） 42.8（1980.11）
湾岸戦争	1990.08 1991.02	ドバイS	12.8（1978.09） 42.8（1980.11）
投機マネー流入バブル（リーマンショック前）	2004.12 2009.02	WTI	34.2（2004.01） 133.5（2008.07）
投機マネー流入バブル（リーマンショック後）	2009.02 継続	WTI	39.3（2009.02） 110.0（2011.04）

(出典)　石油連盟資料および原油価格の推移から著者作成。
(注記)　1.「投機マネー流入バブル」という石油価格上昇期の名称は著者による。
　　　　2.　期間の始期、終期は著者の判断である。
　　　　3.　最低原油価格の記録年月は著者の判断による。
　　　　4.　WTIとは、西テキサス低S軽質油。取引量、市場参加者が多いほか、市場の透明性が高いために、重要な経済指標とされている。

の資源調達にシフトしていくことになろう。

(2)　国際市場の形成

　では、どのようにすれば国際市場が形成されるであろうか。石油を例に、国際市場が形成されるプロセスを見てみよう[14]。石油市場の形成過程においては、スポット取引が重要な機能を果たした。石油では、二度の石油危機による原油価格の高騰を背景に、国際的に石油需給が緩和し、この需給緩和によりスポット取引が増加し、これが市場形成につながった。

　石油市場の形成過程におけるスポット取引の役割は、具体的には次のとおりである。第 1 次石油危機（1973年）後の産油国による石油資源の国有化・管理を経て、第 2 次石油危機（1979年）以降、石油取引は産油国との長期契約が主流となった。しかし原油価格の大幅な上昇を背景に、IEA（国際エネルギー機関）加盟国が連携した省・代替エネルギー政策による石油需要の減退、新規油

田開発、非 OPEC の石油生産の増加が進んだ。これにより、国際的石油需給が緩和し、原油価格が低下するとともに、スポット取引が増加した。スポット取引の増加は開発輸入、長期契約・Take-or-Pay 契約のような固定的な取引を相対的に減少させ、市場の形成を促した。また、スポット取引の増加に伴い、指標価格とリスクヘッジに対するニーズが増大し、先物市場が発達し、国際石油市場の形成につながった。市場が形成されるに従い、スポット取引がさらに増加し、さらに市場形成を促すという好循環がみられた。このような市場の発達を背景に、1985年サウジアラビアがネットバック方式（市場価格連動方式）へ移行し、これ以降、市場価格連動方式が定着した。

　このようにスポット取引は、（取引量の大きい自由な）市場形成の契機となる。しかし、（取引量の大きい自由な）市場形成がなされないと、スポット取引は活発にはならない。では、このような悪循環を切断して、スポット取引を増やしていくのであろうか。石油の例では、スポット取引は「需給の緩和」という条件下で増加している。しかし、オーストラリアの資源についてみれば、中国、東南アジアの経済発展に伴い、中長期的には需給がタイト化するという考え方が支配的であり、固定的な取引は増加することはあっても減少しないであろう。そして、固定的な取引が支配的である限り、スポット取引は増加しないであろう。ただし、中国は、とくに LNG について、償却に長期間を有する投資にはやや消極的な傾向があり、スポット取引を多用している。このような動きが市場形成につながるについて、関心をもって見ていきたいと考えている。

　資源の需給は、その時々の経済動向により決まるものであり、政策的に需給の緩和状態を作り出すことは事実上困難である。したがって、取引規模の大きい自由な国際市場の形成には長期間を要し、資源をめぐる日本企業とオーストラリア企業の固定的な関係は、今後も続くであろう。

(3)　国際市場における価格形成

　資源の国際市場が正常に機能しておれば、資源の入手可能性は、価格の問題に転化されると述べた。ただし、前述（第2節2(2)）のとおり、資源の価格

は乱高下する。資源価格が短期間に急上昇すると、資源を利用する需要企業は上昇分を製品価格に転嫁することができなくなり、大きな赤字を負うことになる。資源価格の乱高下が極端になると、需要企業は、生産計画そのものを立てられなくなる。個々の需要企業は、先物の手配によりリスクヘッジを図ろうとするが、このような行為そのものが市場価格の乱高下を増幅する。価格の乱高下の原因の第1は、第2節2(2)で述べたように、資源という財のもつ特性にある。第2の原因は、資源市場の未成熟さであろう。市場が、十分な取引量があること、自由な取引が可能であること、取引をするプレーヤーが十分に多いこと、実需給に基づく取引がなされることなどの要件を満たせば、価格の乱高下は緩和されるであろう。報道によれば[15]、2012年9月に、枝野幸男経済産業大臣はLNG Producer-Consumer Conferenceにおいて、LNG先物の上場を検討する方針を明らかにした。どのような形で市場形成がなされるのか、そして、その市場において、多くのプレーヤーが参加し、大量の取引がなされるかに注目したい。

　現実に、資源価格の乱高下という実態がある限りは、日本企業は資源を確保するために、対応策を講じざるを得ない。上述（第3節2(3)）のとおり、資源プロジェクトへの直接投資はリスクをヘッジする機能を有している。

5　オーストラリアの資源の安定確保

　日本企業はオーストラリアの資源を確保するために、直接投資、長期契約・Take-or-Pay契約といった固定的な取引を続けてきた。これらは、資源生産者が負うべき負担、リスクを需要者である日本側に転嫁するという性格を有しており、日本企業にとって不利な条件である。日本企業がこのような不利な条件を甘受してきた理由は次の2つである。第1は、日本企業は、石油ショックにおいてモノを確保できないかもしれないという恐怖を経験し、これが一種のトラウマとなっており、資源は自ら「確保」するものであるとの考え方にとらわれていることがある。第2に、経済成長著しい中国、東南アジアの旺盛な資源需要を背景として、資源の需給がタイト化するとの見込みがあるからである。

そして、その背景には、個々の資源について、取引量の大きく、プレーヤーの多い、自由な資源市場が形成されていないことがある。そのような市場があれば、他の財と同様に資源においても、生産（売主）側と購入側は対等になり、その時々の経済環境に伴う力関係は、市場における需給・価格としてとして反映されるはずである。つまり、資源の入手可能性は当該資源の価格の問題に転換される。その結果、資源を入手できないという事態を考える必要はなくなり、直接投資、長期契約・Take-or-Pay契約といった固定的な取引は解消していく可能性がある。このように市場の機能は重要ではあるが、需給タイト化の見通しの下では、スポット取引の拡大は期待できず、少なくとも当面は資源市場の形成には至らないであろう。現実に市場は存在するが、その機能は十分ではない。しかし、市場形成は、一国、一企業でできるものではない。

したがって、オーストラリアの資源を確保するために、企業ベースでは、直接投資、長期契約・Take-or-Pay契約などを継続していくことになろう。そして、政府がこれまで進めてきた、①資源供給国と日本の間の貿易量の増大、経済関係の強化、②省エネルギー、代替エネルギー導入などの対策・政策、③エネルギー源の多様化、エネルギー資源の供給国の分散などの政策は継続していくことになる。また、LNGに見られるような、政府による資源市場形成の努力も重要である。

注
1) 原子力発電の原料のウランは輸入されているので、これを自給率から外した数値である。ただし、ウランは再処理することで燃料として再利用できることを理由に（準）国産エネルギーとする考え方もある。そのような考え方に拠った場合には、自給率は18%（2007年）となる。
2) 資源企業は、個別の鉱山、油田、ガス田（注2）および7）において、「鉱山等」と言う）ごとに、出資者構成の異なる合弁企業を設立して事業（プロジェクト）を進め、その鉱山等の埋蔵資源が枯渇すると、当該合弁企業を清算する。このため、資源企業と個々の鉱山等ごとの資源企業を区別するため、後者を「プロジェクト」と呼ぶことが多い。
3) 三菱商事、三井物産は、直接にJapan Australia LNGに出資するのではなく、

それぞれの英国子会社（三菱：Pinacle 社、三井：Endevour 社）を経由して出資している。
4) 伊藤忠商事は日豪ウラン開発経由でプロジェクトに出資するだけでなく、自らのオーストラリア投資会社を通しても出資（5％）している。
5) 投資契約の中、あるいは、それに付随する書面の中で輸入量に関するとり決めがなされることもある。
6) 日本企業から資源プロジェクト実施企業に派遣された役員は、売り手の経営者であると同時に、買い手の職員でもあり、利益相反的な行為が可能となるため、一般的には、プロジェクト企業の経営者には、利益相反行為の禁止が義務付けられる。
7) ただし、当初の鉱山等の近隣に位置する鉱山等を開発するプロジェクトの場合に、当初のプロジェクト実施企業の出資者の同意を得て、その企業が事業範囲の拡大という形で、事業を担うことがある。この場合には、初期投資の償却は、両プロジェクトを通算して、償却がなされることが多い。
8) Make up 条項とは、購入者が、ある引取期間内に引取義務量より低い量を購入した場合、その不足分を以降の引取期間に持ち越すことができるという条項である。
9) Carry Forward 条項とは、購入者が、ある引取期間内に引取義務量を超える量を購入した場合、その超過分を以降の引取期間に持ち越すことができるという条項である。
10) LDC とは地域配送企業（Local Distribution Companies）のことである。1980年代初頭までの米国のパイプライン天然ガス市場は、生産者―パイプライン企業―地域配送企業（LDC）―需要家（家庭、商業、産業、電力）という構造であり、生産者―パイプライン企業間、パイプライン企業―LDC 間に Take or Pay 契約が締結されていた。

参考文献
（1） 経済産業省資源エネルギー庁「エネルギー白書2010」162頁、2011
（2） Namikawa R., Take-or-Pay under Japanese Energy Policy, Energy Policy 31 (13), pp. 1327-1337, 2003
（3） Trimble N., An Introduction to Gas Sales Agreements, Oil and Gas Law and Taxation Review 10 (11/12), pp. 331-336, 1992
（4） Matthieses H., To What Extent Do Take-or-Pay Contracts Facilitate the Development of Infant Gas Markets and What Challenge Do They Poseat a Time of Liberalization?, CEPMLP Annual Review 2000, 2000

（5） Pegg G. J., Waller M. R., Take-or-Pay Provisions in Natural Gas Contracts-The US Experience as a Comparator to the UK Gas Industry's Problems, Journal of Energy and Natural Resources Law 14（4）, pp. 456-463, 1996
（6） Greenwald G. G., Natural Gas Contracts under Stress: Price, Quantity and Take-or-Pay, Journal of Energy and Natural Resources Law 5（1）, pp. 1-14, 1987
（7） Pegg G. J., Waller M. R., Take-or-Pay Provisions in Natural Gas Contracts-The US Experience as a Comparator to the UK Gas Industry's Problems, Journal of Energy and Natural Resources Law 14（4）, pp. 456-463, 1996
（8） Sutherland R. J., Natural Gas Contracts in an Emerging Competitive Market, Energy Policy 21（12）, pp. 1191-1204, 1993
（9） HugginsJ. S., 1996, Take-or-Pay Gas Contracts: Is Disaster Looming?, Oil and Gas Law and Taxation Review, pp. 99-104, 1996
（10） Hampshire S. Wardlaw S. A., The E. U. Gas Liberation Directive-Facing the Future, Oil and Gas Law and Taxation Review, pp. 295-299, 1998
（11） 通商産業省「総合エネルギー調査会石油部会報告」（1974年7月23日）
（12） 通商産業省「石油審議会基本政策小委員会報告書」（1998年6月8日）
（13） 通商産業省「総合エネルギー調査会需給部会中間報告」（1998年6月11日）
（14） 並河良一「東アジアにおけるLNG市場の形成——需給を反映した価格形成を——」『化学経済』51（10）、50～60頁、2004
（15） Bloomberg、日本のLNG価格割高は原油に連動した値決めが原因——枝野氏（2012年9月19日）、2012（http://www.bloomberg.co.jp/news/123-MAL93X6JTSEW01.html）（2012年12月2日アクセス）

第5章　資源エネルギーをめぐる日豪関係

第1節　資源エネルギーをめぐる日豪関係と今後の政策展望

1　オーストラリア資源をめぐる動向

　オーストラリアにとって、資源産業は国家経済を支える最重要産業である。とくに、輸出による外貨獲得、海外からの直接投資資金の確保の面を見れば、資源産業がなければ国の経済が成りたたないといっても過言ではない。他方、日本は資源に恵まれない国である。日本の１次エネルギーの自給率（原子力も輸入とすれば）は、わずか４％であり、資源の安定確保は国家経済の基本である。日本とオーストラリアの両国は、資源の通商貿易を通じて、相互に経済を支えあってきた。

　しかし、近年、このような日本・オーストラリア関係を取り巻く環境が変化している。オーストラリアは、中国の急激な経済成長に伴う資源需要の増大、資源価格の上昇の恩恵（いわゆる資源ブーム）を受けて、好調な経済をエンジョイしてきた。他方、日本経済が長期にわたり停滞を続ける中で、オーストラリア経済における日本のプレゼンスは低下してきた。また、東南アジアの経済成長、国際的な地球温暖化、原子力発電事故など、国際的な資源需給に影響を及ぼす事態が生じ、これが日本とオーストラリアの資源を通した相互依存関係にも影響を及ぼしている。

　第１に、中国の経済成長である。中国は世界有数の資源生産国であるが、中国経済は規模が大きいうえに、その成長速度が著しく高いため、大量の資源を

輸入するようになっている。輸入資源量が大きいため、資源の国際需給とくにオーストラリア資源の需給をタイト化させて、資源価格の上昇の大きな要因になっている。しかも、中国は、国産資源のR/Pが急速に低下しているため、今後も資源の輸入依存度は高めていくことになる。このため、オーストラリア資源の需給はさらにタイト化し、資源価格もさらに上昇するであろう。また、中国企業は、オーストラリアにおいて資源プロジェクトへの積極的な投資を行っている。これらのことから、中国の経済成長は、オーストラリア資源をめぐり日本との強い競合関係を生じ、日本の資源確保戦略に大きな影響を与えることになる。

第2に、東南アジアの経済成長である。東南アジアとくに主要国であるASEAN-5の経済成長も、オーストラリアの資源の需給のタイト化要因である。しかし、ASEAN-5の経済規模は中国に比べれば小さく、しかも、インドネシア、マレーシアという資源生産国を擁しているため、資源の国際市場に与える影響は限定的である。ASEAN-5の各国は、オーストラリアからの資源輸入量も小さく、オーストラリアの資源プロジェクトへの投資もそれほど活発ではない。オーストラリア資源をめぐって、ASEAN-5と日本は競合関係にはなく、今後もそのような懸念はあまり考えられない。

第3に、地球温暖対策である。地球温暖化対策は、化石エネルギーの使用量の削減を通して、オーストラリアの資源の需給の緩和につながる。2012年時点では、地球温暖化対策の国際的な枠組みは、崩壊状態にあるため、当面はオーストラリア資源の需給への影響は小さい。しかし、中国、インドなどの化石資源の消費量の伸びを考えれば、その環境負荷の増大を無視することはできず、国際的な無規制状態を続けることはできないであろう。遠からず、強制力のある温室効果ガス削減の国際的な枠組みは再構築されるであろう。そのような枠組みの成否は、大量の資源を消費し、しかも急成長する中国の動向にかかっている。国際的な地球温暖化対策は、中国の経済動向と連動して、オーストラリアの化石燃料資源の需給に大きな影響を及ぼすことになろう。

第4に、原子力発電事故の影響である。原子力発電所の建設計画が縮小され

れば、化石燃料の需要量が増えることになる。しかし、オーストラリアの化石資源の大口輸入国である中国、韓国、インドでは、事故後に原子力政策の変更はなされなかった。事故の当事国である日本においても、長期的には原子力発電依存をゼロとするとしているが、既存の原子力発電所の再稼働を行うほか、建設中の原子力発電所の建設を継続するとしている。このため、オーストラリア資源の需要国の資源需要構成は、当面は変わらないと考えられる。原子力発電事故はオーストラリア資源の需給にはほとんど影響を与えることはない。

つまり、オーストラリアの資源需給に影響を与える4つの要因のうちでは、東南アジアの経済成長と原子力発電事故の影響は小さく、中国の経済成長と地球温暖化対策の動向の2つの要因が重要である。

2 政策展望

オーストラリアは、中国からの資源需要の増大により、大きな恩恵を受けてきた。最大のパートナーであった日本の経済が長年にわたり停滞してきたため、中国の存在は大きなものであった。しかし、中国の資源需要はあまりにも大きいため、資源需給の逼迫さらには一部資源の枯渇も懸念される。資源需給の逼迫は、資源価格の暴騰を招き、オーストラリア資源の需要を冷え込ませるだけでなく、日本を含む世界の社会経済の混乱をもたらすであろう。また、逆に、中国経済の減速による、資源需要の減退も懸念されている。中国経済の急激な減速は、中国の資源需要だけでなく、中国経済に依存してきた日本の資源需要も減退させ、オーストラリア経済に大打撃を与えるであろう。中国は豊かになったが、先進国に比べると発展の余地が多く残されており、さらなる経済成長を推し進めようとするであろう。しかし、東アジア地域の資源需給、オーストラリアの資源需給を、将来にわたって安定化するためには、中国の経済成長を低下させて、安定成長軌道に乗せること、中国の産業構造の高度化・ソフト化を進め、エネルギー使用効率を高め、TPES/GDPを世界水準まで引き下げることが重要である。これらのことは、CO_2/GDPを改善し、結果として、地球温暖化対策にも資することとなる。日本とオーストラリアは、このような対中

国対策で協力する余地があるのではなかろうか。オーストラリアの資源の需給を市場メカニズムにすべてを委ねるのは、あまりにもリスクが大きいと考える。

オーストラリアは、これまで有していなかった、国家としての、長期的な資源需給計画に関する政策体系を確立する必要があると、著者は考えている。長期的な資源需給計画を欠いた中国の乱開発的な資源調達をコントロールしなければ、オーストラリア資源の需給は大きな混乱をもたらす可能性があるからである。

日本・オーストラリア両国は、資源エネルギーに係るそれぞれの弱点（「資源エネルギーを持たない脆弱な経済大国」と「孤立した、資源エネルギー依存大国」）をカバーしあうために、良好な関係を築いてきた。今後も、このような関係を維持することが、両国にとって経済的に合理的な選択である。両国とも相手国を自国の安定のために利用し、安全を確保したうえで、リスクのある新境地にチャレンジングすべきである。オーストラリアにとっては、日本との取引で安定的な収入を確保することを前提に、中国を含めたリスクのある新市場の開拓に臨むことが合理的な選択になる。日本は、オーストラリアからの資源で、最低限の資源エネルギー安全保障を確保したうえで、他のリスクのある資源生産国に向かうべきであろう。

【著者略歴】

並河　良一（なみかわ・りょういち）

1950年生まれ。
京都大学大学院農学研究科修了（農学博士）。
現在、中京大学総合政策学部教授、大学院経済学研究科教授。
〈主要業績〉
「ハラル認証実務プロセスと業界展望」シーエムシー出版、2012年
Take-or-Pay under Japanese Energy Policy, Energy Policy 31 (13), pp. 1327-1337, 2003
International Deployment of the Japanese Electronic Materials Industry: Cases of Electronic Display Materials Manufacturers, The International Journal of Economic Policy Studies 2, pp. 117-137, 2007

資源エネルギー政策をめぐる日豪関係

2013年3月7日　第1刷発行	定価（本体7500円＋税）

著者　　並　河　良　一
発行者　　栗　原　哲　也

発行所　株式会社　日本経済評論社

〒101-0051　東京都千代田区神田神保町3-2
電話　03-3230-1661　FAX　03-3265-2993
info8188@nikkeihyo.co.jp
URL：http://www.nikkeihyo.co.jp

装幀＊渡辺美知子　　　　　印刷＊文昇堂・製本＊高地製本所

乱丁・落丁本はお取替えいたします。　　　Printed in Japan
Ⓒ NAMIKAWA Ryoichi 2013　　　ISBN978-4-8188-2261-0

・本書の複製権・翻訳権・上映権・譲渡権・公衆送信権（送信可能化権を含む）は、
　㈳日本経済評論社が保有します。
・JCOPY　〈㈳出版者著作権管理機構　委託出版物〉
　本書の無断複写は著作権法上での例外を除き禁じられています。複写される場合は、
　そのつど事前に、㈳出版者著作権管理機構（電話03-3513-6969、FAX03-3513-6979、e-mail: info@jcopy.or.jp）の許諾を得てください。